ミネルヴァ日本評伝選

マルキシズム臭くないマルキストに

山川 均

米原 謙 著

ミネルヴァ書房

刊行の趣意

「学問は歴史に極まり候ことに候」とは、先哲荻生徂徠のことばである。歴史のなかにこそ人間の智恵は宿されている。人間の愚かさもそこにはあらわだ。この歴史を探り、歴史に学んでこそ、人間はようやくみずからの正体を知り、いくらかは賢くなることができる。新しい勇気を得て未来に向かうことができる。徂徠はそう言いたかったのだろう。

「ミネルヴァ日本評伝選」は、私たちの直接の先人について、この人間知を学びなおそうという試みである。日本列島の過去に生きた人々の言行を、深く、くわしく探って、そこに現代への批判を聴きとろうとする試みである。日本人ばかりではない。列島の歴史にかかわった多くの異国の人々の声にも耳を傾けよう。先人たちの書き残した文章をそのひだにまで立ち入って読み、彼らの旅した跡をたどりなおし、彼らのなしとげた事業を広い文脈のなかで注意深く観察しなおす——そのとき、はじめて先人たちはいまの私たちのかたわらによみがえってくる。彼らのなまの声で歴史の智恵を、また人間であることのよろこびと苦しみを、私たちに伝えてくれもするだろう。

この「評伝選」のつらなりのなかから、列島の歴史はおのずからその複雑さと奥ゆきの深さをもって浮かび上がってくるはずだ。これを読むとき、私たちのなかに新たな自信と勇気が湧いてきて、その矜持と勇気をもって「グローバリゼーション」の世紀に立ち向かってゆくことができる——そのような「ミネルヴァ日本評伝選」にしたいと、私たちは願っている。

平成十五年（二〇〇三）九月

上横手雅敬
芳賀　徹

カラスの「アー公」とともに
（山川均『からす』より）

下川凹天筆「山川氏像」
（『山川均全集』第10巻，より）

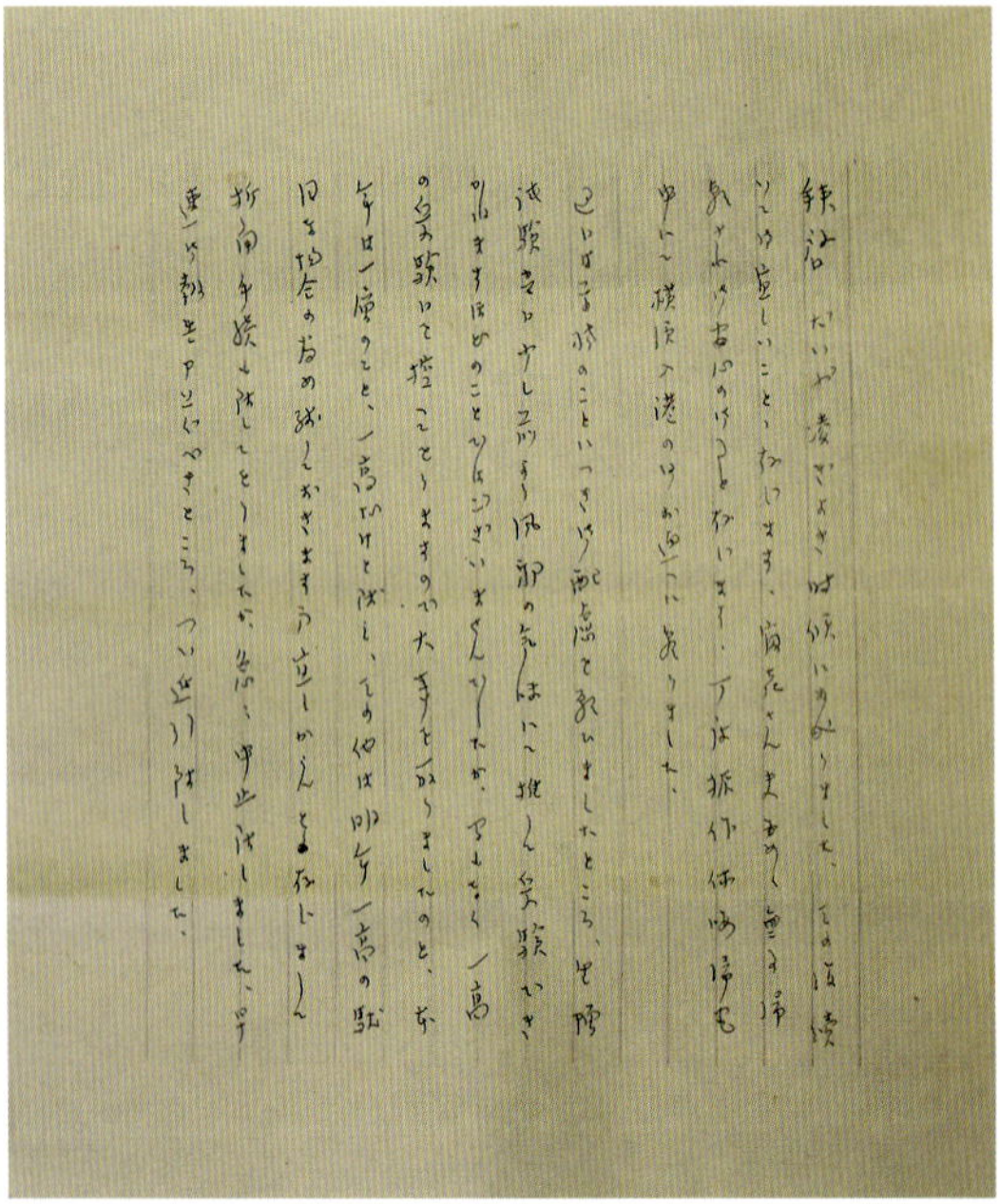

林源十郎宛山川均書簡
（1935年３月18日付）（部分，『林源十郎資料』／同志社大学人文科学研究所蔵）

はしがき

「狐はたくさんのことを知っているが、ハリねずみはでかいことを一つだけ知っている」。これはアイザー・バーリンが『ハリねずみと狐』の冒頭で引用したギリシア詩人の詩の断片である。この章句には様々な解釈が可能であるが、バーリンは世界には二つの知のタイプがあると考える。一方は「いっさいのことをただ一つの基本的なビジョン、いくらか論理的に、またいくらか明確に表明された体系に関連させ、それによって理解し考える」ことができるとする。すなわち、一つの基本的原理によって世界を明快に裁断できると考える知のタイプである。他方は、世界は無関係で時には矛盾した多くの事象からなっており、単純斉一な体系には統合できないと考える。「なんらかの一定不変で無限抱擁的な内的ビジョン」を想定せず、多様な経験や対象をその個別の姿で尊重しようとする人々である。

いうまでもなく、前者はハリねずみ族で、後者はキツネ族である。連想の羽を拡げると、大日本帝国を支えた公的イデオロギーたる国体論は典型的なハリねずみ型で、その対抗イデオロギーだったマルクス主義もやはりハリねずみ型だった。一方は異常に肥え太って図体は大きいが中身は空っぽ、他方は外来種で極端に小さいが骨組みはしっかりしている。この対照的な二匹のハリねずみが対峙していたのが、戦前戦中の日本の政治社会状況だったといえないだろうか。

ところで、バーリンがハリねずみとキツネという類型を着想したのは、トルストイの『戦争と平和』を分析するためだった。バーリンによれば、「トルストイは本来は狐だったが、自分はハリねずみであると信じていた」という。この二つの心性の葛藤を描くのが、バーリンのトルストイ論のモチーフである。バーリンは言う。「トルストイは、現実をその多面性において、別々の実体の集合体として知覚していた。（中略）しかも、彼の信じていたのは正反対のことであった。彼は単一の包括的なヴィジョンを提唱した」。単一性と多様性、求心性と遠心性、トルストイに内在したこの二つの傾向のきしみ、緊張を持続させるとともに微妙な平衡をとろうとする繊細な精神、これがトルストイの文学の精髄なのだろう。

閑話休題。山川均《やまかわひとし》の生涯は起伏に満ちている。高等小学校を卒業して入学した同志社は、その校風に心酔していたのに、二年で飛び出した。上京して「無免許のクリスチャン」だったときは、受洗しなかったが、教会活動には熱心にとり組んでいる。内村鑑三《うちむらかんぞう》にも影響を受けたらしい。同人雑誌の筆禍《ひっか》で最初の不敬事件の被告となり、約三年間服役した後、郷里の倉敷に帰郷し、義兄の薬店の岡山支店で主任をした。二年の雌伏の後、再度上京して社会主義者として活動したが、治安警察法違反でまたまた服役。出獄したときは大逆事件の逮捕が始まっていた。新開地だった岡山県児島《こじま》で「逃避」

生活をし、かつての同志とは完全に音信を絶った。時代の雰囲気が和らぐと、新たな運動を志して、友人がいた鹿児島に渡ってヤギ牧場をした。一九一六年に上京して、社会主義者として本格的な活動を再開し、『改造』などの一般商業誌でも活躍する著名な評論家になるが、運動が険しさを増してきた一九三〇年代にはうずら園の経営を業とした。

山川について論じる研究者のなかには、彼が天皇制と正面から対決しなかったことを非難する人もいる。しかし自己の非力を自覚して玉砕などせず、後退しながら力を温存して再起を期そうとする山川の臆病ともいえる処世を、わたしは評価したい。一九三二年、さんざん迷った末にイタチの飼育に着手したとき、「大工さん」は自分でやった。イタチはうまくいかなったので、一九三四年頃には薬屋か本屋の営業を算段したが、結局「湘南うずら園」を設立した。おそらく数百羽を超える個々のうずらの産卵率を細かに記録したノートを作るほど情熱を傾け、公安警察はそれを見て、何かの暗号文ではないかと疑ったという。うずらの鶏舎を壊した後、野菜や樹木を育てたが、農業は趣味以上のものので、一九四五年に広島に疎開したときは鍬《くわ》を持参した。人民戦線事件で獄中にいたときは、育種や遺伝学の本を読みふけった。戦後の食糧事情が困難な時期の書簡では、友人たちに野菜の栽培方法を指南している。晩年は十数種のバラを育て、その開花の様子を丹念に記録した。

世に動物好きは珍しくないが、カラスとトンビを飼ったことがある人は、山川以外に例がないだろう。山川はカラスをアー公、トンビをピー公と呼んでかわいがった。秀逸のエッセイ「烏」を収録した著書『からす』（日本評論社、一九三五年）には、トンビの雛を抱いたり、カラスを肩に乗せた山川の写真が載っているが（口絵参照）、カラスに関する蘊蓄《うんちく》と微笑ましいエピソードに満ちている。一つだけ引用してみる。「アー公は赤い色を好く。何本かの鉛筆のうちで、アー公はきっと第一に赤い軸の鉛筆を啣《くわ》える。このあいだは洗面所の窓をしめ忘れたので、アー公のために歯ブラシを持ってゆかれたが、それは赤い色のセルロイドのだった。その代わりに白いのを買って来たが、つい目印のために赤い糸を結びつけてあったので、忽ち失敬されてしまった」（⑬四二五頁）。

このへんで止めておこう。バーリンは先の本で、トルストイについて次のように語る。「彼は、いかなる知識も辛抱強い経験的観察によってのみ得られると信じていた。（中略）トルストイの書いたすべてのことには、切れ味のよい常識の刃があり、その刃の前には、形而上学的な夢想、無軌道に秘儀的な経験に走る傾向、生活にたいする詩的ないし神学的解釈は自動的に敗走させられる」。

私は思う。山川均もまた、バーリンが描くトルストイと似た感性の持ち主だったのではないか。なるほど山川の政治論文の組立はハリねずみ的だ。しかしかれは「常識的に判断さえすれば、おのずからマルキシズムの則を越えない」ことを理想とした。その感性はあきらかにキツネ族のものだった。

＊なお、Ｉ・バーリン『ハリねずみと狐』（河合秀和訳、中央公論社、一九七三年）を用いた。

山川　均――マルキシズム臭くないマルキストに　目次

終　章　社会主義の実現を模索して……293

図版写真一覧

山川均家系図

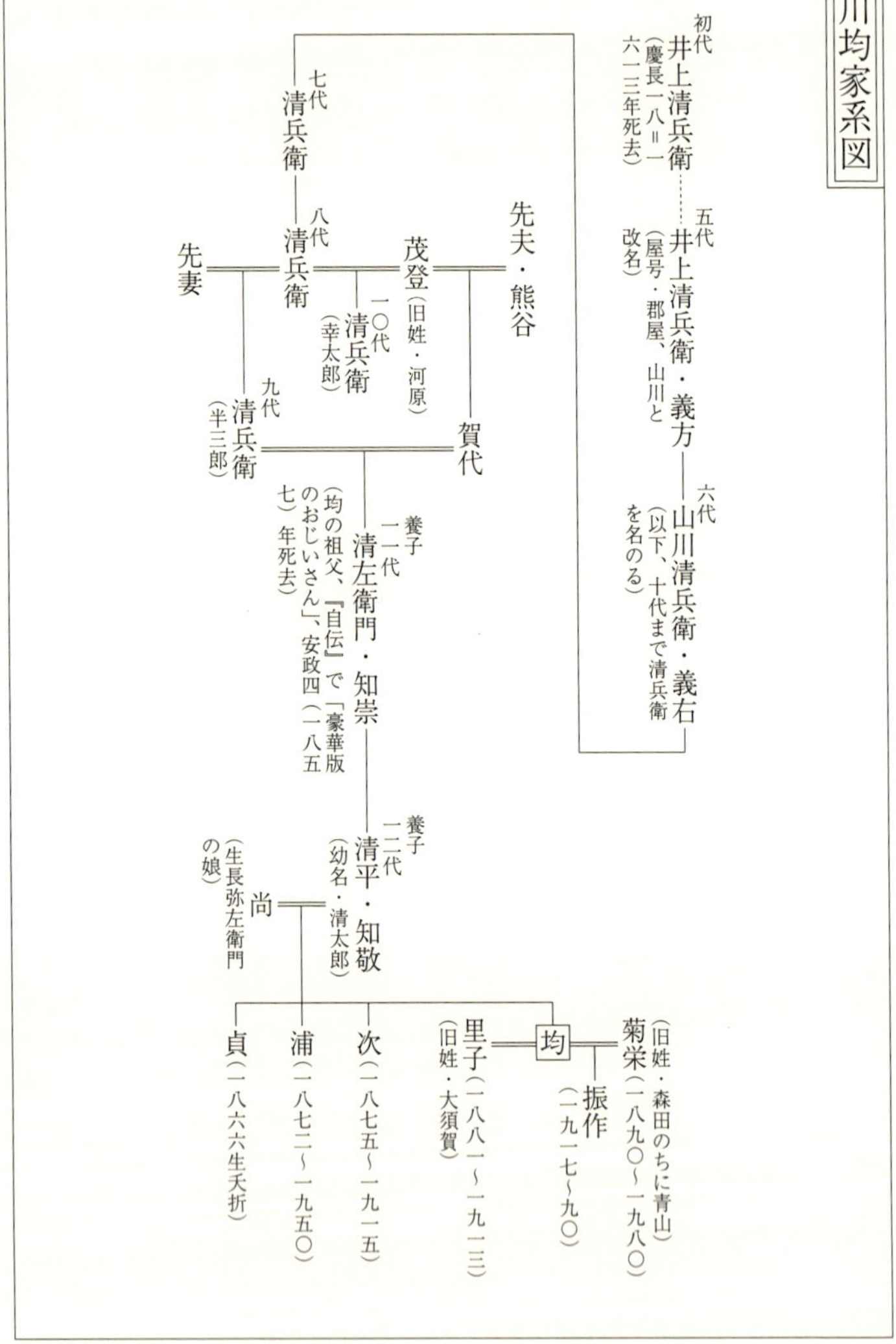
初代
井上清兵衛（慶長一八＝一六一三年死去）
五代
井上清兵衛・義方（屋号・郡屋、山川と改名）
六代
山川清兵衛・義右（以下、十代まで清兵衛を名のる）
七代
清兵衛
八代
清兵衛
先妻
先夫・熊谷
茂登（旧姓・河原）
一〇代
清兵衛（幸太郎）
九代
清兵衛（半三郎）
賀代
養子
一一代
清左衛門・知崇（均の祖父、『自伝』で「豪華版のおじいさん」、安政四（一八五七）年死去）
養子
一二代
清平・知敬（幼名・清太郎）
尚（生長弥左衛門の娘）
菊栄（旧姓・森田のちに青山）（一八九〇～一九八〇）
均
振作（一九一七～九〇）
里子（旧姓・大須賀）（一八八一～一九一三）
次（一八七五～一九一五）
浦（一八七二～一九五〇）
貞（一八六六生夭折）

序章　山川均の幼少年期を歩く――倉敷にて

倉敷《くらしき》と言えば、人はすぐに白壁の土蔵が並んだ街並みや大原《おおはら》美術館、そして川というより小さな堀という風情の倉敷川を想起するだろう。ＪＲ倉敷駅から南に伸びるメインストリート（倉敷中央通り）を一〇分ほど歩いた左手がその中心で、美観《びかん》地区と呼ばれる観光スポットである。通りから左手に入っていくと、まず目立つのは新渓園《しんけいえん》という大原家の元別邸である。一八九三（明治二六）年に建てられたが、現在のものは一九九一（平成三）年に改修されたものだという。南側から見事な庭や大広間を覗くことができ、東側にある玄関から中に入ることもできる。

新渓園

山川均《やまかわひとし》は『自伝』で、小学校時代の親友として「少々理屈屋の藤波の啓さん、女教員の弟で秀才型の藤井君、円満で常識家の山本の兵さん」、そして「町の第一の富豪大原家の御曹司」の「孫さん」、すなわち大原孫三郎《まごさぶろう》を挙げている（一二三頁）。「兵さん」こと山本兵一は、高等小学校卒業後、均と一緒に同志社に入学してボート部で汗を流し、一緒に退学して帰郷後、東京に

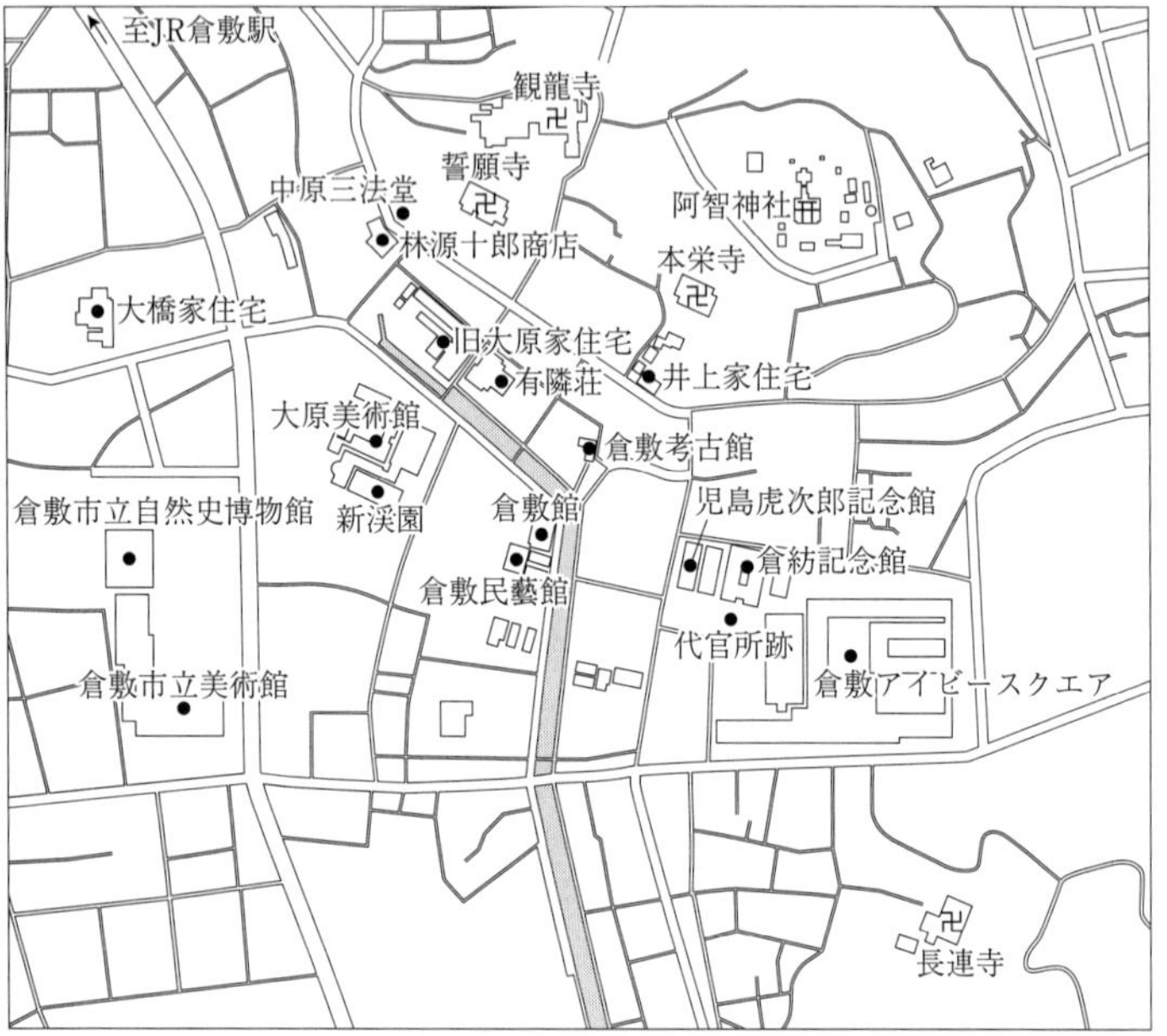

現在の倉敷中心部

行くまでは双子のように一緒に行動することになる。孫三郎も均と同年の一八八〇（明治一三）年生まれで小学校八年（尋常四年、高等四年）を通じて同窓だった。高等小学校卒業後は進路が分かれたが、後に不敬事件で入獄中の均を巣鴨《すがも》監獄に面会に行くほどの間柄だった。

新渓園は、一八八九（明治二二）年に創業した倉敷紡績株式会社（現クラボウ）の社長となる孫三郎の父・孝四郎《こうしろう》が建てたものだった。均ら仲良し五人組は、この新築されて間もない新渓園の「百何十畳かの大広間」で相撲や鬼ごっこをした。また「筆写の回覧雑誌をこさえたり、ときには孫さんが、廊下つづきの土蔵に収めてある書画を持ち出して鑑賞」することもあったという（一二二頁）。大広間は子供心にはとても広く見えたのだろうが、「敬倹堂《けいけんどう》」と呼ばれている現在の大広間は、パンフレットによれば、じつは五六畳である。ともあれ、野原を駆けまわって遊ぶ村の子供とは違った、いかにも良家の子供たちらしい遊び方である。もっとも均にはこれとは別に「野生の叫び声」に惹かれる一面があり、独りで山のなかを歩き回り、おとりでメジロを捕ったり、キノコやウサギの巣を探したりしたとも語っている。

現在の林源十郎商店（倉敷市阿知２丁目）
向かいの中原三法堂が山川家のあった場所。

林源十郎商店

さて新渓園を後にし、美術館の横をすり抜けると倉敷川に行きつく。今橋《いまばし》と呼ばれる橋を渡ると左側に旧大原家住宅、右側に孫三郎が一九二八（昭和三）年に建てた有隣荘《ゆうりんそう》がある。その間を通り抜けてまっすぐ進むと本通り商店街に行きつく。この通りを左手のほうに歩いていくとすぐに林源十郎《はやしげんじゅうろう》商店という看板のある三階建ての建物が見えてくる。今はブティックやカフェなどが何軒も入った観光客のためのスペースだが、かつては明暦三（一六五七）年創業の由緒ある薬種商《やくしゅしょう》だった。建物の右手の空き地には「林源十郎商店発祥の地」の石碑が立っており、建物の二階には「林源十郎商店記念室」と題された小さな部屋がある。屋号は紀伊国屋、大坂屋と名乗っていた時期もあるが、一八九二（明治二五）年に当主となった第一一代源十郎（本名・甫三、幼名・蘇太郎）から林源十郎商店と改名した。この第一一代源十郎こそ山川の長姉・浦の夫となった人であり、大原家ほどの資産はないが、倉敷の名望家として孫三郎とともにさまざまな社会事業に尽力したことで知られている。林源十郎商店の真向かいには中原三法堂《なかはらさんぽうどう》という仏具店がある。『自伝』の記述から推すと、この仏具店のある地こそ山川が少年時代を過ごした家のあった場所ということになる。しかし維新以後、山川家は何度も転居したので、ここだけが山川の居所だったわけではない。先を急ごう。

同じ本通り商店街を今度は逆方向に戻ると、仏具店と同じ側の数軒先に立派な山門が見えてくる。浄土宗の寺院・誓願寺《せいがんじ》である。児島《こじま》から倉敷にやって来た山川家は最初、この誓願寺の檀家だったようだ（『自伝』一九頁）。山川が小学校を卒業した年というから、一八九五（明治二八）年のことであろう。「同じ町内の誓願寺という浄土宗のお寺に、本山の巡回布教師がやって来て、仏教渡来の歴史をえがいた絵を見せたことがあった」（『自伝』一三六頁）。その僧侶が仏教に反対した物部氏を「仏敵」と呼ぶのに我慢ならず、外来宗教である仏教に反対した物部氏が「仏敵」なら、それを信仰した聖徳太子や蘇我氏は「国敵」だと、彼は僧侶と論争したという。日清戦争による排外主義に染まっていた山川はキリスト教に反対だったが、キリスト教排撃の仏教も同じく外来だと理屈をこねた。しかしすでに同志社に進学することになっていたので内心大いに悩み、将来、「おおいにヤソ教と闘おう」と考えて自分を納得させたという。

長連寺

　本通り商店街をさらに東に進み、重要文化財の井上家住宅を過ぎたあたりで右折すると、まもなく倉敷紡績の工場跡地に行きあたる。現在は倉敷アイビースクエアと名づけられているが、幕府時代は倉敷代官所があり、明治初期には一時ここに倉敷県庁が置かれていた。幼少年期の均に深い関わりのある場所だが、その説明は後回しにして、さらに南下することにしよう。アイビースクエアのすぐ南側の道路を渡ると、観光地の風情とは異なる古くからの住宅地になる。そのまままっすぐ南に二〇〇メートルほど進めば長連寺《ちょうれんじ》という曹洞宗の寺院である。階段をのぼり山門をくぐると広い庭があるが、我々の目的は山門の手前すぐ左側にある山川家墓地である。入口にかんぬきをした格子戸の門がある。三〇平米ほどかと思われるスペースの三方に墓石が整然と並んでおり、中央に近い空いた場所に、伝統的な墓石とは異なる山川均・菊栄《きくえ》夫妻や、夫婦の長男・振作《しんさく》の墓が置かれている。

長連寺にある山川夫妻の墓（倉敷市船倉町）

　寺域の最も目立つ場所に広いスペースの墓地を所有している事実は、倉敷の歴史における山川家の名望の大きさを示唆している。長連寺は玉島《たましま》の円通寺《えんつうじ》の末寺で、第六代山川清兵衛（山川の父は第一二代）が堂宇《どうう》の建設に尽力した。そのため山川家は山門の南北に墓地を所有していたが、現在は北側だけになっている（菊栄⑧一八七頁）。山川の自伝を読む人は、同志社入学までの幼少期の記述がバランスを失するほど長いと感じるのではないだろうか。一九五〇年日付の「まえがき」がある朝日新聞社版の自伝『ある凡人の記録』は、一九一〇（明治四三）年すなわち赤旗事件による二年間の懲役から出獄したところで終わっている。つまり社会主義者としての本格的活動以前が扱われているにすぎない。しかしこうした事情を考慮しても、全体の約四割が倉敷の山川家の歴史と彼の幼少年期に充てられているのである。あるいは山川はここで、あの資本主義論争を念頭に置きながら、幕末の倉敷における資本主義の発達を素描しようとしたのだろうとか、戦中の山川菊栄の名エッセイ『武家の女性』『わが住む村』の向こうを張ったのかなと考えるかもしれない。そうした事情もあったかもしれない。しかしやはり主たる動機は、山川家の歴史の重さであり、直接には山川家に残されたさまざまな歴史史料の存在だったたであろう。

家系

『自伝』によれば、山川家の先祖は児島から移住してきた。倉敷での初代井上清兵衛が死去したのは慶長一八（一六一三）年のことで、山川の先祖にあたる分家・井上は、五代目になって山川と改姓した（一七頁～）。宝暦年間（一七五一～六四）のことだったという。父の清平は一二代目だが、代々の職業は郷宿《ごうやど》だった。以下、『新修倉敷市史』（第四巻、近世（下））に基づいて、山川家の位置づけをしておこう。

倉敷は寛永一九（一六四二）年に幕府の直轄領となり、代官所が置かれた。代官は幕府直轄領に配置された役人で、延享三（一七四六）年に代官の居所と役所を兼ねた陣屋《じんや》が完成した。場所は現在のアイビースクエアの地である。代官陣屋には公務でやってくる人々がいるので、そのための宿泊場所が郷宿である。明和七（一七七二）年の記録によれば、郷宿を業としていたのは郡屋清兵衛、猶田屋幸助、淀屋為介、戸田屋十兵衛の四人で、明治初期にこの制度が廃止されるまで、この四家が家業として世襲した。このうちの郡屋清兵衛が山川の先祖にほかならない。郷宿は役人に宿を提供するほか、代官所からの触《ふれ》の村々への伝達、代官役所と村役人との取次《とりつぎ》、訴訟の仲裁、役所で吟味中の人物の預かりなど、代官所の仕事に関係する多様な業務に携わったという（『新修倉敷市史』七〇頁以下）。

しかし郷宿は、こうした業務の他に、村々から集まった蔵米（年貢米）を預かり、適宜、積み出す蔵元を兼ねたようだ。蔵元は蔵米出納の責任者だが、米の受け取りと積み出しの間に時差があるので、それが利殖の原資になった。山川の自伝が指摘するように、蔵元は「もうかる仕事」だったが、「すべて蔵元じしんのリスクでやるのだから、損をする機会も多かった」（『自伝』三五頁）。要するに、郷宿は代官役所の村支配のための「緩衝機能」を果たし、それを通じて巧みに利殖をする商人資本家だった。当然、どれだけの農家を支配下に収めるかは郷宿の収入に直結するから、郷宿同士の争いもあった。祖父の清左衛門は同業三人が業務について詰問に訪れたとき、病気を口実に寝そべって応対するほど剛直な人物だったらしいが、安政四（一八五七）年に死去した。後を継いだのは父の清平で、まだ一六歳だった。

清平は父の清左衛門と同様に養子として山川家に入ったので、両者には血縁はなく、清平の方はまったく商売には向かない性格だったらしい。そのうえ幕府の倒壊によって、従来の独占的商法ができなくなった。よほどの器量がなければ山川家が行きづまったのは当然だったであろう。

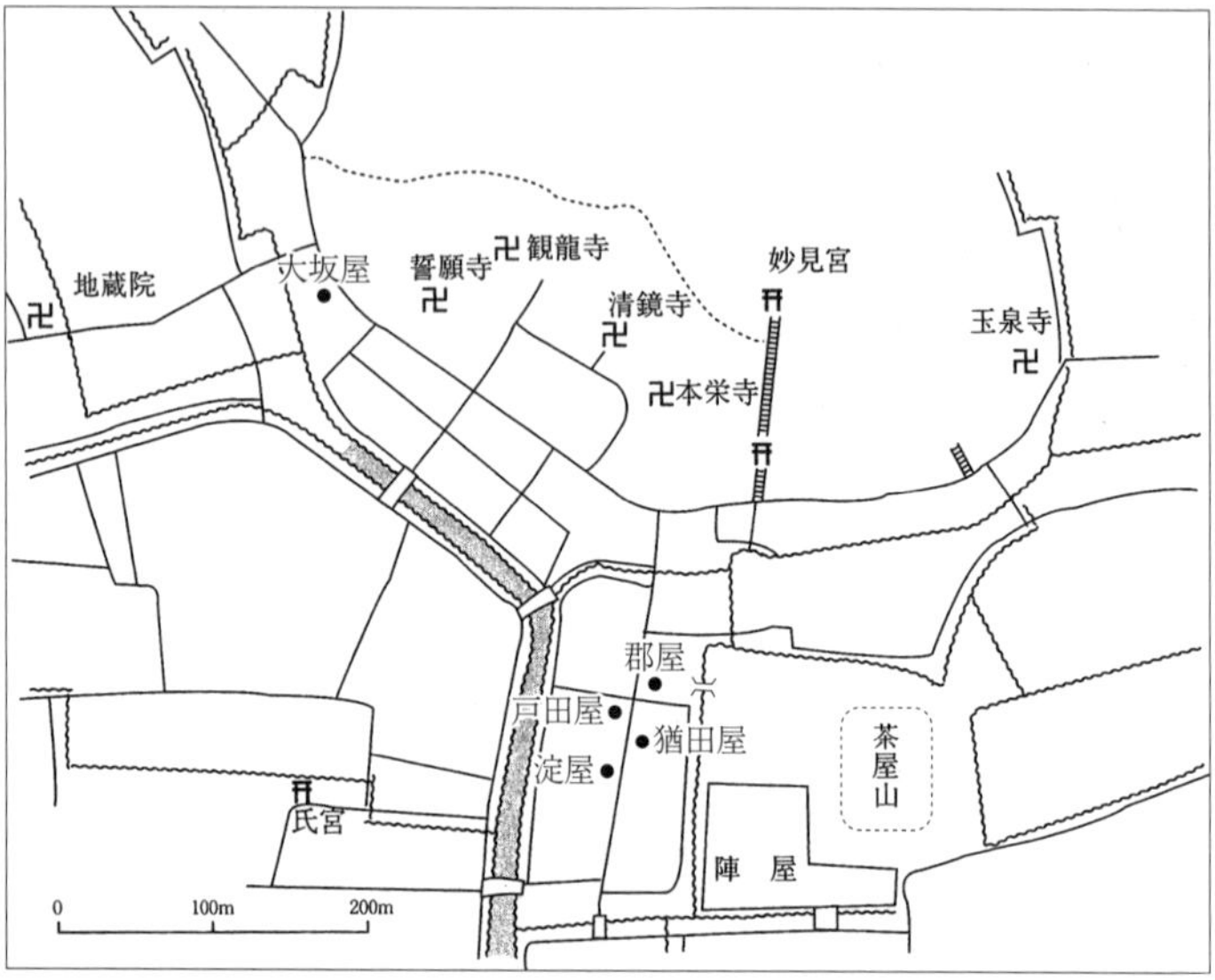

大坂屋（後の林源十郎商店）と**4軒の郷宿**（郡屋が山川家） 波線は堀を示す。
（倉敷市史研究会編『新修倉敷市史』通史編　第4巻　近世（下）より）

山川の父はさまざまな試みをしたらしいが、結局、屋敷の一部を賃貸するとともに、陣屋跡の土地を払い下げてもらって農場を始めた。『新修倉敷市史』には、文久三（一八六三）年の郷宿の場所を示す地図が掲載されている。四家の郷宿はいずれも代官陣屋の西側の堀を隔てた場所に、軒を連ねるように営業していたことがわかる。陣屋に渡る橋のたもとにある郡屋清太郎が山川家で、おそらく郷宿を営むようになった当初からこの場所にあったのだろう。現在はこの堀はなくなっているが、アイビースクエアのすぐ西側の道路に沿ったあたりに郷宿があったと考えられる。山川家からすぐそばの橋を渡れば、

父の農場経営

広大な「農場」が広がっていたわけで、まことに好都合な位置関係だったといえる。『自伝』によると、清平が陣屋跡地の払い下げを受けたのは一八七三（明治六）年だったらしい。

明治維新で代官所がなくなったとき、代わりに倉敷県庁がここに置かれた。しかし一八七二（明治五）年には小田《お だ》県が設置され、県庁は笠岡《かさおか》村に置かれたので、陣屋跡は遊休地になっていたのである。一八八九（明治二二）年に創業した倉敷紡績が、その前年にこの地を買収したとき、敷地の総面積は「一町六反八畝余」で、そのうちの「二反六畝余」は山林だった（『新修倉敷市史』近代（上）、四五二頁）。山林とは稲荷山（地図では茶屋山）で、山川の『自伝』によれば、実際にキツネが住んでいたらしい（稲荷山は倉敷紡績の開業時に更地にされたが、稲荷神社の存在を示す小さな祠は今も現存する）。清平が払い下げを受けた土地はこの稲荷山を含めると約一万六五〇〇平米、正方形に直せば一辺が約一三〇メートルという広大な土地だった。

こうして父が新事業に苦闘していた一八八〇（明治一三）年一二月二〇日に、山川均は生まれた。しかし父の農場経営は失敗に終わり、山川が満一歳四カ月の一八八二（明治一五）年には、長年郷宿を営んできた屋敷と陣屋跡の土地を手放した。他に小作に出していた農地を所有していたらしいが、一八九一（明治二四）年にはすべて売り払ったらしい（『自伝』七三頁）。こうして山川の一家は、累代の屋敷を売り払って物置小屋のような薄暗い家に一月半ほど住んだのち、中町八〇一番地の借家に転居した。中町という町名は現在の倉敷には存在しないが、「窪屋郡倉敷村屋敷割絵図（宝永七年一一月）」（『新修倉敷市史』第一〇巻付録）によると、前述の林源十郎商店がある通りが本町、倉敷川の河岸が内川岸町、その中間に平行して走る道が中町だったようだ。「中町壱町弐拾四間」と書かれているので一五〇メートルほどの短くて細い路地である。『自伝』が「閑静で人通りもなく、往来で自由に遊べたかわりに、近所に一人も友達はなかった」（八四頁）と語っていることでも、当時の様子が想像できる。庭にモクセイの老木があったこと、父がウサギや鳥を飼っていたことなど、『自伝』はここでの幼少期を生き生きと語っている。

山川糸店

一八八七（明治二〇）年二月、山川家は本町の商店街に転居し、父の清平はここで糸物商を開業した。前述した林源十郎商店の真向かいで、現在は中原三法堂という仏具店になっているが、その全部が元の山川家の土地だったかどうかはわからない。一九二〇年に母の看病で帰省していた時に東京の堺利彦《さかいとしひこ》に宛てた手紙には、「僕の家は六畳と四畳半と三畳のお勝手」と書いている（②四一一頁）。かつては住居の他に店舗部分があったはずだし、菊栄の回想では、山川の父が「家の外では五、六羽のチャボを飼い、睡蓮鉢や鉢うえの草花の世話をし、家の中では鳴きうずらを飼いならし」て楽しんでいたという（②四三〇頁）。通りや町の区画は以前とそれほど変わっていないと思われるが、山川の家のたたずまいがどんな風だったのか、今では想像すべくもない。

ともかく山川はこのとき満六歳で、まもなく小学校に入学し、一八九五（明治二八）年に同志社に入学するまで、ここで少年期を過ごした。父の商売は成功とはいえなかったかもしれないが、山川が不敬罪で逮捕され、控訴審判決で下獄する一九〇一年九月まで、山川糸店は細々と営業していた。廃業したのは、息子の不敬罪で謹慎したためだった。

本町に転居し、山川が小学校に入学した翌年の一八八八（明治二一）年、姉の浦《うら》が後に第一一代林源十郎となる甫三に嫁いだ。源十郎は後々まで彼に大きな影響を与える人物なので、次章で述べることにしよう。

本論に入る前に

山川は一九三五（昭和一〇）年の文章「転向常習者の手記」で、こんなことを書いている。「私は後年、私の主張や私の考え方がズルズルベッタリで弁証法的でないというので、猛烈な非難を浴びたことがある。この批評は、なるほどいいところに気がついたものだと、私は感心した。（中略）私は過去の生涯のうちで、自分自身のうちに、たとえば自己革命とでもいうような、花々しい変化を経験したことがない。私はいつでもズルズルベッタリだった。なるほど私の考えは、幾度も変わったことだろう。しかし、この変化の前と後との私の考えがいかに異ったものであろうとも、「私」の範囲のなかで一方から他方への推移ができないほど、それほどの程度において異ったものとは見えなかった」（⑬三九五頁）。

「ズルズルベッタリ」とは、一九二〇年代後半に福本和夫《ふくもとかずお》が山川を批判した時に使った表現だが、前記の感想は戯言ではなく率直な感想だろう。山川の社会主義に対する考え方は、一九一〇年代初頭から後半にかけて、徐々に、しかし結果としては大きく変化することになる。しかしその一歩一歩は、十分に考えぬき内省された結果だった。ちょうど将棋や囲碁の熟達者が、対局後の感想戦で自分が打った手を一つ一つ正確に再現できるように、山川は自分自身の考えの変化とその根拠を微細にわたって説明することができたはずだ。

山川の思想の変化は、最初はロシア革命のゆくえやコミンテルンの方針に強く規定されていたが、まもなく状況を冷静に判断するようになっていった。それは客観状況と自分たちの力量、原則と応用、理念と現実の距離を周到に考量して決断した結果だった。初めはロシア革命の勃発に涙するほど感激したが、その後の推移を観察し続け、前衛党《ぜんえい》という組織原理やプロレタリア独裁の負の側面に目を注いだ。そしてかつて批判した民本主義《みんぽん》を再評価し、「背教者」のレッテルを貼られたカウツキーに与《くみ》することになる。一八〇度の転換と言ってよいが、それを「ズルズルベッタリ」と感じ、胸を張って肯定する態度を高く評価したい。

わたしは本書で、山川の思想を「日本型社会民主主義」と呼んだ。それはドイツ社会民主党や英国労働党に代表される西欧社会民主主義と、ロシアや中国の共産党による社会主義革命を、ともに批判した路線である。前者は革命を断念して、資本主義の枠内での改良を唱えるものであり、後者は前衛党による革命とプロレタリア独裁を不可欠とする。山川はこれら二つの路線をともに批判し、マルクス主義の革命論に固執しつつ、民主主義を徹底することによって社会主義革命を実現する方途を模索した。その思想の営みを辿るのが本書の主題である。

第一章と第二章は未成年時代を扱っている。山川の社会主義思想を論じる研究では、『自伝』の記述の紹介で終始するのが普通だが、わたしは一次資料に基づいてやや詳細に説明した。第三章では、大きな期待をもって上京し、社会主義者としての活動を始めた山川が、赤旗事件とその後の個人的事件で大きな挫折を味わい、「逃避」生活をする時期を扱っている。「主義を放棄」したかにみえた山川が再起し、民本主義批判をバネに論壇に登場するのが第四章で、個人的にも青山菊栄と再婚して充実した生活が始まる。

第五章は本書の中心部分である。一九二〇（大正九）年からロシア革命について本格的に論じ始めた山川は、「カウツキーの労農政治反対論」などでカウツキーを批判し、レーニンに与する立場をとった。しかし二二年に「無産階級運動の方向転換」を発表した後、徐々に前衛党という組織に懐疑的になり、ブルジョア民主主義の充実とプチブル階級（中間階級）との協力の必要性を説くに至る。これが単一無産政党すなわち共同戦線論で、日本型社会民主主義の成立である。第六章では、福本イズムの批判によって、山川の立場がさらに鮮明になっていく様子を説明した。

第七章では、山川の思想が中国語に翻訳されて受容され、あるいは誤解された実例を挙げた。これまでの山川論では、まともに取り上げられていない側面なので、やや詳しく論じている。

終章は戦後の山川である。山川の思想は、戦後、社会党左派の活動を通じて左翼の運動に大きな影響を与えた。もっと詳細に扱うべきだと考える人もいるだろう。しかしわたしは、山川の思想的立場や考え方は一九二〇年代に確立しており、戦後はその延長だと考えている。また戦後の山川の活動については、石河康国《いしこやすくに》『マルクスを日本で育てた人』が山川家に残された資料を駆使し、全体の三分の一ほどのページを割いて詳細に論じている。戦後の山川に関心をもつ人は、石河氏の著書を参照していただきたい。

第一章　同志社時代

1　入学まで

同志社時代の重要性

山川均に関する評伝は、従来、彼の社会主義やマルクス主義の理解と実践に傾注してきた。その結果、山川が思想家として自立する以前の幼少期や同志社時代に関する記述は、『山川均自伝』の叙述をごく簡単になぞるだけに終わっている。

たしかに山川の同志社在学は満一四歳から一六歳にかけての二年間にすぎない。大正デモクラシー期から本格的に始まる山川の理論活動の影響の大きさに比べれば、同志社時代はどこにでもある少年時代の小さなエピソードにすぎないとみなされても仕方がない。しかし同志社退学後に上京し、三年後に出した雑誌が『青年之福音』という書名だったこと、その当時を回顧して「自分はキリスト教を信じているときと信じていた」（『自伝』一八〇頁）と述懐していること、マルクス主義者になって以後の著述でもしばしば聖書の章句を引用していることなどを想起すると、同志社でのキリスト教体験はもっと詳細に辿ってみる価値がありそうだ。

義兄・林源十郎

山川が同志社に入学したのは一八九五（明治二八）年四月で、満一四歳四カ月ほどだった。それまでの彼の履歴をごく簡単に辿ると、まず一八八七（明治二〇）年、尋常小学校に入学した（満六歳）。山川は『自伝』でその小学校を「明倫小学」と書いているが、地蔵院境内にあった小学校で、正式名称を尋常倉敷小学校というのがそれにあたるだろう。一八九一年にそこを卒業し、精思《せいし》高等小学校に入学した。この学校は一八八七年創立だが、山川が入学した年に字栄町に校舎を新築したばかりだった（「精思男子高等小学校学校沿革誌」）。この高等小学校を一八九五年に卒業した山川は、進学の夢捨てがたく、父の反対をおして家出をしてでも上京するつもりだったところ、同志社ならいいという父の許可が出た。

山川の同志社入学を父に説得したのは義兄の林源十郎（一八六五～一九三五）だった。源十郎は山川が人生の転機にあった時、理解のある態度で何度もその窮地を救った人物である。『自伝』でも簡単に触れられているが、林家は明暦三（一六五七）年に薬種屋「紀伊国屋」を創業した（序章で述べたように、歴代の林家の住居と店舗があった創業の地は、現在、「林源十郎商店」という三階建ての建物になっている。以下の叙述は、その建物の二階にある林源十郎商店記念室の展示パネルによる）。正徳五（一七一五）年、屋号を「大坂屋」と改称、文政一一（一八二八）年には養子の孚一《ふいち》が第八代当主・源介を襲名して大坂屋を継承した。孚一は林家の歴史において源十郎とともに特筆される人物で、国学を鈴木重胤に学び、幕末には勤王の志士の運動を助けたとして、一八九〇年に正七位に叙された。一八五七年に隠居し、長男の懐徳《かいとく》が第九代となったが一八六五年に死去した。懐徳の死後、次男の伴臣《ともおみ》が第一〇代当主となり、その死後、一八九二（明治二五）年に源十郎が第一一代当主となって、屋号を林源十郎商店と改称した。

源十郎は懐徳の長男として生まれた。産声も上げず仮死状態だったが蘇生したので幼名を蘇太郎といい、後に甫三と称した（田崎健作「林源十郎氏おいたちの記」、林彪太郎「父の思出」）。父の懐徳は源十郎が五カ月に満たない時に死去し、母の寿加子は孚一の懇望によって次男の伴臣に再嫁して三人の子を儲けた。つまり源十郎は実母と一つ屋根の下で生活しながら、義父（叔父）や義理の弟たちと暮らすという、きわめて微妙な位置に置かれて育った。源十郎をかわいがったのは孚一で、「質素倹約を説き読み書き手紙の文に至るまで親しく指導」してもらったという（『林翁之片影』一九頁）。林家は維新の変動で一時没落した。源十郎は少年の頃の「家財を売り払うの惨状」を忘れることができないと語っているが、その「刻苦精励」もあって家業は再生し、大原孫三郎とともに石井十次《いしいじゅうじ》の岡山孤児院を援助するなど、倉敷の篤志家としてその名望を後世に残した（林源十郎「おぼえがき」）。

林源十郎と同志社

源十郎は一八七九（明治一二）年から三年近く同志社に在学し、その後、岡山薬学校で学んだ。薬学校在学中の一八八八（明治二一）年に岡山教会でローランド宣教師から受洗したという（高戸猷『倉敷基督教会略史』、竹中正夫『倉敷の文化とキリスト教』参照）。ただし源十郎の受洗の時期については異説があり、田崎健作「林源十郎氏おいたちの記」は、源十郎が石井十次とともに受洗したと書いている。石井が岡山教会で金森通倫《かなもりみちとも》牧師から受洗したのは一八八四年である（石井記念協会『石井十次伝』二八頁）。源十郎は岡山薬学校時代に石井の孤児院を訪ねて知り合ったと述べているので、源十郎の受洗は石井の導きによるのかもしれない（林源十郎「石井十次君の追憶」参照）。

ところで源十郎が入学した同志社では、彼が入学した年の六月に最初の卒業式が行われており、熊本バンドの熱気がまだ濃厚に残っていた。熊本バンドとは、明治初期のプロテスタンティズムの一つの源流となった熊本洋学校出身のキリスト教徒たちのことで、草創期の同志社で、人数でも信仰の面でも他を圧した影響力を持っていた。一八七六（明治九）年に、熊本バンドの先輩たちより少しだけ遅れて同志社に入学した徳富蘇峰《とくとみそほう》が残した記録によれば、彼らは休暇中に関西近辺に伝道活動をしたり、学内で同心公社という結社をつくって演説会を開催したりしている（花立三郎・杉井六郎・和田守編『同志社大江義塾　徳富蘇峰資料集』一五～六九頁）。新島襄《にいじまじょう》（一八四三～九〇）の有名な自杖事件が起こったのも、源十郎が在学中の一八八〇年四月のことだった。一八七八年九月入学組と翌年一月入学組の授業を合併して行うことになったのに対して、生徒の一部が反発して抗議のストライキを行った。これに対して新島が生徒たちを集めて演説し、学校側の処置の非を詫びて杖で自らを打ったという事件である。杖は何本にも折れたと言われており、生徒たちは異様な感激に打たれた。源十郎がその現場にいたかどうかはわからないが、当時の同志社の雰囲気は推測できよう。「新島先生は温良な方でしたが、しかしドコとなく犯し難い人でした。そして先生方も生徒達も皆何か知らん高い理想を抱いて潔い生活をして居らるるのを見聞して、知らず知らずの裡に基督教の感化が自分の心にしみ込んだ様に思はれます」（『林翁之片影』三九頁）。後年の源十郎の述懐である。

倉敷のキリスト教

倉敷におけるキリスト教伝道は一八七八（明治一一）年に新島襄が倉敷を訪れ、さらに一八八〇年に米国伝道会社（アメリカン・ボード）から川越義雄という伝道師が派遣されたことに始まるという。一八八〇年一〇月に岡山教会が設立され、金森通倫が牧師として赴任した（八六年に金森が同志社神学部に転任した後は安部磯雄《あべいそお》）。一八八二（明治一五）年一月には倉敷で講義所が設立され、四月三日に源十郎宅でマタイ伝の会読が始まっている。管見の限りでは、同志社には源十郎の学籍に関する資料は存在しないが、八二年にはすでに退学して倉敷に在住し、信者としての活動を始めていたことがわかる。

受洗したのと同じ一八八八（明治二一）年の三月三日、源十郎は山川の姉の浦と結婚した。源十郎が満二三歳、浦は翌日に満一六歳の誕生日を迎えた。前章でも述べたように、山川家は林家の真向かいにあったから、相互によく見知っていただろう。浦は神戸女学院に在籍していたことがあり、一九〇四年七月には林家で彼女自身や一族の受洗式が行われている。山川が不敬罪で服罪し、仮出獄して帰省した翌月のことである。倉敷に教会が設立されたのはずっと後の一九〇六年七月のことであるが、倉敷の教会史を一覧すると、源十郎が早くからキリスト教徒の中心的存在として活動していた様子が窺える。

『倉敷基督教会略史』から源十郎に関する事項を抜き出してみよう。一八八二（明治一五）年四月三

林源十郎と浦（『備中倉敷林家』上巻，より）

〇日、夜の伝道説教の後、川越伝道師宅での祈禱会に出席。五月一三日、伝道説教会で「耶蘇教は外教に非らず」の題で説教。一八八三年二月三日、川越伝道師の送別会に出席。その後、しばらく源十郎の名は出てこないが、一八八八（明治二一）年一月六日に祈禱会に出席し、一月八日に前述の通り受洗した。彼の名が出てこない期間は、岡山薬学校での学業に専念していたのかもしれない。一八九一（明治二四）年五月三日、岡山教会の晩餐式と説教出席のため岡山に出張。七月一日、岡山教会の安部磯雄の送別会に出席した。その後、九二年から一九〇〇年までは、教勢が衰えて教会の活動記録がほとんどないが、一九〇一年半ばから金曜夜に祈禱会が行われ、源十郎も出席している。そして翌年一二月から中央から著名人を呼んで「倉敷日曜講演」が定期的に開催されるようになる。源十郎がプロモーターで大原孫三郎が経費を負担したらしい。一九〇三年から伝道活動は目覚ましい復活ぶりを示し、源十郎宅などで種々の催しが行われるようになる。

以上によって推測されるように、岡山地方のキリスト教伝道には組合教会と同志社関係者が深く関与した。源十郎も同志社関係者として伝道に関わったのである。山川が同志社予備学校に在学中の「明治廿九年三月取調」の学生簿の末尾には、一八九七（明治三〇）年二月末時点での生徒の府県別人数が記されている。多い順に並べると、京都・五四、兵庫・四四、岡山・三二で、以下は大阪・一四、滋賀・一三となり、他は取るに足りない数字である。地理的に離れている岡山からの入学者が例外的に多いことがわかる。山川の同志社入学には、義兄をはじめとする倉敷のキリスト教関係者の色濃い雰囲気が影響したのである。

山川は同志社に入学した明治二〇年代後半は、日本社会が条約改正反対運動と日清戦争による排外主義の雰囲気に染まった時期だった。小崎弘道《こざきひろみち》は明治二四年から三三年を「試練の時代」と呼び、以下のように論じている。「入会者の統計を見るに、十六年より二十三年迄は、多い時は一千七百名に及び、少く共千名を下る事がなかつた。然るに二十四年より三十三年にかけては、漸時受洗者の数を減じ、其の最も少いのは二十七年度で、僅に二百六十六人に過ぎない、最も多い年も千人を出づるはなかつた。如何に教勢が頓挫したかを察することが出来る。而も会員全体の上に於て、減員の最も多くあったのも亦二十七年度で、其の数一千八百七十九人に達してゐる。誠に甚しき減退と云はねばならぬ」（小崎弘道編著『日本組合基督教会史（未定稿）』一〇九頁）。組合基督教会や同志社が苦難の時代に入った時に、山川は同志社に入学した。

2 同志社入学

学籍

同志社入学について、山川は『自伝』で以下のように語っている。「当時の同志社の学制は、四年の普通校が中心で、その下に二年の予備校があり、予備校の下に幼年校があった。普通校の上には神学校と政治学校と理化学校との三つの専門校があった。そして一般の高等小学をへて予備校にはいる者のために、六カ月間の補習科がおかれていた。それで私たちは、この補習科に入学した」(一三七頁)。

同志社が同志社英学校として創立されたのは一八七五(明治八)年一一月のことだった。翌年、いわゆる熊本バンドの人々が集団で入学し、その後の同志社の動向に大きな影響を与えたことは前述した。彼らはその信仰と伝道などの活動によって初期の同志社に独特の活気を注入したが、学校としての同志社の存在はまだ微々たるものだった。一八七五年から八四年までの一〇年間の入学生数は毎年二桁で、八四年の九四名を例外として毎年三〇～七〇名程度、しかも退学者が多く、八四年までの卒業生の累計は五一名にすぎなかった(図1参照)。入学者が百名を超えるのは一八八五年からで、山川が入学した一八九五年は一八二名だった。しかしこの年度には多数の退学者もあり、翌九六年春の段階での在学生は三二一名だった。在学生数は一八八七年から急増し、おおむね五〇〇～六〇〇名を維持していたので、山川の在学中に激減したことになる。

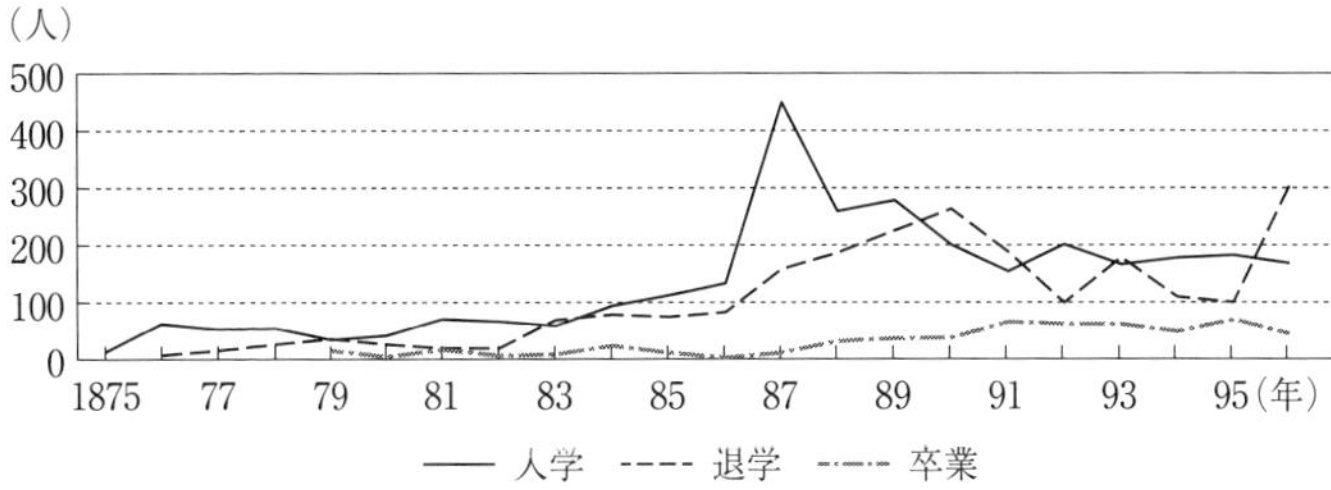

図１　同志社の学生数

出所：『同志社明治廿八年度報告』により筆者作成。

創立後の同志社の学則は頻繁に改変された。とくに一八八三（明治一六）年の徴兵令改正によって、官立・公立学校や文部大臣が認めた私立学校在学者には徴兵猶予が認められていたが、同志社はその恩典を受けられなかったことで苦闘した（後述参照）。山川入学時の状態について説明すると、同志社は一八八九（明治二二）年九月の段階で普通学校・神学校・予備学校からなり、九〇年にハリス理化学校（九二年に理科学校と改称）、九一年に法政学校が開設されていた（『同志社五十年史』、『同志社百年史』通史編一、参照）。その後、予備学校に補充科幼年部を設立し、九三年に補充科（三カ月）・幼年科（二年）・予備学校（二年）とした。幼年科は高等小学校一年以上を修了した満一一歳から一五歳までの者が対象で、補充科は「公立高等小学校を三月に卒業して、九月に新学期開校の予備学校に志願する者」のために設置されたもので、学習期間は四月から六月までの三カ月だった（『同志社百年史』通史編一、五二一頁）。

以上のような同志社の制度によれば、一八九五年三月に倉敷の精思高等小学校を卒業して同志社に入学した山川は、『自伝』の記述とは少し違って、四月に補充科に入学し、三カ月の修業の後、九月

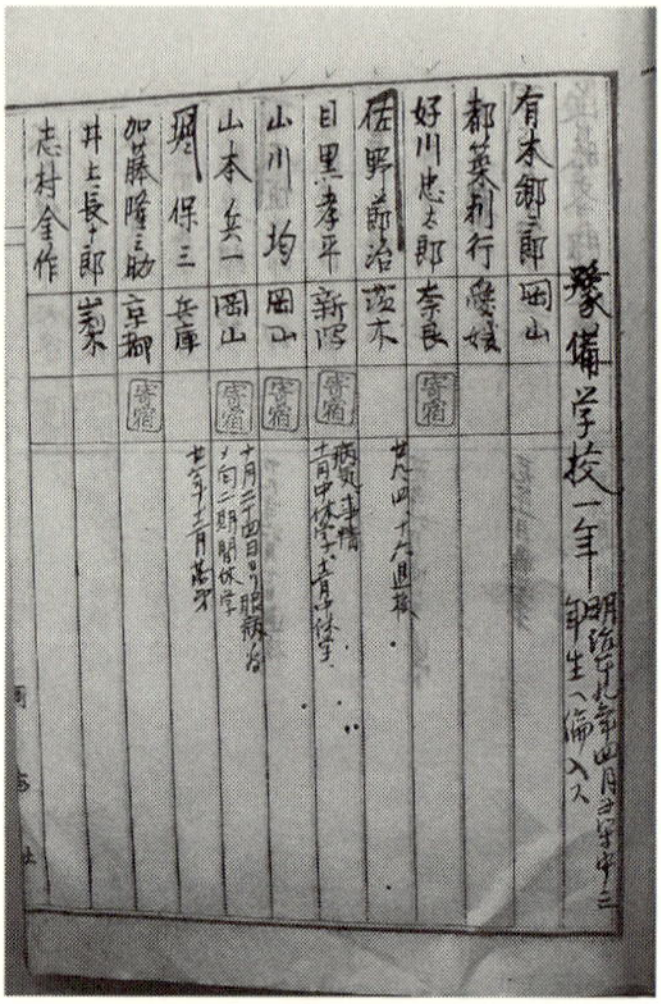

明治28年度の同志社学生簿
（同志社社史資料センター蔵）
山本兵一は小学校時代からの山川の親友。

に予備学校に進学したことになる。事実、同志社社史資料センターに残されている若干の学生簿のうち、「明治廿八年九月」の「予備学校一年」の項に「山川均」の名があり、そのすぐ隣に「山本兵一」の名前が記されている。これは小学校時代の親友で同時に同志社に入学した二人が、学則通り九五年九月に予備学校に首尾よく入学した事実を示すものである。「明治廿九年三月取調」という表題の名簿でも「予備学校一年」の項に二人の名前が記されており、彼らの在学が確認できる。

学生生活

一八九六（明治二九）年六月の予備学校（幼年科・補充科）「概則」によれば、学費は「束《そく》脩《しゅう》」（入学金にあたる）が二円、一期分の費用として授業料三円、校費五〇銭のほか、毎月の食費三円、嘱托費五〇銭だった（『同志社百年史』資料編二、三〇七頁以下参照）。予備学校は九〜一二月、一〜三月、四〜六月の三学期制で、前記の費用のほか、筆墨紙や石油などの日用品、小づかいや入浴料などの雑費で月平均一円五〇銭ほどが必要だと記されている。毎月納入する費用は、食費・嘱托費・日用品・雑費で合計五円という計算になる。『自伝』では「食堂の食費が一ヵ月麦飯で二円八〇銭、米飯で三円」で、それ以外は「安い月謝と、ほとんど名目にすぎない額の寄宿舎費、ランプの石油、これくらいが定まった学費のすべてだった」（一四一～一四二頁）とし、六円の仕送りで「どうにかやってゆかれた」（一四二頁）と語っている。切り詰めた生活だったであろう。

ところで前述の明治二八年九月の学生簿には、予備学校一年生は「明治廿九年四月尋常中学三年へ編入ス」と注記されている。これは一八九六（明治二九）年四月に、予備学校と幼年科を普通学校と統合して、中学校令に準拠した修業年限五年の尋常中学校が設立されたためである。つまり山川は同志社入学後、まず最初の三カ月間、補充科で英学（週一〇時間）、漢文（週五時間）の授業を受け、九月から翌年三月まで予備学校一年生の授業を二学期間、受講した。補充科の英学の内容はスペリングと「ナショナルリーダー」（National Readers）一と二、漢文は『日本外史』だった（『同志社百年史』資料編二、一三〇九頁）。進学した予備学校の授業内容は不明だが、いずれにせよ、この課程は七カ月で中断し、九六年四月、山川たちは新設の尋常中学校三年に編入された。こうした制度の変更が、山川たちの退学の遠因となることは後述する。

同志社での学生生活のいくつかの側面について触れておこう。山川は同志社での勉学についてはく多くのことを語っていないが、夕食後に寄宿舎の鐘が鳴ると自習時間になり、「毎日採点されるので、不勉強者でも、いちおうの予習をしてゆくことになった」と回想している（『自伝』一四三頁）。その事情は次のようなものだったらしい。「本校は中々自由にしてあったが、予備〔学〕校は訓練が厳峻で、朝は五時半に彰栄館の鐘が鳴ると起床、六時に朝食、五時に晩飯、六時が門限で、九時半自修を終り、十時に就寝することにしてあった。同志社の教授法は教科書を自修させておき、それを毎日教場でやらせて点をとる。毎日試験をしてをるやうなもので、本試験よりもそれに重きをおいてをり、毎日誰に当るやらわからないから、毎晩六時から九時半まで勉強してもなほ時間が足らない程であった」（青山霞村『同志社五十年裏面史』二二九頁）。実際、先の学生簿のなかには、名前の下に「退学」「休学」などと書かれている場合があり、退学者や休学者が異常に多いことを示しているが、「落第」と書かれたケースも珍しくない。同志社は入学は簡単だが、卒業するには一夜漬けではない勤勉さが求められたようだ。

ボート部の記憶

同志社在学中に関する『自伝』の記述で、最も光彩を放っているのは「琵琶湖の思い出」である。山川は先輩に誘われたのがきっかけで「ボート気ちがい」になった。そして「ボートをこぐこと以上に、琵琶湖そのものが好きだった。それで同志社の二年のあいだ、土曜日には、ほとんど欠かさず琵琶湖がよいをした。大津まで三里のトウゲ道を歩いて、それから一日こぎまわり、夕方にまた、三里の道を歩いて帰るのだから、なみたいていではなかった」（一四七〜一四八頁）。琵琶湖通いが毎週土曜だったのは、日曜には礼拝があったからだろう。『同志社百年史』によると、一八九〇（明治二三）年に疏水工事が完成すると、大津三保《み ほ》が崎《さき》に大型貸ボート店ができたので、同志社の生徒たちが通うようになったという（『同志社百年史』通史編一、五三三〜五三四頁）。同志社から三条通まで下り、蹴上《けあげ》・山科《やましな》を経て大津まで、現在なら地下鉄東西線（京阪京津《けいしん》線）が通っている道を、草鞋《わらじ》・脚絆《きゃはん》姿で雨も厭わずに往復したのである。片道一五キロ近い道のりで三時間は要しただろう。

山川は語る。「静かなときの湖面は、文字どおりカガミのようだった。とりわけ、朝はやく、深い霧が水面すれすれのところから立ちこめて、ものの一間も先きは見とおしがきかないようなとき、それこそ水面は油のようで、オールをつけてかき乱すのがためらわれるほどだった。漁船のロの音が近くに聞えるが舟は見えなかった。こういうときの琵琶湖は爽快でもあり、なんだか夢幻的でもあった」（『自伝』一五〇頁）。山川の文章はおおむね散文的で抒情に及ぶのは珍しい。『自伝』は一九四九年から翌年にかけて書かれた。起伏の多い波瀾の人生を送った一社会運動家の回顧として読むと、この琵琶湖の情景は、貧しいが満ち足りた少年時代の心象風景を表象したものとも読める。油のようになめらかな湖面に、ほとんど音もしないほどそっとオールを差し入れ、わずかに力を入れて漕ぐと、舟は立ちこめた霧をかき分けるように静かに滑り出していく。乳白色に染まって無と化した風景の静寂を際立たせるかのように、時として漁船の櫓の音が近くから聞こえてくる。船の行く手は依然として濃い霧に包まれたままであり、それを突っ切って進み出ていくにつれて、船の後尾は再び乳白色に包まれていく。時間はほとんど止まったままだ。しかしそれは、まもなく唐突に打ち破られるための前景にすぎなかった。あるいはむしろ、こうした静寂と平穏に自足できない山川の精神が、ある種の衝迫感に堪えかねて自ら突き破ることになる光景にほかならない。

山川の同志社中退の事情について検討する前に、琵琶湖に関するもう一つのエピソードについて述べておこう。山川のボート仲間のなかで特筆されているのが都留《つる》信郎という人物である。「都留は体格のがっしりした、健康そうな、かつてクッタクしたことのない、いつもはればれとした顔をした青年だった。（中略）都留はいろいろの点で私よりもすぐれていた。ボートはもちろんのこと、三日月楼の二階の座り角力でも、逆立ちして両手で歩くことでも、とうてい都留にかなわなかったが、腕角力だけは、私は都留に勝てなかったが、都留も私を負かせなかった」（一五〇～一五一頁）。三日月楼はボートの練習で昼食のために、彼らがしばしば立ち寄った石山《いしやま》の旅館である（一九一九年に妻子とともに倉敷に帰省し、上京する折に山川はわざわざここに宿泊した。三日月楼は現存しないが、当時の絵葉書で旅館の姿を知ることができる）。

都留と山川の人生はその後長いあいだ交叉することがなかったが、第二次大戦後になって都留から連絡があった。しかし会見が実現する前に、都留重人《しげと》の父が死去したとの新聞記事で、山川は都留の死去を知った。かつてのボート仲間が都留重人の父親だったことを、山川はこのとき初めて知ったという。都留は予備学校での山川の同級生で、前述の明治二八年九月と二九年三月取調の学生簿に、出身地・大分の生徒として登載されている。

輝かしい勝利

彼らはチームを組んでレースに参加した。「明治三十年の春には、はじめて全国の学校の連合でボートレースが琵琶湖でもよおされ、私たちのバンドも出場して金色のメダルをもらった」（『自伝』一五一頁）。『同志社五十年史』によれば、ボート競漕《きょうそう》は同志社に最初に輸入された近代的スポーツだった。一八九一（明治二四）年四月に第一回の水上大運動会（競泳とボート競漕）が開催され、その後、毎年春に三保が崎で全校挙げての水上運動会が、秋には唐崎《からさき》で小規模の競漕会が行われたという（『同志社五十年史』二八一～二八二頁）。他方、琵琶湖での全国的規模での競漕会は一八九五年に始まったが、最初の二回（九五～九六年）は同志社はチームとしては参戦していない（『同志社ローイング一〇〇年』四〇頁以下を参照）。しかし九七年四月の水上運動会の一日後、本願寺文学寮（現龍谷大）の主催で行われたレースで、同志社クルーは滋賀師範、滋賀尋常中学の二校と対戦、さらに同年五月には京都尋常中学の招待で滋賀商業と対戦し、ともに勝利した。前者のレースのメンバーは「舵手《だしゅ》塩津誠作、整調《せいちょう》森光太郎、五番清水和三郎、四番都留信郎、三番石川弘、二番卜部八右衛門、艇舳小野寺寿雄」で、後者のメンバーは「舵手松井万緑、整調都留信郎、五番清水三郎、四番卜部八右衛門、三番鈴木岡造、二番山本兵一、艇舳沢田実」だった。

他方、同志社が全国規模の連合競漕会に参戦したのは、九七年七月一八日開催の第三回大会だった。同志社は、当初、二高または四高との対戦を希望したが実現せず、結局、慶應義塾との対戦になった。慶應にはいくつかのボート部があり、そのうちの最強と言われた赤いユニフォームの赤クラブが対戦相手だった。対する同志社は、白シャツに赤布を縫いつけた即席の縞のユニフォームを身につけた。両校の対戦は当日のプログラムの最後に組まれ、手に汗握る熱戦の末、三艇身の差で同志社が勝った。この勝利は同志社の正史が力説するところで、これを契機にそれまで貸しボートで練習していたボート部は自前のボートを所有することになった。この時のメンバーは、『同志社五十年史』（二八二頁）によれば、「舵手塩津誠作、整調都留信郎、五番清水和三郎、四番卜部八右衛門、三番沢田実、二番山本兵一郎、一番小野寺寿雄」で、『同志社ローイング一〇〇年』（四三頁）によれば、「舵手塩津誠作、

整調都留信郎、五番清水和三郎、四番渡辺節二郎、三番沢田実、二番卜部八右衛門、艇舳小野寺寿雄」である。

記録に残っているメンバー表をあえてすべて記載したのは、第一には都留信郎がいずれの試合にも出場していて、「もし同志社の全校からボートの選手をえらんだとすれば、彼はかかすことのできない人だった」という『自伝』(一五〇頁)の記述を裏づけるからである(なお都留は九八年の第四回大会でもメンバーとなっている)。第二に、この記録によれば、連合競漕会が開催されたのは明治三〇(一八九七)年の春ではなく秋であり、山川はすでに退学して東京にいたはずだが、同時に退学した山本兵一の名前が記録に残っている。そして第三に、明らかに名前の誤記(清水和三郎と清水三郎、山本兵一と山本兵一郎のように)があるが、何より困惑させるのは山川の名がどこにも残っていないことである。前述のように、『自伝』では「明治三十年の春」に初めて全国学校のボートレースが行われ、彼らの「バンド」が金メダルを獲得したとし、その時の記念写真もあったが、関東大震災の時に憲兵に持ち去られたと書いている。

おそらく前記の記録のどこかに誤りがあるのだろう。山川はこんな事柄でハッタリを言うような人物ではないので、記録に残っていない別のレースに出て優勝したのだろうか。たとえばそれが四月の水上運動会だったとすれば、おそらく五月初めに退学した山川にとって、とりわけ思い出深いものだったであろう。こうした事情で、彼の小さな勝利が同志社ボート部の歴史に残る輝かしい勝利と重なり、記憶の混濁が起こったのかもしれない。

3　退　学

「タライのなかの竜巻」

「〔明治〕三十年の春、私たち少数の同志はタライのなかの竜巻ほどの小さな騒動をおこし、同攻会のメンバーのうち鹿児島の浜田仁左衛門、小学校時代からの親友の山本〔兵一〕、それから私の三人が退学した。問題は、新しい学制に関連したことではなかったかと思うが、考えてみても分らない。しかしその時は、そうしなければ世界じゅうの正義人道が亡びてしまいでもするかのように、私たちはいきり立っていた。最後には、全校の学生に訴える長いゲキ文を書いた。私は徹夜でこのゲキ文を起草し、同級生のなかでいちばん字のうまかったIに、赤と緑の洋紙十数枚に清書させ、公会堂のぐるりの壁にはりめぐらした。そして郷里へは一と言の相談もなしに、私は退学届を出してしまった」（一五九頁）。

この『自伝』の記述で、山川の退学の事情を納得できる人はいないだろう。そもそも自分の人生の大転換を引き起こすことになった事件、しかも自ら主導した事件について、具体的な記憶がないというのは信じがたい。檄文を書いて公会堂（同志社教会）の壁に貼ったというのに、書いた内容はまったく忘れてしまうということがあるだろうか。彼は自分の自伝を「凡人の記録」と称し、「まえがき」で「通りいっぺんの凡人が歩んだ平凡な道」だったと強調しているが、そこには山川一流の衒《てら》いがある。後述のように、第一次日本共産党の結成（一九二二年）で山川が主導的な役割を果たしたことは

同志社時代の山川（前列右から２人目。倉敷出身者とともに）
（『世界』1958年６月号，より）

否定しがたいが、『自伝』ではそれを否定しており、荒畑寒村《あらはたかんそん》を憤慨させた。こうした山川の態度は「人格の高潔なように理論的にも潔癖」だったことが原因だと、寒村は説明している（荒畑寒村「知られざる一面」、荒畑⑤二四六頁）。失敗に加担した自分が理論的に許せないという気持が働いたというのである。同志社退学についても、同様な事情が働いたのではないだろうか。山川らの起こした事件は自身が「タライのなかの竜巻」と称するほど、主観と客観の落差が大きかった。だからその具体的内容を記述するのは、彼の自尊心が許さなかったのではないだろうか。

山川には、ボートの他に、同攻会と自称した七人からなるグループの友人がいた。『自伝』によれば、彼らは新島精神に影響された「悲歌コウ慨の士」で、退学した三人の他に足助《あすけ》素一《そいち》の名が挙げられている。足助素一の名は「明治廿八年九月」の名簿の最後の部分に「廿九年四月入学」として記載されている。つまり足助は予備学校が廃止されて尋常中学校になった時に、山川と同じ三年生のクラスに編入されたことがわかる。足助は山川と同じ岡山県出身で、後に社会主義関係の本を多数出版したことで知られる叢文閣《そうぶんかく》を創立した。山川自身もこの出版社から『社会主義者の社会観』（一九一九年）や『無産政党の研究』（一九二五年）などを出版することになる。

荒畑寒村は山川の死の直後に発表した文章で、この足助素一の山川評を伝えて次のように語る。「当時の山川君はいわゆる燕趙悲歌の士で、いつも慷慨激越な演説をやっていた、それだから、この男は将来は満州に渡って馬賊の大将にでもなるんじゃないかと思ったくらいで、今日のような山川君は、とうてい予想もしなかったそうだ」（荒畑⑤二四三～二四四頁）。日清戦争直後に満州の馬賊が連想されたとは信じにくいので、このエピソードは割引かねばならない。しかし「クラスをリード」していた「志士的分子」についての『自伝』の回想によると、「大は新島精神と同志社伝統の精神教育の問題から、小はマカナイのサーヴィスにいたるまで」自由に議論が交わされ、公会堂の掲示板に檄文を貼って訴えるなどの行動をとっても、学校も寮長も干渉しなかったという（一四六頁）。こうした日頃の悲憤慷慨の延長線上で、山川は「タライのなかの竜巻」のような事件を主導し退学に至ったのであろう。

尋常中学校設立

ではその原因は何だったのか。この問題について検討する前に、まずこの時期の同志社の大きな改革について、簡単に述べておかねばならない。

同志社はキリスト教伝道や伝道者養成を目的とするミッション・スクールではないが、創設当初からアメリカン・ボード（American Board of Commissioners for Foreign Missions）から人的・財政的支援を受けていた。アメリカン・ボードはプロテスタンティズムの一派である会衆派（組合派ともいう）の海外伝道組織で、新島襄自身はボードの宣教師補だったので、その生存中はアメリカ人宣教師との対立が表面化することはなかった。

しかし新島死後に同志社の経営と教学を主導した熊本バンドの人々は、アメリカ人宣教師たちとは信仰面でも違いがあった。同志社教授の浮田《うきた》和民《かずたみ》が「外国人宣教師論」（『六合雑誌《りくごうざっし》』一八九四年八月）を発表して彼らを批判しているが、それは宣教師側には誹謗中傷と言ってよいような激しい内容である。こうした雰囲気のなかで、彼らはナショナリスティックな気分も手伝って教会運営の自立を企図し、一八九五（明治二八）年四月、日本組合基督教会がアメリカン・ボードからの独立を決議する（『日本組合基督教会史（未定稿）』一二一頁参照）。さらにボード側が委員を日本に派遣して日本の事情を調査した末、資産や教育の問題で両者の対立が表面化し、同志社の社員会が九六年末でボードの寄付金と教員を謝絶すると決議した（『同志社百年史』通史編一、四三三頁以下、ポール・グリーシー（北垣宗治訳）「同志社の土着化」参照）。こうして同志社のボードからの自立の方策として、一八九六年四月、同志社は中学校令に準拠する尋常中学校を設立し、前述のように山川らはその三年生に編入されたのである。

尋常中学校は四月一〇日に始業式を行い、設置伺書を京都府知事に提出したが、『同志社年表（未定稿）』によれば、認可されたのは九月一六日だった。設立後、認可までに半年を要したことになる。その間に問題とされたのが授業科目の「倫理」の内容だった。中学校令（一八八六年）は、「倫理」の

「学科ノ程度」を「人倫道徳ノ要旨」と規定しているので、授業の詳細は学校側が自由に決められるはずだった。しかし認可の権限をもつ京都府庁は、教育勅語に基づく倫理教育を要求した（土肥昭夫『天皇とキリスト』二二二〜二二四頁参照）。同志社側は認可を得るためにその要求に屈し、校長・小崎弘道名で「同志社尋常中学校倫理科教育方針は教育に関する勅語に基き人倫道徳の要旨を授け徒に倫理学の理論に馳する事なく専ら躬行実践を目的と致申候（下略）」との文書を提出した（同上書二二三頁）。

「明治二九年度同志社報告・各校教育上ノ状況」という文書には、尋常中学校校長・浮田和民の報告が掲載されている（『同志社百年史』資料編一、八〇三〜八〇四頁）。それによると、授業は基本的に従来の予備学校の教員が担当したが、「種々の理由により辞職して去られた人々少なからず」という状態で、新任の教師のなかには解任される者も出た。体操科は「陸軍歩兵中尉早瀬松二郎氏」に依頼し、兵式体操は「次第に盛大」になったという。こうした記述から推測すると、初年度だったせいもあって、教育の現場はかなり混乱した状態だったのだろう。予備学校時代に比べると「学校の品位高きを以て生徒の自重心を加へた」ので、「学生の品行は漸次改良」したとされ、「寄宿舎は津下紋太郎氏寮内取締として各寮長と尽力せられたるにより甚良好の結果を呈せり」という記述も目を引く。どうやら寮の規律は従来よりも厳格になったらしい。この津下紋太郎について、『自伝』は神学校を出たばかりの津下が山川らの英語の訳読の授業を担当したとし、以下のように述べている。「津下先生は良い先輩で、ことに出身地が近かったので、同郷の先輩としても、入学の直後から、私たち三人の同窓生は、とくべつに面倒を見てもらった」（一三九頁）。想像をたくましくすると、神学校卒業生の津下が行った寮の規則の厳格化は、新島の崇拝者だった山川にとって好ましいものだったのではないだろうか。

カリキュラム変更

新しくできた尋常中学校について、山川は従来のカリキュラムが変更されたことに不満を鳴らしている。一つは「体操という新しい科目ができ、下士官あがりの教官がやって来て、（中略）鉄砲をかついで体操をやらされた上、点数をつけられ」たことだった（『自伝』一五三頁）。体操は中学校令に定められたもので、内容は「普通及兵式体操」と規定されていた。同志社はそれに従っただけだが、山川は「ついに一度も」出席しなかったと述べている。片野真佐子『孤憤のひと　柏木義円』（九九頁以下）によれば、尋常中学校教員の柏木《かしわぎ》義円《ぎえん》が「体操科ニ関シテノ卑見」と題する文書を校長・教頭あてに提出したという。これは兵式体操に関わるものだと片野は推測しているが、そうだとすると、山川だけでなく多くの生徒が体操を欠席したのかもしれない。

尋常中学校のカリキュラムは、山川が在籍した三年生の場合、倫理、国語、漢文、外国語、歴史、地理、数学、博物、図画、体操で、倫理の授業内容は「講演」、体操は「器械体操・中隊訓練・野外要務令」とされている（『同志社五十年史』二一一〜二一二頁）。尋常中学校に入る前に、山川が七カ月在籍した予備学校のカリキュラムは分明ではないが、一八八七年の「予備校概則」のままだったとすれば、体操の授業はなく、修身は「聖書講義」だった（『同志社百年史』資料編一、三〇二頁）。カリキュラム変更の焦点が体操と倫理だったことは明らかである。とくに決定的だったのは聖書の講義が正課から廃止され、「倫理」で教育勅語の講義が導入されたことだった。前述のように、この変更は京都府庁の認可を得るためのやむを得ない妥協の結果だった。従来の学則によると、「生徒ハ凡テ毎朝七時三十五分ヨリ八時マデ同志社公会ニ出席シ徳育上ノ講話ヲ聴クコトヲ要ス」とされている（『同志社百年史』資料編一、三〇六頁）。同志社の全生徒が毎朝の礼拝への出席を義務づけられていたのである。おそらくこの制度は、聖書講義が正課から削除された後も続けられていただろう。しかし山川は教育勅語の押し付けに我慢できなかったらしい。「（前略）国体の精華が、森田先生によってせん明されればされるほど、私の疑問は深く大きくなり、講義が進むにつれて、私はしだいに反発し、やがては反抗するようになった。そこで倫理の時間には、かならず意地の悪い質問をして、先生を手こずらせた」（『自伝』一五五頁）。

倫理を担当したのは、熊本バンド出身の森田久萬人《もりたくまんど》（一八五八〜一九〇〇）で、一八七九（明治一二）年の最初の一五名の卒業生の一人だった。卒業式の演説の題は「理学ト宗教ノ関係」というもので、卒業後、同志社で教鞭をとり、一八八九年から三年間エール大学に留学して哲学博士を授与された。帰国後は同志社神学校の教頭を務めたが、四二歳で死去した。教員不足の同志社では実にさまざまな科目を担当させられたらしい。まじめな学究で「紛糾錯雑せる問題も一度氏の頭脳を通過すれば「先づ此問題を三つに分けまして……」といふ調子で出て来る」のが常だったという（『同志社五十年史』二五一頁）。山川は倫理の授業の質問で、「致命的な落し穴がある出口」に森田を誘導して窮地に追い込んだと述懐している。三段論法を常用する森田の思考の特徴を巧みに逆手にとったのだろう。篤実なクリスチャンで、やむを得ず引き受けさせられた授業を嫌々担当している教師が、頭の回転が速い小生意気な生徒にふり回されている姿が浮かんでくる。

同志社内紛

山川が尋常中学校三年の課程を終え、四年に進級した直後の一八九七（明治三〇）年四月、同志社史に残る事件が起こった。『同志社百年史』がまとめるところによれば、アメリカン・ボードとの関係を断ったことに対して同志社内で異論が表面化し、他方では聖書を正課から削除したことを非難する声もあって、社員の内部対立が激化した結果、社長兼校長の小崎弘道が辞任に追い込まれたのである。小崎の辞職が決まったのが四月一五日、小崎を補佐した尋常中学校校長の浮田和民も連袂《れんべい》辞職した。これに対して、四月二五日には小崎の、五月三日には浮田の送別会が生徒の発起で開催され、ついで五月八日に柏木義円が辞職している（『同志社年表（未定稿）』による）。

柏木には辞職しなければならない積極的な理由はない（坂井誠「柏木義円と同志社問題——連袂辞任と綱領削除問題を中心に」）。おそらく、名義の立たない理由で小崎と浮田を辞職に追い込んだ人々に対する義憤によるのだろう。八月九日付の湯浅治郎《ゆあさじろう》宛書簡で、柏木は「社員方ノ真成ニ負フヘキ責任ヲ負ハルル《ママ》御実意」を問題にし、校友会総会でも中村栄助《なかむらえいすけ》が「胸襟ヲ開カスシテ、単ニ止ムヲ得ス」と責任回避の答弁を繰り返したことを批判している（片野真佐子編『柏木義円書簡集』三六頁）。その直後に柏木が発表した「辞職の理由」には、以下のような注目すべき一節がある。「（前略）被教育者たる生徒をして、校友会総会に訴へて、我儕と校長とは親密親子の関係あるを要するものなるに、社員は我校長を動かすに一指を動かすよりも容易に為したりと云ひ、遂に社員の処置は理由なき独断の処置なりと公言せしむるに至らしめ（後略）」（柏木義円「辞職の理由」）。

同志社の内紛が社員の間にとどまらなかったことは明らかである。生徒たちが小崎・浮田に同情し、彼らを辞任に追い込んだ新首脳部を非難する事態になったのだろう。校友会総会で彼らを非難する声を上げた生徒たちとは誰だろう。「なにか問題があると、クラスを代表して出てくる顔ぶれは、ほぼ決まって」いて、それがグループを形成して「同攻会」と自称したと、『自伝』は語っている（一五一頁）。「同攻会」のメンバーだった足助素一をして、「燕趙悲歌の士で、いつも慷慨激越な演説をやっていた」と回顧せしめた山川が、校友会総会で「激越な」演説をぶったとしても不思議はない。『自伝』には退学理由を説明する父への手紙の一節が引用されている。「……《ママ》ご質問の今般の事件に賛成関係し運動したるものは、同志社高等普通部、尋常中学部生徒悉皆に御座候、但し専門校も一致賛成に御座候へども、専門校生徒は校友会員の資格有之候間、校友会員として運動せらるゝ都合にて、生徒としては運動無之候（後略）」（一五九頁）。これによれば、山川たちは校友会員ではなかったので、総会には出席できなかったかもしれない。しかしたとえそうだったとしても、校友会総会での生徒の言動が山川たちの行動と連動していなかったとは考えにくい。

退学の真相

それにしてもこの父への手紙にいう「今般の事件」の内容について、「そうとうの大問題だったらしいが、いまは少しも心当りがない」（一六〇頁）と山川がうそぶいているのには呆れるほかない。事件に関する具体的な説明がなければ、この手紙は弁明の体をなさない。この手紙の原文には退学に至る一部始終がきちんと記述されていたはずだ。山川はその部分の引用を意図的に避けている。なぜだろう。

尋常中学校設立以後、山川たちには多くの不満があった。前記のカリキュラムにおける兵式体操や教育勅語に基づく倫理の授業のほか、一月二三日の新島先生記念日が廃止されて、一一月二九日同志社創立記念日と合併されてしまったことを、山川は槍玉に挙げている（『自伝』一五七頁）。『同志社年表（未定稿）』の一八九六（明治二九）年一一月二九日の項に、「新島先生追悼会を兼ね、同志社創立記念会が例年開会されるようになる」と記されており、山川が書いたことが事実であることは確認できる。しかし『自伝』（一五九頁）は、彼が「我が尋常中学四年級」から選ばれた「委員三名」の一人だったと書いており、事件が新年度になって起こったことを明示している。山川がいくら新島精神の信奉者だったとしても、前年に行われた改革を理由に、新年度になって騒動を起こすことはできないだろう。

つまり前記のような不満は山川退学の遠因だったであろうが、それは退学の直接の契機となった「今般の事件」ではない。父への弁明の手紙には、「今般の事件」に生徒全体が関わったと力説している。この時期に彼の主張に見合うだけの事件と言えば、小崎・浮田辞任事件以外にない。だが『自伝』で言及した聖書授業の廃止などの原因となる改革を行ったのは、辞任に追い込まれた小崎・浮田らの執行部にほかならなかった。つまり山川らは、かねてから不満のあった改革を実施した張本人たちに同情して、騒動を起こしたのである。それは、兵式体操や教育勅語による教育を口をきわめて批判した『自伝』の記述とは齟齬する、名分の立たない行為だった。これが「タライのなかの竜巻ほどの小さな騒動」の中身について記述を避けた理由である。

柏木義円

ともあれ山川たちは校友会総会に訴え、檄文を公会堂の壁に貼り出し、小崎と浮田の送別会を開催した（四月末から五月初旬に生徒主催による小崎・浮田の送別会が開催されているので、彼らの退学はその直後だったであろう）。柏木義円の辞職は、生徒たちのこうした一連の行動の一環として捉えるべきであろう。柏木は山川たちのクラスで聖書と代数、後には地理の授業まで担当していた。「聖書の講義のときの柏木先生のお祈りは、心から天の父を求める赤子の声だった。先生は、ハナ水が、開いた聖書の上に流れているのにも気づかずに祈りつづけていることが、しばしばだった。私たちのクラスには、柏木先生より代数のよくできるのが一人いた。しかし、そのために先生にたいするクラスの尊敬は少しも変らなかった」（一二八頁）。彼を慕っていた生徒たちの代表として、山川ら三名が退学を決意したのである。そのままこのクラスで教鞭をとり続けることは、柏木の良心が許さなかっただろうと、わたしは推測する。柏木は生徒たちの行為に引きずられるようにして職を擲《なげう》った。むろん柏木自身も同志社内の権力闘争や社員の無責任に憤慨していたに違いない。しかし生徒たちの造反行為がなければ、彼は辞職まで踏み込まなかったのではないだろうか。

このように柏木の辞任が山川らの退学と連動したものだったとすれば、山川と山本兵一が退学後「ほんの少しのあいだ」だが、柏木家の居候になったというのも自然の流れだったことがわかる。山川は柏木夫妻の生活に接して「聖徒の生活」だと思ったという。「私はほんとうの「清貧」というものを、まのあたり見たような感じがした。毎朝のミソ汁の中には、近くの小川の堤に生えている小指くらいのシノ竹のタケノコや、裏庭に自然に生えたトウの立った三つ葉が浮いていた。しかし私はそれをまずいと思わず、イエスが割いて与えてくれたパンを食べる敬けんな気持で食べた」(『自伝』一三八〜一三九頁)。満一六歳数カ月の山川は、このとき花岡山《はなおかやま》盟約をした熊本バンドの少年たちとほとんど同じ境地にいた。最晩年に、「尊敬する人物」というアンケートの項目に応えて、山川は小学校の恩師の板谷節太郎と柏木義円の名を挙げている(⑲八四頁)。影響の大きさがわかるだろう。

第二章　不敬事件

一八九七（明治三〇）年に同志社を退学した山川均は、いったん帰省した後に上京して守田文治《もりたぶんじ》（有秋《ゆうしゅう》）らとともに雑誌『青年之福音』を発行する。そしてその第三号が不敬罪に問われ、満二〇歳六カ月ほどの年齢で最初の牢獄生活を経験することになる。不敬罪とは、正確には一八八〇（明治一三）年公布の旧刑法第二編第一章の「皇室ニ対スル罪」のことで、山川の場合は第一一七条「天皇三后皇太子ニ対シ不敬ノ所為アル者ハ三月以上五年以下ノ重禁錮ニ処シ二十円以上二百円以下ノ罰金ヲ附加ス」によって処罰された。

なお付言すると、帝国憲法第三条「天皇ハ神聖ニシテ侵スヘカラス」を、単に法的な無答責を意味するにすぎないとする見解がある。この解釈は、些細な行為や言論を不敬罪で罰した旧刑法の政治的意味を無視したものである。ちなみに伊藤博文『憲法議解《けんぽうぎげ》』は、この条を「法律ハ君主ヲ責問スルノ力ヲ有セス」とするだけでなく、その存在自体が「指斥言議ノ外」にあるものと説明している。天皇について「指斥」することはもちろん、議論すること自体がタブーだったのである。

1　事件の発生

浜田仁左衛門

前章で述べたように、山川は尋常中学校四年になったばかりの一八九七（明治三〇）年五月頃に同志社を退学した。同志社社長兼校長・小崎弘道、尋常中学校校長・浮田和民が学内対立で辞職に追い込まれたことに抗議したものである。山川に同調して退学したのは小学校時代からの同窓生の山本兵一と、すぐ後に述べる浜田仁左衛門だけだった。退学後「ほんの少しのあいだ」山本兵一とともに柏木義円宅で世話になった。『自伝』によれば、暑中休暇の頃まで京都にとどまって、英語と数学を同志社出身の人に教えてもらったという。同時に退学した浜田仁左衛門（一八七七～一九三二）は郷里の鹿児島に帰った。「私は、浜田が船に乗る大阪まで送ってゆき、十年後にはかならず革命党の旗上げをしようと誓いの握手をして、ハト場で別れを告げた」（二六〇頁）。

浜田は山川がその墓碑に「三十五年間ノ同士刎頸ノ友」と書くことになる人物で、生年は山川より三年早いが、同志社の明治二八年九月と二九年三月の名簿に、山川と同学年の生徒として登載されている。郷里は「鹿児島県始良《あいら》郡国分村上小川二二六」とされ、一九二四（大正一三）年に結成されたこの地方の農民組合の中心人物だったという（川嵜兼孝ほか『鹿児島近代社会運動史』九七頁以下参照）。しかし地方史研究者にもそれ以上の確実な史実はわからないようだ。ともあれ、やや劇的に表現された浜田との別れに少年らしい高揚した気分を感じることはできるが、この時期の山川に「革命党の旗上げ」と言うほど明確な理念があったとは信じがたい。たとえ事実だったとしても、それは道徳的な意味であって、社会主義を連想するのは後の山川から類推した買いかぶりである。

『自伝』では、教育勅語や兵式体操が退学の原因であったかのような書きぶりだが、じつは同志社内での権力争いに憤慨した結果だったことは前章で述べた。彼らの行動の動機は政治的・思想的なものというより道徳的なもの、もっと率直に言えばやや幼い正義感だった。つまり小崎弘道や浮田和民を追放した新執行部は、キリスト教徒にあるまじき俗物と感じられたのだろう。アメリカン・ボードからの自立を目指した小崎・浮田への共感もあったかもしれない。そうした気負いが「革命党の旗上げ」という言葉になったのだと理解しておこう。したがって山川がこの時点で、初歩的にせよ社会主義への明確な志向を持っていたと考えるのは妥当ではない。

同志社時代の山川と浜田仁左衛門
（『イヌとからすとうずらとペンと』より）

上京

『自伝』によれば、いったん帰省した山川は、八月二八日に東京に向かった。この夏にたまたま倉敷に帰省していた秋山定輔《あきやまていすけ》（一八六八〜一九五〇）と懇談する機会があった。秋山は倉敷出身のジャーナリストで、『二六新報《にろくしんぽう》』の社主として知られていた。「東京へ出てきたら、なにかと便宜をはかるからぜひたずねてこい」と言われたのを当てにしたのである（一六二頁）。同志社退学時に、すでに次の行動として上京が頭にあっただろうから、秋山の言葉は渡りに船だった。竹馬の友の大原孫三郎はこの年の一月に上京していた（『大原孫三郎伝』二五頁）。また一緒に同志社を退学した山本兵一も山川より先に上京しており、彼らは望遠館という高等下宿にいた。しかし彼らと山川とでは生活が違いすぎ、しかも二人とも遊蕩に精を出すようになったので、付き合いがなくなった（大原は翌年一月には父の命令で倉敷に連れ戻された）。

山川は秋山定輔の家に下宿し、そこで年齢が一年若い守田文治（ペンネームは有秋）と意気投合した。山川の当初の目標は尋常中学の卒業資格を得ることだったが、入学した中学校（『自伝』では明治義会）は山川を落胆させた。『山川均手記』は学校の雰囲気を以下のように回想している。「（前略）精神的に何等の繋がりもない学生の一群が喧々囂々《けんけんごうごう》と教場の塵《ち》りを立て、騒いでいるところへ、先生が現はれて一時間の授業を終へてさつさつと退場する。たゞこれだけの関係であつて、そこには学校とか学園とかといふ全体的な一つの結びつきも何もないのです。（中略）新島精神や、精神主義や、正義人道などは少しも聞かれない（後略）」。

ずっと後の述懐だが、当時の山川の関心が、同志社時代のキリスト教的な精神共同体への憧れだったと想像できる。『自伝』では、当時の自分を「無免許のクリスチャン」と形容し、次のように語っている。「そのころ錦町三丁目に、福音派の小さな教会ができ、守田は洗礼を受けてそこの教会員となった。しかし私はあい変らず、教会という制度と洗礼などという儀式には反対だった。しかし教会の人たちを手伝って、小川町あたりの街頭で、よく聖書や讃美歌売りなどもやっていた」(一七九頁)。

『青年之福音』

山川はまもなく学校に行かなくなり、守田ら同年代の苦学青年たちとの交友や、同志社時代からのキリスト教信仰に基づく批判精神から、勉学よりも社会改革への情熱に身を委ねた。山川を中心にした数人の苦学生たちの思いやりと相互扶助の共同生活の様子は『自伝』に活写されている。それは山川自身が「子供らしい思い上がりと自己陶酔にすぎなかった」(一八一頁)と回想するように、純粋ではあるが幼稚さの抜けない精神状態だった。しかし類は友を呼ぶというべきか、神田のキリスト教系の本屋による資金と販売面での協力を得て、一九〇〇(明治三三)年三月に『青年之福音』を出した。この雑誌は現存しないが、『自伝』によれば、新聞紙八つ折りで六~八ページという。雑誌というよりパンフレットで、第一号と第二号は一〇〇〇部を完売した(一八二頁)。

『自伝』によれば、第三号の発行は五月九日で、皇太子・嘉仁《よしひと》と九条節子《くじょうさだこ》の結婚式の前日だった。雑誌を出していた仲間の一人が、この結婚は節子の意に反したものだとの噂を聞きつけ、守田がそれを暗に批判する「人生の大惨劇」を書き、山川自身も「苦笑録」という文章で、キリスト教徒が「大慶事」を歓迎して世俗に迎合している態度を揶揄したという。これは同志社の新執行部を批判して退学したのと同じ精神である。この時期の自分のことを、後年、山川は「感傷的な人道主義青年」と評している(『山川均手記』)。キリスト教的な人道主義とドロップ・アウトの反抗精神が入り混じった行為だったであろう。

『自伝』によれば、「二、三の新聞」が第三号の内容を「不敬」として問題視したのは一二日のことで、その日のうちに雑誌を販売していた神田の中庸堂に警察官が現れて雑誌を押収し、山川と守田は下宿から神田署に連行された。彼らはまさか不敬罪などという大事件に発展するとは夢にも思っていなかった。彼らの目的は、「腐敗堕落した現代の社会に青年の抗議を投げつける」ことと、「青年じたいの覚醒をうながす」ことだった（一八二頁）。だから逮捕にまで至ったことは「全く青天の霹靂で、いきなり脳天を撃ちおろされた感があった」（『山川均手記』）。

『日本』の記事

管見の限りでは、この事件に関連する最初の新聞記事は一九〇〇年五月一三日付『東京朝日新聞』にみることができる。見出しなしのベタ記事で次のように報じたものである。「耶蘇教雑誌「青年の福音」「人生之大惨劇、強力によりて辱しめられたる乙女の死屍」とかいふ訳の分らぬ狂的文字をならべ、己れ自ら己の奉ずる教を傷く。神も大に呆れるなるべし」。翌一四日、『日本』が「基督教徒不敬事件」という見出しで、事件の概要を以下のように報じた。全文を引用する。

「基督教徒が発行する一小雑誌に『青年之福音』なるものあり。五月一日の同紙上『人生之大惨劇強力により辱しめられたる乙女の死屍』と題し、国民歓呼瑞気靄々たるの際、恐れ多くも敢て大不敬を犯して呪詛し奉る所あらんとしたるは、既に昨今二三の新聞紙に依りて伝へられたるが如し。

其の言狂乱暴戻、一読書人をして慄然たらしむるあり。元来基督教徒、而も其中に就き幾多の外国人等が危険なる思想を輸入しつヽあるは夙《つと》に一般の認知する所なりと雖も、此の如く甚しきに至らんとは、誠に慨嘆に堪へざる所なり。同雑誌に筆を執るものは山川某とて岡山県の生れなり。京都同志社に在りて基督教を研究し、東京に来りては政治学校に学び現に神田表神保町十番地に青年福音社と云ふ基督教の一小団体を設立し居るものなりと。右不敬事件に付きては、其の筋に於て既に夫れぞれ不敬者の処分に着手し、一昨夜二名を拘引し、又昨日は家宅捜索を行ひたりと。因みに記す、同雑誌は外人の監督の下に刊行するものなりと。左もありなん」。

この記事によって、山川らが拘引されたのが「一昨夜」すなわち一二日であることがわかる。一二日の新聞では事件に関する報道を見つけることができなかったが、「昨今二三の新聞紙」に報道済みと書かれているので、問題が発生したのも、『自伝』が述べているように一二日だったと推定してよいだろう。

同志社の弁明

この事件に関する報道に最も熱心だったのは新聞『日本』だった。『日本』はいわゆる久米邦武《くめくにたけ》の神道祭天古俗事件でも重要な役割を果たした（米原謙『国体論はなぜ生まれたか』一八六頁以下参照）。『日本』とその社長の陸羯南《くがかつなん》については、従来からリベラルな国民主義者との評価があるが、この新聞が保守論壇で果たした役割を過小評価している。同じ一四日付の「附録週報」の欄でも不敬事件に言及しており、一五日以後六月一日付までに、少なくとも九回（一四日の二つの記事を含めると合計一一回）の関連記事を掲載した。この事件をキリスト教批判に利用する姿勢は多くの報道機関に共通したものだが、なかでも『日本』は突出している。一四日の「附録週報」欄の「御慶事に際し」は、『東京日日』『東京朝日』『大阪毎日』『時事新報』『国民新聞』など主要紙の「御慶事」に関する論説を紹介し、最後に『二六新報』の「御慶事」に関する冷淡な姿勢を批判する。そして末尾で「（前略）最も奇怪にして、奇怪に過ぎたるは『青年之福音』とかいふ者なり。人或は読みて解すべく、或は読みて解せざらん、其の如何なる事を言へるかは茲に論ぜず、蓋し言語に絶すればなり」と述べている。『二六新報』を槍玉に挙げているのは、山川と守田がかつて秋山定輔の世話を受けていたことを示唆したのかもしれない。それにしても、一般的なメディアとは言いがたい同人誌にわざわざ言及しているのは、明らかに「事件」として特別視したものである。

翌一五日になると多くのメディアが事件の発生について報じた。たとえば一五日付『都新聞』は、「大不敬出版物の処分」との見出しで『青年之福音』に対して出版法違反で出版差し止め、差し押えなどの処分がなされたこと、さらに「不敬者拘引せらる」との見出しで次のように報じている。「（前略）該記事の其筆者は岡山県都窪《つくぼ》郡倉敷町の平民山川均（二十一）、之を浄写せしものは同県児島郡灘村字宗津の平民守田文治（十九）と云ふものにて、両人共一昨日予審判事の拘引状に依り拘引せられ目下取調中なりと。因に記す、此出版物の発売頒布を禁ずると同時に発行所及其他にて差押へたる部数は五百部余なりき」。同趣旨の記事は『東京朝日』『萬朝報《よろずちょうほう》』『時事新報』などでも確認でき、『日本』の記事によれば内務大臣・西郷従道による発行禁止命令は一四日付であることがわかる。

一七日付『日本』の「東西南北」欄には公憤生の名で「基督教徒の大不敬漢」と題する記事が掲載された。山川らの行為は「徹頭徹尾基督教の教育」の結果だとし、彼らには雑誌を発行する実力はなく、「外国人にあらずば外国人同様の非日本人の後援」によるに違いないとする。そして「(前略) 親も日本人なるべし、兄弟も日本人なるべし、生れながらにして斯る不臣の天性を受けたるものにもあらざるべし、一たび基督教の余唾を舐りし為めに外国乞食根性と成変つて、此の大不敬を犯したるものに相違なし(後略)」と論じる。事件が徹底して反キリスト教キャンペーンに利用されているのがわかるだろう。

一九日付『日本』には「不敬漢と同志社の関係に付左の通り通知ありたり」として、以下のような注目すべき記事が現れる。「拝啓昨十六日御発刊の日本新聞紙上「不敬事件の犯罪者」と題する記事中、山川均は本社出身の青年云々と御掲載相成候処、同人義は本社中学第四級修業中、去る十年五月退学致候者にて、卒業生には無之候間、為念御通知申上候成、五月十七日京都同志社事務所」。この記事で、退学時期が「去る十年五月」とされているが、これは「三十年五月」の誤りである。ともあれ山川は『自伝』(一九三頁) で、彼が同志社の卒業生ではないとの「声明書」が同志社から出されたと書いている通りだったのである。

2　倉敷での反響

『林源十郎日記』から

目を転じて、郷里の倉敷での事件の受け止めを描いてみよう。『林源十郎日記』によれば、五月一五日に義兄の林源十郎は、東京飯田局六時一〇分発で「フミミタラスグノホレ〇ハラタ」の電報を受け取った。午後の郵便の到着を待ち受けたが、遂に届かなかったので、「デンミタフミマツテヲルイソケハシラセヘンマツ」と返電した。何のことだかわからないが、尋常ではないことが起こったらしいと、源十郎は不安な一夜を過ごした。翌一六日の日記は以下のように述べている。「晴　本午前東京原田六三郎ト称スル均ノ友人ヨリ書面来ル、其要旨ハ均等ノ発行セル青年ノ福音ト称スル小雑誌ニ起草ナセル一文不敬罪ニ渉リ、均等拘引セラレタリト（後略）」。電報を送った人物は、おそらく山川や守田とともに共同自炊生活をしていた倉敷出身の「二つ三つ年長の青年」だろう（『自伝』一七四頁）。

源十郎が上京の途についたのは翌一七日午後で、一八日午前零時二〇分京都発の列車に乗り換え、七時に東京に着いた。すぐに原田六三郎の下宿に行き、秋山定輔や弁護士の守屋此助、三宅碩夫などと面会した。しかし公判開廷の日が決まらないので、一九日の夜行で帰途につき、二〇日に暴風雨のなか倉敷に帰着した。

二日後の二二日、公判開廷は二六日との電報を受け、源十郎はわざわざ岡山に行って返電を打った。

倉敷局から送れば、すぐ周囲に知れ渡ることを恐れたためだった。二四日、上京の途につき二五日の午前一一時半に着京、弁護士と打ち合わせをする。この場で山川自身が選任した松本正寛や黒須竜太郎らが弁護団に加わることを知ったが、源十郎は彼らを忌避したようだ。先に選任されていた守屋此助や三宅碩夫らは精神錯乱による免訴の可能性をさぐっていたが、松本・黒須はそれに批判的だったらしい。二六日の朝、山川に面会して松本・黒須両弁護士を解任させようとしたが、すでに開廷間際で山川に会うことはできなかった。二三日の日記に、源十郎は以下のように記していた。「（前略）東良三郎氏義侠ヲ以テ出京、裏面ノ運動ニ赴カル、報アリ。蓋《けだ》シ氏ハ余カ記セル病的作用ニ付テノ覚書ヲ読ムテ精神錯乱ノ為メタルコトヲ顕著ナリトシ、此挙ニ出ルナリ。感謝ノ念ニ堪エス」。『自伝』には、控訴審の時に、大桐鳳という人物が同様の工作をして、林家から運動資金を取ろうとしたとの叙述がある（一九九～二〇〇頁）。初審に際して、源十郎自身がそうした方針に基づいて「覚書」を書いたらしい。

判　決

二六日の日記には以下のように書かれている。「十時開廷、直ニ傍聴ヲ禁ス、禁中ノ模様之ヲ知ル事難シト雖トモ、右弁護士ヨリ提出セル証人ノ召喚鑑定人ノ申請ハ一切斥ケラレテ、直ニ弁論ニ始リ、四時半終結、運命モ既ニ見エタリ」。結局、精神鑑定などの方途は失敗に帰したのである。この点について、後年、源十郎は一九〇五（明治三八）年三月に日記帳の余白に自分の不明を恥じて反省を弁を書いている（この文章は、ほとんど全文が『自伝』にそのまま引用されている）。「（前略）殊に松本、黒須の両氏は、到底病的発作の結果として判官の同情を得る能はずとなし、病的の名を与ふるは均を侮辱して生涯を傷くるの甚敷ものたるを以て、所信は毫《ごう》も枉《ま》げずして刑に就くの優れるに若かずとなす、甫三（源十郎のこと）も亦、心を之に傾けんとせしも、当時、此奇禍たるや、全国を聳動《しゅんどう》せしめ、新聞雑誌は悉く筆鋒を憐むべき此青年に向けて尚足らずとし、之を病的作用とするの外《ほか》救ふべき望絶無たるのため、弁護の方針は変ずる事を欲せざりき」（『自伝』二四三〜二四四頁）。

初公判の翌二七日に、源十郎は控訴の方針を早々に決定した。二八日には、面会のために鍛冶橋監獄に行った。早朝だったにもかかわらず番号札は三〇番で、一〇時半にやっと面会できた。日記には「弁護士ノ事幷ニ差入物ニ付テノ談話ヲナシ、少時ニテ退場ス」と書きとめられている。判決は三一日だった。源十郎は散髪してから傍聴に行った。「午前九時ノ公判、午後三時ニ通知ス、重禁錮三年六ヶ月、罰金百弐十円、監視一ヶ年ト、嗚呼《ああ》酷ナル哉。弁護士ヲ歴訪シ、午後六時新橋発ノ列車ニテ帰途ニ上ル、時々雨（一字不明）情已暗澹タリ、夜列車中ニ眠ムル能ハス」。

ところで山川は不敬事件について、「どの新聞にも超特別の大きな文字で「不敬漢」「非国民」「国賊」などという言葉がならんでいた」と書いている（『自伝』一九三頁）。しかし田中真人が「山川均らの『青年之福音』事件とキリスト教会」で指摘しているように、全国紙は事件の内容、裁判結果ともに特別に大きく報道したわけではなかった。たとえば六月一日付の『都新聞』は、「大不敬漢の処刑」との見出しで以下のように報じた。「青年の福音なる出版物に大不敬の文字を羅列せる彼の山川均、守田文治、若林籛太郎の三名に対する東京地方裁判所の判決は愈々昨日言渡あり。即ち山川守田の二人は皇太子及び皇族に対し不敬の所為ありし廉に依り、三月以上五年以下の重禁錮に処し、二十円以上二百円以下の罰金を付加すべき処、丁年未満なるを以て本刑に一等を減じ、各々重禁錮二年六月に処し、罰金百二十円を付加し、一年の監視に付し、又若林は情を知りて該出版物を発売頒布したる廉に依り、重禁錮八月に処し、罰金五十円を付加し六月の監視に付せられたり」。「大不敬」という語を使った以外は、コメントなしに事実の報道にとどまっている。事件をたびたび取り上げた『日本』は、『都新聞』より簡潔に判決の結果を報じているだけである。

『山陽新報』の報道

この時期、岡山県には『中国民報』（岡山県立図書館蔵）と『山陽新報』（国立国会図書館蔵）の二種類の地方新聞があった。しかし残念ながら、不敬事件当時の『中国民報』は見つからないので、『山陽新報』の記事を紹介しよう。全国紙とは異なり、数度にわたってかなり煽情的な論説が掲載されている。おそらく山川と守田がともに岡山県出身だったためだろう。まず五月一八日の社論「我県民の大不敬」は、和気清麻呂《わけのきよまろ》・児島高徳《こじまたかのり》、さらに黒住《くろずみ》教や金光《こんこう》教の教祖の名を挙げ、「和気公以来、忠君を以て名あるの吉備国民、今天下に向って不敬の民を出せしを謝せざる可らざるに至る歎ずべき哉」と述べる。そして丁年前後の青年が不敬行為をしたのは「必ずや裏面に之を強唆《ママ》する者」があったせいだとし、「耶蘇教の我国に於て我国体を顧みざるの罪に帰せざる可らざる也」と非難している。

次に五月二四日に、勇鋒という人物が寄稿した「不敬事件」という記事が掲載されている。この人物はまず、「世に恐るべきもの多しと雖も日本人の皮を被れる非日本人ほど恐ろしきはあらず」と述べてキリスト教徒を批判する。そしてこの人物とその友人に岡山一九日消印の郵便小包で『青年之福音』が届けられた事実（?）を暴露して、岡山のキリスト教会が関与したと示唆している。さらに二九日、同じ人物の続稿「基督教徒と不敬事件」が掲載される。「（前略）吾人は先号の本紙によりてその本人は或は失恋症にはあらざるかとの説を聞き、またその父なる人が痛脳せるの事情を聞きては真に一掬《きく》の涙なき能はざれども、吾人は最初よりその山川なる一個人を悪《にく》むの念よりも、寧《むし》ろかかる思想を生ぜしめ、かかる妄議を世に公表せしめたる張本人を悪むに急なるもの」と述べて、ここでも「教唆者」としてキリスト教徒を非難する。そして「吾人はこれを発狂者として取扱はれんことを望むの情は山々なれども、此くては後来続々かかる賊子の出づるの憂へあるを免れず」として、源十郎らが取ろうとした法廷戦術を批判している。

「不敬漢山川均に就て」

以上の記事によって、山川のみならず、倉敷の有力者で熱心に社会活動に取り組んでいた義兄の源十郎が、暗に地元紙の標的になっていたことがわかるだろう。そのことを明確に示したのが、五月三一日の「不敬漢山川均に就て」という記事である。少し長いが、地元で山川家や林家に対してどのような誹謗がなされたかを如実に示しているので、全文を引用しておこう。

「東宮御慶事の当日畏れ多くも不吉の文字を弄して、稜威《みいつ》を冒瀆し奉りし不敬漢山川均の素行来歴は過日の本紙に記載せしが、尚ほ本社は特に社員を其郷里府中倉敷へ派遣し取調ぶる所ありたり。今其取調に拠れば、均は倉敷町字本町二百二十八番邸糸商山川清平（天保十二年十一月生）の長男にして明治十三年十二月四日《ママ》に生れ、幼にして尋常小学校に入り尋で高等小学校を卒へ、明治廿八年笈を負て京都同志社に入り、同社尋常中学科四学年にして退学し、後東京に赴き二三の学校へ入りしも何れも中途にして退き、目下東京市神田区表神保町十番地の某下宿屋へ寓して別に為す事もなく過し居る中、過般の不敬事件あるに至りしと。均の同胞は姉二人あり、長をウラ（明治四年三月四日生）と云ふ。ウラ西京へ遊学中、同じく西京へ遊学し居たる同郷の薬種屋林源十郎の長男甫三（現今の源十郎）なる者と艶聞あり。終《つい》に両親の許可を得て其妻となり、現に林薬店の女主となり居れり。父清平は商人に似合はしからず、性質寡言にして人に接するを好まず、偶《たま》ま其店を守り居る際顧客の来るに会へば黙して奥に入り、妻ナヲ若しくは丁稚をして取引せしむる程なるが、其性均にも遺伝したる者の如く、均も亦至て寡言の質にて成るべく人と接するを避け沈鬱の癖あり。故に朋友と称すべき程深く交りたる者なし。又均の意中の人と伝へられし日下貞子は元倉敷警察署長日下栄保氏の女なり。日下氏は明治十九年十一月同警察署長となり、爾来其職に尽瘁《じんすい》せしが、同廿八年八月所轄地帯江村に虎列拉《コレラ》病蔓延したれば、氏は其予防消毒事務視察の為め同村に出張せしに、途に同病者の屍体を火葬場へ送るに遭ひ忽ち不快を感じて帰宅せし後、終に之に感染し尋《つい》で氏の妻亦《また》之に侵され、三日の後即八月九日を以て栄保氏逝き、翌十日其妻逝けり。斯くて幾ならず日下氏の長男夫婦異母妹貞子を携へて郷里滋賀県水口《みなくち》へ帰りしが、当時貞子は十四歳にして美人の聞え高き少女なりし。均が心私かに之を慕ひ居りしやは知らざるも、日下氏の家庭頗る厳粛なりしを以て、其少女が人の指弾に上る如き行為なかりしは何人も認むる所なり。前記の如く均は少時より郷里を出でたるを以て其近状同地に於ては探り難く、遊学以前の事に至ては敢て記すべき程の事なしと云へり」。

家族たち

『自伝』によれば、山川は世間からの非難には動じなかったが、父兄がまきぞえを食うことに心を痛めたとして、以下のように語っている。「私を苦しめたのは、郷里のこと、ことに林家のことを、引合いに出していろいろ書きたてられていることだった。郷里の人々は、この前代未聞の非国民を出したことを土地の名折れとし、郷土の顔に泥をぬられたと感じたし、林家〔義兄の家〕は、勤王家を出したことで名門として尊敬されていただけに、苦しい立場に立たされた。そのうえヤソすなわち国賊ということになってしまったので、この国賊と義兄のヤソが必然的な関係として理解された」（一九三〜一九四頁）。前掲の新聞記事をみれば、山川の述懐がけっして誇張ではないことがわかるだろう。

ただし前記の探訪記事はまったくのデタラメとばかりは言えないようだ。『自伝』の小学校時代に関する記述で、山川は二人の同級生が記憶に残っていると書いている。一人は藤波啓太郎という男子生徒で優等生だった。山川は次席だったが、一人の女生徒が転入してきて、山川と成績を争うことになり、五年のあいだ両者がつねに二、三番で、名札が並んで貼り出された。そんなこともあって山川はこの少女に淡い感情を持っていたが、一緒に遊んだり会話を交わすことはなかった。「〔高等小学校〕卒業のあくる年、あの少女は父親を失い、幼ない弟とともに母親につれられて郷里に帰り、親類に身をよせているうち、まもなく発病して父親のあとを追うたという話を私が聞いたのは、翌年の夏休みに帰省したときの同窓会の会合でであった」（『自伝』一一六頁）。前記の記事では母親も死んだことになっているなど、詳細は異なっているが、少女の父が死んだ一八九五（明治二八）年は、山川が高等小学校を卒業して同志社に入学した年だったので、細かい点を除けば辻褄は合っている。

ともあれ、源十郎も姉の浦もこうした苦境に屈することがなかったことを記しておかねばならない。前章で述べたように、源十郎は一八八八年に同志社系統の岡山教会で受洗したとされ、同年に浦と結婚した。とくに一九〇一年半ばから熱心に教会活動に参加しており、翌年末からは中央から著名人を呼んで、大原孫三郎などと協力して定期的に「倉敷日曜講演」を開催していた。キリスト教とは直接関係のない一般的な啓蒙活動と言ってよい。一九〇四（明治三七）年七月には浦を含む林家の一族の受洗式が行われた。山川が仮出獄して倉敷に帰省した直後のことである。源十郎たちは非難に抗するように信仰を深め、社会活動に邁進したのである。

病気による保釈

『林源十郎日記』一九〇〇（明治三三）年九月一日に「均不快ノ報」が届いたとの記述がある。続いて九月一〇日には「今日東京ノ均大患ノ報来リ、山川ニ発表ス」とあり、さらに一二日の記述では「随分危篤ナルカ如キ」と記され、山川の父が出京することに決したらしい。府中（母の親戚がある広島県府中）にいる母・尚に旅装を整えるために倉敷への帰還を要請し、尚は翌日午後三時半になって帰宅した。父・清平の出発はおそらく一四日のことだったであろう。一三日には「東京三宅ヨリ均少シク軽快ノ旨申来ル、然レトモ未タ出監シタルニハアラザレハ、十分確実ナル報ナリトハ云ヒ難カラン」とある。三宅は弁護士の三宅碩夫のことだろう。『自伝』(一八九頁)によれば、「夏のある日の午後」、激しい頭痛がして食欲がなくなった。高熱などのために病監に収容されたが、原因がわからなかったので遂に保釈され、日本橋病院でチフスと診断されたという。保釈の日、「門を出ると、そこには予期した友人たちの顔にまじって、まったく予期しなかった父が立っていた」(一九一頁)。日本橋病院での処置により、保釈の翌日には熱が下がった。『自伝』によれば、「父はなお数日滞在し、もう大丈夫と見きわめてから、帰国の途についた」(同上)。山川の保釈の日は分明ではないが、『林源十郎日記』九月二二日に「午前四時半、山川大人東京ヨリ帰倉」とあることから推して、保釈は九月一五日から二〇日の間だったであろう。

服罪

一九〇一(明治三四)年二月六日、源十郎は日記に「晴　本日ハ均控訴公判開廷ノ日ナリ」と書いた。しかし控訴審は何度も延期された。『自伝』は次のように述べている。「七月五日の裁判の模様など、少しも記憶に残っていないが、ともかくこれで若林が無罪になったので、私の精神的負担は軽くなった。判決の理由が多少変わったので前の判決を取消して、守田と私とは改めて一審同様の刑を言渡された。こんども非公開の超快速裁判で、私たちは十四日に検事局に出頭して服罪を申出ているから、この日がたぶん三日間の上告の最終日で、十日に判決の言渡しを受けたことになる」(二〇四頁)。控訴審については、『自伝』のこの記述以外にまったく情報がない。新聞はもはや山川らの事件には関心がなかったらしく、管見の限りでは関連記事は発見できない。また『林源十郎日記』にも控訴審に関する記述はないようだ。山川は控訴審の結果をそのまま受け入れて服罪する決意をしていて、期日などについて郷里にはいっさい知らせなかったのである。

一九〇五年の日記の余白で、源十郎は以下のように述懐している。「(前略) 均が病弱の身を以て三年有余の長時日を鉄窓の下に健康に経過し得るものにあらずとの同情の念は、更に切なるものを加へ、如何なる手段、如何なる醜汚を尽しても彼を救はんと企てたりき。(原文改行) 然るに一片のハガキは突如甫三に達して、彼れが従容と刑に就くの報に接したりき。余は失望したりき。(中略) 蓋し法廷に立ちて沈毅たり、鉄窓に倚りて平然たるものは、心中一点の信念、仰いで天に恐れず、俯して地に恥る所なきを以ての為め也。仮令其方法に過ちあるにもせよ、彼は其信ずる所の為めに囹圄《れいぎょ》の人となりし也。彼れ不幸死を得るも獄裡の鬼たる人にあらずとの信念を得て、又前日の痴情を繰返さざるに至れり」(『自伝』二四四頁に再録)。

おそらく源十郎は控訴審においても、精神異常や賄賂などの手段で無罪を得ようと画策していた。山川はそれを峻拒するために、郷里には無断ですべてを決したのである。服罪が決まったことで、山川の父は店を畳んで、その後「死にいたるまで、土地ではほとんど一歩も門外に出なかった」(『自伝』一九四頁)。『自伝』巻末の年譜では、父の謹慎を一九〇〇年九月のこととしているが、『林源十郎日記』の記述から推して、それは一九〇一年九月ことだったと考えて誤りない。

獄中で

山川が巣鴨監獄に入獄したのは一九〇一(明治三四)年七月一四日で、それから三年近くを獄中で過ごし、一九〇四年六月四日に出獄した(後述参照)。最初の一年は独房で水引《みずひき》の材料やイワシ網、雑巾などを作る作業を課された。毎日二〇分ほどの運動時間に守田と顔を合わす以外は、自分と向き合うだけだった。『自伝』は語る。「この独房の薄暗い光線のなかで、私は自分を見つめることができた。私は、生涯のあぶない岐路に立っている無知で無能な一青年にすぎないことに気がついた。私の心のなかで、いままでの自分の感傷や感激をあざ笑い、実力のみが社会を改革する力なのだと叫んだ。こうして思い上がりと感傷の夢からさめ、私はもういちど出直して勉強をはじめる考えをとりかえした」（二一四頁）。

これまでの山川の行動の背景にあったのは、世俗に迎合するキリスト教徒や教会の偽善に対する反発だった。キリスト教徒であることを自認しながら、受洗や特定の教会への所属を忌避したのは、既成の価値観への少年らしい正義感によるだろう。不敬事件はこうした反抗心だけでは何も変えることができないことを、山川に思い知らせた。同志社退学後、出京してから巣鴨に入獄するまでに、すでに四年の歳月が過ぎていた。

時あたかも日清戦争後の日本資本主義の勃興期にあたっており、社会問題が激成し始めた時期である。後に山川自身が関わることになる日刊『平民新聞』に掲載された石川旭山《いしかわきょくざん》「日本社会主義史」は、その様子を「日清戦争終結を告げて、社会運動の舞台は開かれぬ。（中略）労働問題は世に喧伝せらるゝに至れり、社会問題は識者の意を注ぐ所となれり」と書いている（『資料日本社会運動思想史』第二巻、三二六頁）。労働組合期成会（一八九七年）や社会主義研究会（一八九八年）が結成され、田島錦治《たじまきんじ》『日本現時之社会問題』（一八九七年）、村井知至《むらいともよし》『社会主義』など、社会主義に関連する関心が急速に高まっていた。

獄中で自らの過去を反省した山川が経済学の研究に着手したのは自然な流れだった。そこに山川らしい特徴があるとすれば、すぐに社会主義の研究に向かわず、まず資本主義経済のメカニズムを理解するためにアルフレット・マーシャル『経済原理』（井上辰九郎訳）から入ったこと、そして獄中では「経済学いがいの書物はただの一冊も読まなかった」（『自伝』二一六頁）という徹底性であろう。最終的にマルクス『資本論』を目標としながら、ひたすら基礎固めをして、「巣鴨を出て、所持品の整理をしたときに、私ははじめて、かねて差入れされていたアズキ色の表紙の『資本論』第一巻の英訳を見た」という（同上）。目的に向かっての合理的で戦略的な思考は、その後の山川の言動に一貫する特徴だと思う。

3　帰省と再出発

仮出獄

一九〇四（明治三七）年四月に守田文治は満期出獄した（『自伝』一二九頁）。前述の通り、山川は一九〇〇年九月から翌年七月の控訴審判決まで保釈されていた。守田の保釈は一九〇一年一月だったので、三カ月余り早く満期を迎えたのである。一九〇四年四月二四日の『林源十郎日記』には、「午前八時、守田文治氏山川へ来ル、面会ス。（中略）守田文治氏ト会談ス、同氏ハ夜行ニテ帰阪ス」とある。出獄した守田が山川の両親を訪ね、源十郎も会った。この日、源十郎は彼らが開催した講演会のために多忙で、夜になってやっと守田と話をする時間ができたのだろう。山川は獄中での生活のうち、最初の一年の独房生活の後は雑居房に入れられ、監獄内の工場に出役した。この二年間は、房も職場も守田と一緒だった。だから守田は、獄中での生活ぶりについて、両親や源十郎に詳しく伝えたことだろう。

同年五月五日の源十郎の日記には以下のように書かれている。「今朝均ヨリ書面来ル。文面ニ依テ特赦ノ恩典アルカ如キヲ察ス。即罰金ヲ即納シ、監視執行地ヲ確定せよ《ママ》と。依テ直ニ百二十円ヲ三宅碩夫氏ニ託シ、幷ニ監視執行地ヲ確定せんが《ママ》為め出岡ノ石井十次ト協議す《ママ》（下略）」。そして六月四日には「午後五時東京ヨリ電来ル、均無事出獄セリト」とあり、七日には「均ヨリ書状来ル」と記されている。山川の出獄は四日で、おそらくその日のうちに義兄に手紙を書いたのだろう。出獄第一夜をどこでどのように過ごしたか「少しも記憶がない」が、『青年之福音』グループの横田という人物に連れられて平民社に行き、幸徳秋水《こうとくしゅうすい》と「ほんのわずかの時間」話をして「深い感銘をうけた」と、『自伝』は語っている（二三二頁）。山川がその場で週刊『平民新聞』の定期購読を申し込んだと推定して誤りあるまい。

こうして山川は獄中で三年近くをすごし、一九〇四年六月四日に仮出獄した。不敬事件で検挙されてから丸四年が過ぎており、満二三歳六カ月になっていた。

帰郷

一九〇四年六月九日夜、源十郎は石井十次の岡山孤児院で行われる結婚式に列席するため、午後七時半の上り列車に乗った。「同時着ノ列車ニテ山川均帰倉セルヲ見ル」。おそらくすれ違いのような格好で、二人は倉敷駅で相互の姿を認めた。まさに万感胸に迫る情景だが、言葉を交わす時間の余裕もなかったのだろう（なお山川が『自伝』の執筆で『林源十郎日記』を参照したことは明らかだが、倉敷到着をなぜか「六月十一日の夕方」と書いている。日付が二日ずれているのは不可解だが、山川の不注意による誤記と考えるしかない）。源十郎はその夜岡山に宿泊し、翌日倉敷に帰宅した。じっくり話ができたのは六月一〇日のことだったであろう。前述のように、山川は獄中で経済学書を読んで社会主義に傾斜しつつあった。二人がどの程度理解し合えたかわからないが、少なくとも共通の基盤はあった。『山川均手記』で、彼の社会主義への出発点は「キリスト教的人道主義的正義感」だったと述べ、さらに「私の青年時代を通じて出獄当時からその直後の時期がキリスト教的信仰の最も強よ《ママ》かった時期でした」と回顧している。

倉敷の自宅に落ちついた山川は、おそらく外出もままならなかっただろう。小学校の同窓で、義兄とともに講演会や岡山孤児院の事業に協力していた大原孫三郎が貸してくれた『エンサイクロペディア・ブリタニカ』を読みふけった（『自伝』二三四頁）。山川の帰宅から二カ月近くが経った八月一日の『林源十郎日記』には以下の記述がある。「店員ヲ商業補修学校ニ遊学セシムルコト久シ。七月中旬感スル所ヨリ其三年生ヲ退校セシム。依テ表二階北一室ヲ教場トナシ、本日ヨリ英語化学ノ教授ヲ始ム」。英語は山川が担当し、化学は源十郎が自ら任じた。「感スル所」とは、本を読む以外になすところのない山川に仕事を与える意図だったのだろう。

林源十郎商店
岡山支店

同じ八月一日、源十郎は岡山市紙屋町に岡山支店を開店したが、岡山に転勤させた店員に不都合があったらしく、一〇月に山川を支店の責任者に任ずることにした。

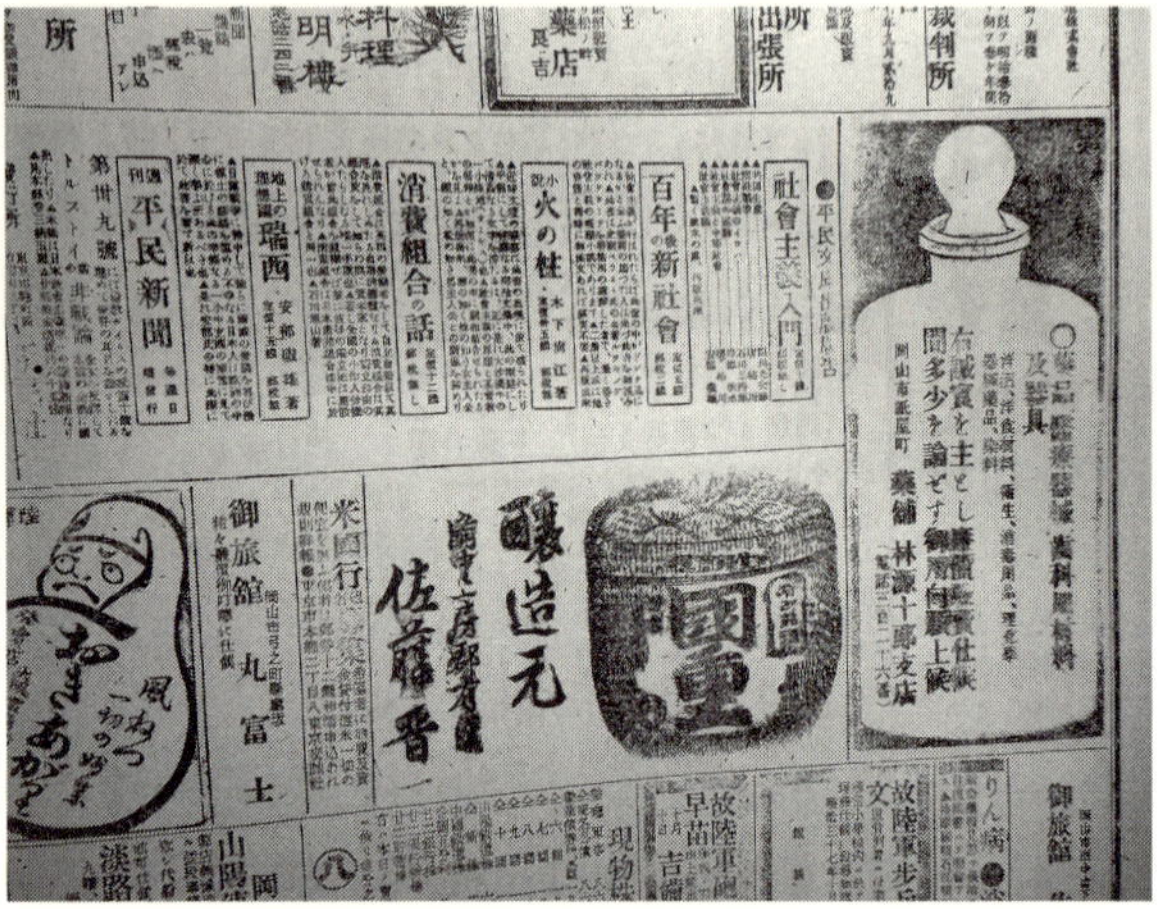

『中国民報』に掲載された林源十郎支店の広告

源十郎は翌年の日記の余白に以下のように記している。「甫三無謀の如しと雖も、去年岡山支店設置以来、主任が失敗の為めに蹉跌を来たし、時に臨んで後任なし、均幸ひにして甫三が望に応じて来り援け、薬業の経験毫もなき身を以て刻苦精励店務を理し、更に一点の遺憾を感ぜず（後略）」（『自伝』二四五頁に再録）。山川は義兄の諫止を振りきって同志社を中退し、不敬事件では筆舌に尽くせない迷惑をかけていた。その求めに応じて仕事に邁進したのは当然だったであろう。

この時期の岡山の地方新聞『中国民報』（岡山県立図書館蔵）をみると、山川が主任を務めた薬店の宣伝が何度か出ている（一〇月一二日など）。薬瓶を模った図柄に以下のような文言を謳ったものである。「薬品、医療器械、歯科用材料及器具（改行）洋酒、洋食材料、衛生、消毒用品、理化学器械薬品、染料（改行）右誠実を主とし廉価販売仕候間多少を論せ

す御用向願上候（改行）岡山市紙屋町　薬舗　林源十郎支店（改行）（電話三百二十六番）」。

同じ紙面には平民社関係の出版物『社会主義入門』『百年後の新社会』『小説火の柱』などの宣伝も載っている。山川は平民社の活動ぶりを横目に見ながら、薬店の仕事に注力していたのだろう。時間をみつけては、社会主義文献の読書を怠らなかったに違いない。また別の日（一九〇四年一一月二五日）には「第二十二回　倉敷日曜講演」の宣伝が掲載され、さらに前回の講演記録が源十郎の店で頒布されていたことも、以下の広告によってわかる。「倉敷日曜講演講義録第八巻（改行）戦後の戦争農学博士　新渡戸稲造先生講演（改行）右呈上可致候ニ付御希望の方は郵送料郵券二銭を添え申込まれたし　第七巻残本あり（改行）備中倉敷本町　薬舗　林源十郎」。このように源十郎は薬店を経営するかたわら、キリスト教会・岡山孤児院・倉敷日曜講演の三つの事業で八面六臂《はちめんろっぴ》の活動をし、山川に対しても親身の配慮をしていた。

山川が出獄したとき日露戦争が始まっていた。源十郎は身内に入営した人がいたらしく、広島を慰問している（一九〇四年五月八日）。日記からは戦況に一喜一憂する姿も浮かんでくる。他方、山川は週刊『平民新聞』を講読していたはずだから、非戦論を支持していただろう。こうした違いはあっても、源十郎は山川の志を得させたいと考えており、山川が父母の願いに負けて自らの志望を捨ててしまうことを恐れていた。翌年の日記に源十郎は以下のように書きとめている。「仮令《たとい》余ノ意ニ悖《もと》ル所アルモ余ハ喜ンデ彼レガ希望ノ為メニ余ノ意志ヲ犠牲トスルニ躊躇セザルベシ」（『自伝』二四六頁に再録）。山川はすでにキリスト教の信仰から離れていただろう。この点では源十郎とは距離ができていたはずだが、それでも源十郎は山川が自分の道を歩むことを望んだ。

再出発

『自伝』によれば、幸徳秋水から手紙が来て上京の目途がついたのは一九〇六（明治三九）年「十月のある日」のことだったという（二四二頁）。『林源十郎日記』から推測すると、再度の上京が最終的に決定したのは一二月初旬だったと思われる。

一二月に入ると、山川は岡山と倉敷を頻繁に往復している。確認できるだけでも、一二月七日に倉敷に戻り、翌八日朝に岡山に帰った。九日に再度岡山から倉敷に戻り、午後にすぐ帰岡、そして一〇日に再度倉敷に帰着。一一日には送別会が行われた。一二日午前、姉（源十郎の妻）の浦が岡山支店での送別会開催準備のために岡山に行った。山川は一〇日から一四日まで倉敷に滞在したままだったらしい。一五日には以下の記述がある（『自伝』一四七頁に再録）。「午後三時二十九分均発途ス。今夜岡山ニ一泊シ、明日午前九時五十分岡山ヲ発シ、姫路ニ森田文《マ》二《マ》氏ヲ訪ヒ、大阪ニ一泊ノ予定ナリ」。岡山支店で同僚たちとの送別会が行われたのはこの日だったのだろう。一六日、遂に出立の日が来た。「山川均本日岡山ヲ発途ス。お浦《マ》お次《マ》と共ニ出岡シ、同人カ東上ヲ送ル。二人午後二時四十分帰倉ス。（中略）夜山川母上病アリ」。

上京は日刊『平民新聞』の発刊に参加して、社会主義運動に身を投じるためだった。源十郎は義弟のその志を良しとし、姉二人を岡山にやってその壮途を見送らせた。まことに広い心と深い思いやりである。山川の母が、この夜病を発したのは心労のためだったのだろう。しかし彼女もまた、息子の将来を案じながら、その志を叶えさせたいとの一心だったに違いない。

4　キリスト教から社会主義へ

「無免許のクリスチャン」

ここで倉敷・岡山滞在中の山川の思想の変化について検討しておこう。前述のように、同志社退学時の山川の思想は「無免許のクリスチャン」だった（『自伝』一七八頁）。キリスト教の信仰は上京後も強固になり、獄中でも弱まることはなかったと想定される。一九三八年に執筆された『山川均手記』によれば、不敬事件当時の彼は「徒《いたず》らに世道人心の萎靡を慷慨」したもので、「体系だった思想」などなかった。かれを動かしたのは、「幕末から維新にかけての憂国の志士から受けた影響」「キリスト教から来た人道主義や正義感」「西洋流の所謂、社会改良家の生涯にたいする憧れ」の三つだったと自己分析している。幕末の志士としてとくに吉田松陰を挙げ、徳富蘇峰の著書『吉田松陰』や『静思余禄《せいしよろく》』の影響に言及しているのも印象的である（『自伝』一五八頁にも同趣旨の記述がある）。前章で述べたように、同志社退学時の親友・浜田仁左衛門との別れに際して、「十年後」の「革命党の旗上げ」（『自伝』一六〇頁）を誓ったというが、それをただちに社会主義に結び付けるのは適切ではないだろう。

世紀の変わり目にあたる時期の日本の時代風潮の変化は急速だった。「無免許のクリスチャン」山川の東京生活は、社会主義思想と隣接したものだった。山川が東京で「放浪学生」生活を送った一八九七（明治三〇）年八月から不敬事件で逮捕される一九〇〇（明治三三）年五月までの三年弱は、明治の社会主義思想がちょうど熟成してくる時期にあたっている。初期社会主義の象徴たる社会民主党（一九〇一年五月一八日結成、二日後禁止）は、三つの流れが合流したものだとされる（太田雅夫「社会民主党の誕生」）。労働組合期成会（一八九七年七月発足）、社会主義協会（一九〇〇年二月、その前身は一八九八年一〇月発足の社会主義研究会）、普通選挙期成同盟会（一八九九年一〇月）の三つである。山川はこうした動きについて、「（前略）社会主義を研究する団体の生まれたことも知っていた。しかし三十一年の社会主義研究会にしても、三十三年の社会主義協会にしても、著名人の団体で、私たちには近よれなかったが、関心はもっていた」と語っている（『自伝』一七九頁）。

草創期の日本社会主義

社会主義研究会は、キリスト教の一派であるユニテリアンの村井知至・安部磯雄と、社会問題研究会（一八九七年四月発足）の片山潜《かたやません》・幸徳秋水・佐治実然《さじじつねん》が合流してできたもので、発足時のメンバーは一一名、秋水を除けば全員がキリスト教徒で、しかも米国留学経験者が多く含まれていた。まだ一〇代の少年にすぎなかった山川にとっては、確かに縁遠い存在と思えただろうが、キリスト教徒による社会運動という意味では親しみをもったのではないだろうか。

この研究会やその後身の社会主義協会の例会は会員だけで運営され、部外者の参加はなかったらしい。しかし講演のかなり詳細な要約は『六合雑誌』に逐一報道されていたので、山川もその内容を知ることができたはずである。たとえば第五回（一八九九年三月）は片山潜「フェルジナンド・ラサールの社会主義」、第六回（同年四月）は村井知至「カール・マルクスの社会主義」、第七回（同年五月）は安部磯雄「ヘンリージョージの社会主義」、第八回（同年六月）は幸徳秋水「現今の政治社会と社会主義」という具合である。

前述のように、山川が西欧流の「社会改良家の生涯」に憧れを持っていたとすれば、社会主義研究会の知識人たちの活動にも羨望に似た感情を抱いただろう。この点で、とくに注目されるのは村井知至（一八六一～一九四四）の『社会主義』（一八九九年七月刊）である。村井はその第九章「社会主義と基督教」で次のように語っている。「社会主義の本領は平等主義に在り、人類同胞主義に在り、否々実に基督教的道徳の真髄たる愛に在って存す。其精神心術に於て初代の基督教と今日の社会主義とは全く符節を合するが如し」（一三二～一三三頁）。熱烈なクリスチャンを自負しながら、教会や洗礼などの儀式は形式に過ぎないと拒否していた山川は、原始キリスト教と社会主義の精神が合致するという村井の主張に共鳴したのではないだろうか。

片山潜

しかし「社会改良家」という点で、山川にとって誰より大きく映ったのは片山潜（一八五九～一九三三）だったかもしれない（片山潜については大田英昭『日本社会民主主義の形成』を参照）。片山が「基督教社会事業の大本営」として神田三崎町にキングスレー館を設立したのは一八九七（明治三〇）年三月のことだった。山川が上京して最初に下宿した秋山定輔宅は神田錦町だったから、目と鼻の先である。神田はこの当時も現在と同じように学生の街だった。山川はその後、下宿を変わったが、終始この辺りに居住していたらしいので、片山は身近な存在だったに違いない。しかし予想に反して『自伝』などでの片山への言及は辛辣である。

「（前略）偶然、神田のキリスト教青年会館の前をとおりかかると、「東京政事学校講演会」という立看板が目についた。数人の講演者の名前がならんでいるなかに「三宅雪嶺」の名がとくに私の興味をひいた。それから「マスター・オブ・アーツ米国文学博士片山潜」の名前があったことを、いまも忘れることができない。私は雪嶺翁の話をききたいのではいってみた。そしてあの「訥弁の雄弁」に感心した。そのあとで短矩形の胴体に浅黒い顔をのせたマスター・オブ・アーツ氏が演壇に現われた。この講演者は初めから終りまで、最大級の声でがなりつづけたので、何を言おうとしているのかよく分らなかったが、なんでもヨーロッパでは、第何世紀とかに黒死病が流行して人口が少くなり、そのために労働力が不足して、はじめて労働問題なるものが発生したということだった。その後も二度ばかり（一度は東京政治学校の課外講演で）この人の講演をきく機会があったが、二度とも黒死病の話だったので、私はこの人はよくよく黒死病に熱意をもつ人だなと、その熱心におどろかされた」（『自伝』一七〇頁）。

山川が片山と直接会ったのは一度だけで、一九〇七（明治四〇）年夏にキングスレー館での茶話会の席上だったという（⑫一二三頁）。すでに直接行動派と議会政策派が激しく対立して、両者は逆の立場にあったからよい感情をもつわけがなかった。『自伝』では後者の代表者である片山と西川光二郎《にしかわこうじろう》を「ぜんぜん無理論的な人」（二八八頁）と酷評している。

「セン・片山の想い出」　一九三三（昭和八）年に発表された「セン・片山の想い出」（原題は「片山潜の想ひ出」）では、「片山氏と私とは、いわば両側の歩道を行き違って歩いていたにすぎなかった」（⑫二四〇頁）と、片山とは接点がなかったことを強調している。しかしこうした片山評の背景には、コミンテルン執行委員として権力をふるい、日本の革命運動に介入した後年の片山に対する敵意がある。少年だった山川が、二〇歳以上年長の片山に、最初からこのような冷淡な目を向けていたと考えるのは現実的ではないだろう。

山川はこの回想記で、一九〇一年紀元節に『二六新報』主催で開催された労働者大懇親会の模様を想起している（実際は四月三日の開催で片山が読み上げた大会決議も、山川の記述とは少し違っている。太田雅夫「社会民主党の誕生」参照）。山川によれば、「五万の労働者」が集まったこの大集会で、「労働者代表」として演壇に立ったのが片山だった。それは（日露戦争中に万国社会党アムステルダム大会でプレハーノフと握手した時に次いで）「片山潜氏が生涯を通じて、いちばん得意を味わった日ではなかったか」と、山川は嘲弄気味に評している（⑫二三九頁）。しかしこの叙述は、山川が不敬罪の控訴審判決を待つ身だったにもかかわらず、片山が大きな役割を果たした集会に参加していたことを意味する。うがった見方をすれば、後年の回顧とは逆に、彼が片山の英姿を会場で感動しながら見つめていたと想像することもできるだろう。

片山の日本語の表現力は拙く、演説も巧みではなかったらしい。しかし後に敵対する幸徳秋水が週刊『平民新聞』第三号に書いた片山評によれば、「其時と場所とに応じて直ちに平静脳裏に有余る意見を、率直に露骨に、少しも巧を弄しないで演説する、演説するといふよりも意見の方が滾々《こんこん》と湧出るのである、そして聴衆をして其熱心と真摯の気に打たれしめる」(幸徳⑧一一七頁)。仲間褒めではあるが、片山の世評は後年の山川が言うほどひどいものではなかったことを知ることができる。

こうして山川の東京時代は、キリスト教徒としての活動が社会主義思想と接続する状態だった。しかしその後、社会主義思想をめぐる状況は急速に変化し、

マルクス『資本論』

彼の下獄と前後して、社会主義者の間でマルクスを本尊とする「科学的社会主義」に関心が集中していく。マルクスが「近世の科学的社会主義運動の泰斗」で、『資本論』が「社会主義の「バイブル」」であることは、前述の社会主義研究会の講演(一八九九年)で村井知至がすでに強調していた(『明治社会主義資料叢書』第一巻、一八七頁以下参照)。一九〇二(明治三五)年には、日本最初のマルクス伝とされる西川光二郎『人道の戦士・社会主義の父 カール・マルクス』が出版された(後に平民社から「平民文庫」として再刊)。そして翌一九〇三(明治三六)年七月には、片山潜『我社会主義』と幸徳秋水『社会主義神髄』が相次いで刊行されている。片山はこの書を「資本」の説明から始め、何度も「マークス」「エンゲル」に言及する。そして「社会主義の起源」はキリストの「隣人を愛する汝の如くせよ」の思想に帰すものではなく、「資本家制度」の結果だとして、マルクス「資本論」が英国の資本主義分析を通じてこの事実を明らかにしたと述べている(『資料日本社会運動思想史』第五巻、二一一頁以下)。

秋水『社会主義神髄』は、参考文献として『共産党宣言』『資本論』『空想から科学へ』の三冊を真

っ先に挙げた。そしてマルクスについて片山よりはるかに的確な理解をし、「一切社会の組織せらる、所以の者は、必ずや経済的生産及び交換の方法、之が根底たらざるは無し」と、マルクスの唯物史観を紹介している（幸徳④四七一頁）。また労働力の成果たる「剰余価格」の資本家による搾取が、資本蓄積の根本原因であると説いている（この時期、surplus value は一般に「剰余価格」と訳されていた。これを初めて「剰余価値」と正確に訳したのは、山川の「マルクスの『資本論』」（一九〇七年）だった）。

片山や秋水の著書は山川の入獄中に出された。彼は一九〇一年七月に下獄したとき、すでに『資本論』を念頭に、その準備のために英国古典派経済学の代表的書物を読むことに傾注した。それは山川の社会主義思想形成が、片山や秋水などの一流思想家と同時進行だったことを意味する。おそらく「放浪学生」だった頃に、日本でもよく知られていたイリー（Richard Theodore Ely）の“Socialism and Social Reform”“French and German Socialism in Modern Times”やカーカップ（Thomas Kirkup）の“A History of Socialism”などの英書を読んで、マルクスこそ社会主義理論の本丸だとねらいを定めたのだろう。とくにカーカップの本には、マルクスの「剰余価値」の理論から資本主義分析の概略がかなり丁寧に説明されていた。出獄後の二年半の倉敷・岡山時代に、彼は獄中から営々と準備してきたマルクス『資本論』第一巻（英訳）に、ついに本格的に取り組んだ（山川振作「山川均と「資本論」」参照。なお浜田カツ子宛書簡（①五六四頁）によると、『資本論』を読了したのは翌一九〇七年六月一二日だったらしい）。

社会主義思想の本丸はカール・マルクスであり、マルクスの真髄は『資本論』にあるとの観念はすでに常識になっていたが、本格的に『資本論』に取り組んだ者はまだ誰もいなかった。山川は獄中からそこにねらいを定め、出獄後の研究成果をもとに、まもなく社会主義理論研究の最前線に立つことになる。

岡山の社会主義運動

ところで山川の倉敷・岡山滞在中に、社会主義をめぐる状況は大きく変化した。社会主義思想の普及に大きな役割を果たした平民社は、内部対立で一九〇五（明治三八）年一〇月に解散した。それはキリスト教と社会主義が分離していく過程を象徴する事件だった。他方、桂太郎内閣に比して自由主義的な西園寺《さいおんじ》公望《きんもち》内閣が一九〇六年一月に成立すると、直後に最初の合法的社会主義政党である日本社会党の結党が認められた。山川は鹿児島の浜田仁左衛門とともにこれに入党した。機関紙『光』の「党員名簿（第五回報告）」欄に彼らの名前が登載されるのが九月一五日号であることから判断して、入党は夏ころだったのだろう。結党から半年以上の時間が経っており、いかにも慎重な態度である。

ここで岡山地方の社会主義運動を一瞥しておかねばならない。山川が薬店の仕事のかたわら、『資本論』に専心していたころ、すぐそばで森近運平《もりちかうんぺい》を中心にした社会主義者（とそのシンパ）が活動していたことが知られているからである。特高課長・松野友治の記録を引用しよう（『岡山県労働運動史資料』（上巻）四一頁以下、『明治社会主義運動』三八頁以下参照）。

「本県ニ於ケル社会主義者ノ濫觴《らんしょう》ハ、明治三十七年一、二月ノ頃、新潟県人鷲見教導（当時岡山監獄教戒師）及ビ本県人森近運平（当時岡山県属兼技師）ノ発意ニ係リ、同志ノ糾合ニ努メタル結果、数名ノ賛同者ヲ得、同年四月三日、ソノ第一回ヲ、茶話会ト称シ、岡山市大字石関町常盤木《ママ》旅館ニ開キ、協議ノ上、「岡山いろは倶楽部」ト命名シ（中略）、専ラ同主義ノ学術的研究ヲ目的トナシ、次回ヲ秋季皇霊祭当日ニ開催スルコトニ決シ、散会シタリ（後略）」。

岡山いろは倶楽部

四月三日の集会については、週刊『平民新聞』（一九〇四年三月七日付）に「岡山社会主義者茶話会」と題してアナウンスが掲載され、さらに四月一七日付紙面に「岡山平民新聞読者会」との題で、「毎月一回第一日曜の午後」に研究会を開き、時々郡部の人も参加する大会を開くなどが決定されたと報道されている。また秋季皇霊祭（九月二三日）の集会についても、「岡山いろは倶楽部秋季大会」（一〇月二日付）との記事が掲載され、常磐井《ママ》楼で二六名が集まったことなどが報じられた。四月の集会開催時は、山川はまだ獄中である。九月はすでに出獄・帰省していたが、まだ倉敷にいたはずだから、集会のことを知っていたとしても参加しにくかっただろう。

翌一九〇五（明治三八）年一月下旬に森近が岡山を離れて、運動は下火になったとされるが、四月二日付『直言』（週刊『平民新聞』の後継紙）には「岡山いろは倶楽部春季大会」の題で、倶楽部結成一周年記念の集会が、翌三日午後一時から後楽園《こうらくえん》観騎亭《かんきてい》で開催されるとの報知がなされている。そして同月一六日の『直言』は、雨天で集まりがよくなかったが、予定通り三日に記念集会が行われたと報じ、さらに同月二〇日午後一時より「勲山頂」で観桜会を開催するので、各自弁当持参で参加すること、雨天の場合は二二日に延期する旨、報知されている。さらに五月七日付紙面は、「いろは倶楽部観桜会」について以下のように報じた（「勲山」は「操山」の間違いだったようだ）。「廿二日午後一時より操山頂に開く、会する者僅かに六名、森近氏の発議で市中伝道を思ひ立つ、降山の途中或は桜枝に瓢を釣りたるＹＷ生、或は将に昇らんとする同志数名に会し勢を得て共に道を階楽園に取り檄を配布し（下略）」。このとき森近が一時帰省していたのだろう。彼らは岡山市の中心部にある操山で桜見物をした後、あとからやって来た仲間も合流して、ビラを配りながら後楽園に行ったのである（「階楽園」は「後楽園」の誤りだろう）。

「いろは倶楽部」の活動はその後も細々ながら続けられた。『光』（一九〇六年四月二〇日付）によると、彼らは四月三日に後楽園観騎亭で結成二周年の集まりをもち、一三名が集った。倶楽部の事務所が都窪郡大高村（現倉敷市内）に移転したことも報知されている。そして五月一九日と六月五日に倉敷でそれぞれ一二名、二〇名で「例会」を開催している（『光』六月五日と六月二〇日の記事）。さらに同年一〇月一五日付『光』には「岡山いろは倶楽部秋季大会」が行われたとして以下のように報じられている。「去る七日岡山後楽園観騎亭に於て開会、協議事項として『伝道隊組織の件』『絵はがき製造の件』『座間止水君の来岡を期して演説会開催の件』等を決議し、伝道方法の講究に時を移し、一同撮影散会したるは午後五時なりき、（後略）」。

山川が岡山の運動に参加したのは、この一〇月の集会からである。『光』（九月一五日号）に日本社会党員として彼の名前が載ったことで、「いろは倶楽部」の側から接触して来たという（『自伝』二四〇頁）。前掲の特高課長・松野友治の文書に一九〇四（明治三七）年当時の社会主義関係の新聞雑誌購読者のブラックリストがあり、二一名が登載されているが、山川の名前はない。彼が『平民新聞』『直言』『光』を講読していなかったとは信じがたいので、あるいは友人から送ってもらうなどして、警察の監視の目をかいくぐったのかもしれない。

日本社会党に入党

山川の名が公安関係の資料に出るのは、二年後の一九〇六年に「九月一四日、山川均（倉敷町、明治十三年生）ニ対シ、警察庁官房主事ヨリ、日本社会党ニ加盟セシ趣ヲ以テ、身元内査方照会アリ」とあるのが最初である。山川が『直言』や『光』を読んでいたとすれば、紙上に紹介された活動を知っていたはずだが、倶楽部の方から接触してくるまで、自分から積極的に動こうとはしなかったらしい。義兄に迷惑が及ぶことを恐れたのかもしれないが、おそらく中央での運動に参加することを視野に理論研究に全力を注いだのだろう。

座間止水《ざましすい》の講演会は一一月五日に開催され、山川も参加した。松野の文書によれば、座間は「「カールマルクス」ノ説」に言及したらしい。山川は座間の「両手でぐるぐる糸をまく」ゼスチャーを見て、「『資本論』第一巻の終りの章を思い出した」という（『自伝』二四一頁）。秋水からの招聘の手紙を受け取ったのは一〇月だったから、すでに上京が決まっていた。東京での活動に思いを馳せながら、『資本論』読解に全力をあげていた姿が浮かんでくる。

なお座間止水は、社会党員として全国を遊説して回ったらしく、「日本全国遊説」の記事が『光』に連載されている。一一月一五日付紙面には岡山での活動が記録されており、それによれば、演説会場借用が困難を極めた。五日の会場は前日にやっと決まったとのことで「午後一時開会、聴衆は四〇名ばかり、学生は医学専門学校の生徒、中学校高等女学校生徒など見えたれど、巡査が呼び出して一々其名前を書留めるから恐れて帰って仕舞った」という。その後、座間は倉敷に移動したが、岡山で八日から三日間連続で「政談演説会」を開くことが決まったとの知らせを受け、勇躍、演題と弁士を決めてビラを印刷した。しかし午後七時に「テラ　ヤラレタ　チラシマテ　ヤマカワ」との電報を受け、計画は中止になったという。山川が会場の寺の使用禁止を知らせたのである。三日間の連続講演会には座間を含めて五名の弁士が予定されていたが、そのなかに山川の名前はない。新参者として使い走り程度にしか遇されていなかったことがわかる。

第三章　社会主義者としての出発と挫折

1　日刊『平民新聞』発行

奇妙なエピソード

山川は一九〇六（明治三九）年一二月一五日に倉敷を発ち、岡山に一泊、さらに大阪で一泊して、一七日の夜行列車で上京の途につく。『自伝』にはいくぶん奇妙なエピソードが載っている。「（前略）梅田駅にゆくと、待合室の内も外も乗客でいっぱいだった。発車にはまだ時間があったので、わたしはかねて用意して来たいろは倶楽部の宣伝ビラを乗客に配って歩いた。すると思いがけなく、人ごみの中から正覚寺の講演会の女学生の一人、九津見房子《くつみふさこ》さんが現われた。彼女はこの春学校をおえ、将来の方針について母親の同意がえられぬため、家を飛び出し、福田英子《ふくだひでこ》をたよって東上するところだった」（二四七頁）。宣伝ビラとは、前章末尾で述べた一〇月七日の「いろは倶楽部」の会合で製造を決めた「絵はがき」のことであろう。正覚寺の講演会は、座間止水を迎えて一一月五日に開催された。山川はこの時に九津見房子（一八九〇～一九八〇）と初めて会ったのだが、大阪駅で偶然出会った二人は相たずさえて上京し、彼女の「身のふり方」が決まるまで二日間、山川の四畳半の下宿に同居した。

『自伝』の語るエピソードを「できすぎた話」「妙な話」と感じるのももっともだろう（石河康国『マルクスを日本で育てた人』（二）三二頁、『明治社会主義運動』一一八頁）。九津見は後に非合法時代の日本共産党員として活動して逮捕され、またゾルゲ事件（一九四一年）にも連座するなど波乱の人生を送ることになる。当時満一六歳になったばかりの九津見が頼った福田英子（一八六五～一九二七）は岡山出身で、自由民権運動末期に大井《おおい》憲《けん》太郎《たろう》らが起こした大阪事件に連座した。自伝『妾の半生涯』で知られる草創期の女性運動家である。山川との出会いについて、九津見自身は以下のように回想している（牧瀬菊枝『九津見房子の暦』一五頁以下、『明治社会主義運動』一一四頁以下参照）。「この（正覚寺の）講演会で山川さんを知りました。山川さんは、あすの朝、岡山駅前の旅館に座間止水さんが泊っているから、そこへ来るようにいわれたので、朝早く行きましたが、「都合で座間さんは早くたったから、今後、林源十郎支店へ連絡して下さい。ミス・ソシアリストへ」という山川さんの簡単な置き手紙がありました。ミス・ソシアリストというのはわたしのことですよ。それからはこの林支店へ山川さんを訪ねてちょいちょい行きました（後略）」。

山川は初対面の時に九津見の名を知らなかったので、「ミス・ソシアリスト」宛に手紙を残したのだろう。その後、九津見と彼女の友人は山川の家などで何度も話をする機会があり、山川から「今こそわれわれは力を中央に集中して働かなければならない」と言われた。これがきっかけになって、九津見は岡山県立女学校四年で中途退学して、母に無断で上京した。大阪駅での出会いについては、山川が「ビラを配って歩いていて、偶然わたしにあったのです。何かこさえたみたいですね」とあっけらかんと語っている。そして福田英子と内縁関係だった石川三四郎《いしかわさんしろう》から山川との関係を疑われて、「大人って、なんて嫌なことをいうのだろうと腹が立ちました」と回想している。大阪駅での出会いが偶然だったのかどうかはともあれ、九津見を家出に踏み切らせたセリフにも中央志向だった山川の考え方が表出している。

幸徳秋水との出会い

話を少しだけ元に戻そう。既述のように、出獄後の倉敷・岡山での生活で、山川が週刊『平民新聞』を講読していたのは間違いあるまい。『平民新聞』廃刊（一九〇五年一月）後は、その後継紙である『直言』（一九〇五年二〜九月）、『光』（同年一〇月〜翌一九〇六年一二月）を読んでいただろう。義兄の薬店を手伝いながら、中央での社会主義運動を注視していたのである。『直言』には、山川と同年代の荒畑勝三（寒村）や山口義三《やまぐちよしぞう》（孤剣《こけん》）・小田頼三などが社会主義の文献を車に乗せて、南へ北へと「伝道行商」に出た様子が報道されていた。たとえば荒畑は東北に旅立つにあたって、次のように書いている。「予は社会主義に依て無限の歓喜と絶大の安慰とを得たり、而して此歓喜と此安慰とを吾が兄弟姉妹に別《ママ》たんとする念の切なるや、年少浅学なる予をして断然伝道行商に身を献ぐべく意を決せしめたり」（一九〇五年三月二六日）。山川の心の底にも、薬店経営に安住しているわけにはいかないという焦燥感が鬱勃とわき起こってきたことだろう。『自伝』によれば、山川が米国滞在中の幸徳秋水に手紙を書いたのは一九〇六（明治三九）年だったという（二三九頁）。秋水が帰国するのはこの年の六月二三日のことなので、連絡をとったのはこの年の前半だったことになる。

一九〇四年六月、巣鴨監獄から出獄した日に山川は平民社を訪ね、秋水と「ほんのわずかの時間」会話を交わしただけだった。それなのになぜ彼は秋水を頼ろうとしたのだろう。社会主義者としての秋水の出発はけっして早くなかった。確かに、秋水は社会問題研究会（一八九七年）や社会主義研究会（一八九八年）の会員だったが、安部磯雄・片山潜・村井知至ほどの知識はなく、「沈々、黙々」として議論に参加することはなかったと、山路愛山が述べている（「現時の社会問題及び社会主義者」）。一九〇〇年に中国で義和団事件が起こったとき、秋水は中国での利権獲得を目指すべきだと帝国主義的な主張を繰り返していた。一九〇一年四月に『廿世紀之怪物帝国主義《にじゅっせいきのかいぶつていこくしゅぎ》』を刊行して帝国主義的な考えを改めるとともに、「我は社会主義者也」と宣言したが、それは労資協調を批判して、「天下の人をして尽く労働者となし、兼て尽く資本家となすに在り」という程度の認識にすぎなかった（幸徳③二二一頁）。

一九〇三年、前述の『社会主義神髄』を刊行したことによって、秋水は社会主義陣営の理論的最前線に立ったといえる。孜々《しし》として『資本論』に取り組んでいた山川が、それを見抜いていなかったはずがない。自分も渡米して活動に加わりたいと考えたのは当然だった。もし山川がこのとき渡米していたら、彼の社会主義思想はその後どのように展開しただろうと想像をかきたてられるが、幸か不幸か、秋水からは「アメリカなんか来るところじゃない」との返信が来た（『自伝』二三九頁）。結局、この一九〇六年一〇月、秋水の推薦で日刊『平民新聞』の編集部員になることが決まり、一一月に上京することになった。キリスト教から離脱し、社会主義者としての活動がこのとき始まった。

社会主義論壇への登場

山川は一二月一六日大阪発の夜行列車に乗ったので、一七日に東京に着いた。「新橋につくと、その足で築地新富町の平民社をたずねた。そこではじめて堺さんに会い、居合せた二、三の人に紹介された」と『自伝』は語っている（二四八頁）。堺利彦（一八七一～一九三三）は幸徳秋水と同年齢で、山川より一〇歳ほど年長だった。若き山川は秋水に心酔していたが、堺にはむしろ親しみの感情が強かったようだ。最初は「堺さん」だったのに、いつ頃からか「堺君」と呼ぶようになり、「こちらの方が年上でもあるかのような」気分で話すこともあったと、後に語っている（「堺君を語る」⑫二二二頁）。

山川の登場は、当時の社会主義者にとって一つの事件だった。吉川守圀《よしかわもりくに》「荊逆星霜史」は、以下のようなエピソードを伝えている。

「或る日幸徳が営業部の溜りに来て、「諸君に一寸話してをきたいことがある。近々山川と云ふ青年が入社する。コレは却々シッカリした未来ある青年だから諸君も其の積りで」と言ひ捨てヽ二階に上った。一同は山川とは一体ドンナ人間だらうと思ってる所へ山口〔義三〕が急に飛び込んで来て、「諸君、我々は山川の前に恥ぢなければならぬ、彼は実にエライ。我々よりズット早くから目覚めてゐた。それにモウ一ト仕事して来てゐるのだ」と頻りに独りで感嘆する。この感嘆の因はと云へば、今が今二階で幸徳から聞いたばかりのホヤ〳〵物らしかったが、何にしても一同は早く其の山川青年を見たいものだと待ってゐると、やがて四、五日して、中折帽に黒の背広をつけた眉目秀麗の貴公子然たる若者が社会に顔を見せた。これが即ち、一同に期待を持たせた我が山川均君で、彼の年齢はその時二十七歳であつた。さきに平民新聞紙上彼の筆になった「前半身に対す」を読んでゐた我々は、更めて同君に対する畏敬の念を一層深くした」（『資料日本社会運動思想史』第六巻、四〇一～四〇二頁）。

日刊『平民新聞』が発刊されたのは、山川の東京到着一カ月後の一九〇七（明治四〇）年一月一五日のことである。大半の人が新聞発行にはずぶの素人だったので、発刊前に編集部員が『二六新聞』に見学に行ったという。『二六新聞』は秋山定輔の『二六新報』の一時期の改題紙である。山川もその見学に参加し、第一号に論説「前半身に対す」が掲載されたとき、すでに編集部にいたので、吉川の話には前後関係に混乱がある。しかし山川に不敬罪による三年半の下獄経験があることは「平民社より」という記事でも紹介されており、平民社に集まった若い活動家たちの間で大きな評判になった。同じく編集部員になった荒畑寒村も、不敬事件によって山川の名を記憶していた。そして平民新聞発刊前の大みそかに、同じ編集部員の深尾《ふかお》韶《しょう》とともに山川の下宿を訪れて「はじめて眉目清秀なる彼の風丰《ぼう》に接した」と述べている（荒畑⑨一九三頁）。

「前半身に対す」　第一号に掲載された「前半身に対す」が与えた印象も大きかった。山川のこの論説は第一〇面に掲載されたにすぎないが、第一号冒頭の「平民新聞の目的が、天下に向って社会主義的思想を弘通《ぐ》するに在ることを宣言す」と述べた幸徳秋水の筆になる「宣言」よりも、この新聞の抱負を率直でみずみずしく表現している。山川はここで、出獄直後に前身の週刊『平民新聞』第一号に接した記憶を辿り、同時に自分の社会主義への歩みを語っている。少し長い引用をしよう。

「回顧すれば予が初めて社会主義なる一語を聞いたのは、〔明治〕二九年であったと思う。狂熱なる忠君愛国教より、狂熱なる自由平等の霊火のバプテスマを与えられたる予が耳には、社会主義の一語は実に、絶妙の音楽の如くに響き、社会主義の何たるかをも解せずして、早くも社会党をもって許していた。第二の故郷たる洛陽を去って友と三〇〇里外に袂を別った時、一宵浪花の埠頭に立ちて、今より一〇年を期してねがわくは労働者のために、東西において社会主義の旗旌《きせい》を揚げんと誓ったことがある。その一〇年はあたかも充ちた。眼いたずらに高くして力空しきわれ、顧みて幾度かこの約束に愧じたのである。しかしながら嗚呼機運！　瞑想すればこの狂少年が意味もなき一〇年後のユートピヤは不思議にも今やあたかも事実となって、世界の大勢と称する拒むべからざる地盤の上に打ち建てられているのである」（①六〜七頁）。

ここに「狂熱なる忠君愛国教より、狂熱なる自由平等の霊火のバプテスマを与えられた」と書いているのは、同志社の教育勅語教育への反発から、彼の胸のうちに自由平等への憧れが生まれたという程度の意味だろう。それが新来の語としての社会主義の理念にむすびつき、やがて一九〇六年二月に結成された社会党に、浜田仁左衛門とともに入党するという行為となって現れた。同志社退学時に、社会主義への明確な意識があったとは考えられないが、社会改革の抱負はあった。東京生活で社会主義の意識が徐々に具体化し、出獄後、薬店経営の苦しい作業の合間に刻苦勉励して『資本論』に取り組み、ついに中央の社会主義運動への参加を果たした。しんしんと降る大みそかの雪を感じながら、山川はこの原稿を書いた。その胸は「歓喜」と「希望」に溢れていた。

一九〇七年の年賀状

やや脇道に逸れるが、この時期に山川が郷里の大森一治（一八七七〜一九三六）という人物にあてた年賀状を紹介しておこう。大森は倉敷東町の米穀商だったが、なぜか山川は『平民新聞』の広告とともに新年の挨拶状を出した（一九〇七年一月六日付）。以下は大森の日記に引用されたもので、『全集』に収録されていないので全文を引用する（句読点、濁点を付した）。

「新年の祝詞を申上ます。

小生、岡山に参て以来、是非に是非にと思ひながら、一度もご訪問不申上、一度も手紙差上ず、自分の罪ながら、自分で遺憾に思て居ます、実ハ同志の間に今回、別紙の如き日刊新聞発行の計画熟したるにつき、小生も色々なる繫〔係〕累を断ちて、急に上京致したるにつき次第です、一通りの物識らずが二年の間も書物も筆にも手を触れぬ、さりし事とて当分ハおとなしく勉強致し度《た》き所存です。全く素人計りの寄合新聞、どんなものが出来るかしれませんが、機会もあらバ御覧被下度、又御寄書を願上ます。社会主義が真理の全班なるや否やハ暫く措くも、社会主義ハ既に論議の時代を過ぎて、世界の大事実、大勢力、大運動となりたる今日、兎にも角にも全ての人に研究を要求するの推理ありと存じ、何らか機会有之候はゞ、御研究を祈ります。

不敢取新年の祝詞やら、御無沙汰の御詫やら、如斯ニ御座候、東京神田錦町三ノ五、万図楼、山川均」（『新修倉敷市史』第一一巻、一二一〇頁。なお「万図楼」と復刻されているが「万国楼」の誤りだろう）。

大森はどうみても社会主義とは無縁の人物で、以下のような感想を書いている。「山川君ハ有名な才筆家で、小学時代から才気煥発たるものであったが、上京後、頓《とん》と音信しなかった、然るに例の皇儲祝事ニ対る失言よりして、青天霹靂に不敬事件となって、終に三年六ヶ月の小天地に蹲《うずくま》り、あらぬ失恋の狂名をさへ謡はれた評判男である、思へば自分の友人で故郷の山と川とが、こんな一風変た人材を作らふとハ思ひもかけぬ。余ハ実に衷心嬉しく思ふた（下略）」（同上一二一一頁）。この程度の人物に新聞の広告を送り寄書さえ要望しているところに、山川の新聞にかける初々しい期待をのぞき見ることができる。

「奴隷の仕事」　一九〇七（明治四〇）年一月一五日に第一号を出した日刊『平民新聞』は、一月二〇日の第二号から毎日四ページで本格的な発行が始まった。山川は誰もが嫌がる

「奴隷の仕事」（『自伝』二四九頁）を進んで引き受けるほど張り切っていた。堺利彦はその様子を以下以下のように回顧している。「日刊平民の編集局における山川君は、寡言沈黙、ただコツコツ働いていた。論文の作において、英文の翻訳において、山川君はすべて頭角を現していたが、当時、わたしが最も深く山川君に敬服したのは、山川君が何人にもすぐれて雑務に忠実なことであった」（「山川均君についての話」堺⑥三七九頁）。

しかし山川の意気込みに反して、新聞はまもなく行きづまった。まず二月四日に足尾銅山で争議が発生し、暴動に発展した。『平民新聞』（二月五日号）は、「足尾の同志より本社に投じたる電報」によって「足尾銅山の大騒擾」と題して報道し、四日夜に社員の西川光二郎を足尾に派遣した。しかし西川はすぐに逮捕され、争議は軍隊が出動して鎮圧された。事件の経緯は、直後の二月一七日に開催された日本社会党第二回大会に微妙な影響を与え、幸徳秋水が提起した直接行動論が勢力を得て、社会党は自滅の道を歩むのである。

幸徳秋水の直接行動論

よく知られた事実であるが、幸徳秋水の思想の変化をごく簡単に辿っておこう。一九〇五（明治三八）年、週刊『平民新聞』の筆禍《ひっか》事件で入獄した秋水は、獄中でクロポトキンを読んでアナキズムに惹かれたらしい。出獄後、米国に渡りサンフランシスコやオークランドなどで在米の社会主義者と交流し、翌一九〇六年六月二三日に横浜に帰着した。五日後の二八日に行った演説が、有名な「世界革命運動の潮流」である。それによれば、獄中の読書で議会政策の効果に疑問をもち始め、米国で各国の同志と交流して、彼らの運動方針が「一大変転の機に際せる」ことを感じた（幸徳⑥九九頁〜）。最終目的である「社会組織の根本的革命」は議会の多数ではなく、「社会一切の生産交通機関」の停止、すなわち「総同盟罷工《ゼネラルストライキ》」によってのみ達成できると主張する。

この演説は、一応、欧米の社会主義運動の傾向を紹介するという形式をとっていた。その後、秋水は同じ考えを「余が思想の変化（普通選挙に就て）」と題して、まさに足尾銅山事件が報じられた二月五日発行の『平民新聞』に掲載した。「彼の普通選挙や議会政策では真個の社会的革命を成遂げることは到底出来ぬ、社会主義の目的を達するには、一に団結せる労働者の直接行動（ヂレクト、アクション）に依るの外はない」と断言している（幸徳⑥一三五頁）。

秋水の影響をもろに受けた若い活動家の一人だった荒畑寒村は、こうした変化の要因を三つ挙げている（「寒村自伝」荒畑⑨二〇八頁〜）。まず「遂はれて去り、去りては集まる飯上の蠅の如き運動」（「独逸総選挙と欧洲社会党」幸徳⑥一三二頁）を繰り返すドイツ社会民主党の議会主義的運動への批判、次は当時の米国で結成されたばかりの戦闘的労働組合ＩＷＷ（世界産業労働組合）への関心、第三にサンフランシスコの大地震である。一九〇六年四月に発生した地震の現場にいた秋水は、「無政府的共産制の実現」という短文を日本に通信し、私有財産が消滅した理想状態を連想した。しかしこうした事情とは別に、秋水の変化を促したもう一つの重要な要因があったと考えられる。秋水自身が参加した社会民主党（一九〇一年結成、二日後禁止）が「社会主義を経とし、民主主義を緯とし」たことでもわかるように、これまで社会主義者は普通選挙制の実現を重要な目標としてきた（この点では北一輝『国体論及び純正社会主義』（一九〇六年）のような独特の国家社会主義でも同様である）。しかし現実の政党政治は、立憲政友会の結成（一九〇〇年）を契機に利益政治の傾向をますます強めた。秋水は自由党が解党して政友会になった時、師の中江兆民の示唆に基づいて「自由党を祭る文」を書いた。しかし実のところ、自由党の堕落はこの時に起こったのではなく、「議会開設と共に旧自由党は全く死だ」（「政党に就て」幸徳⑥一〇八頁）というのが実感だったであろう。たとえ普通選挙制が実現しても、政党が「選挙の機械」であれば、社会の根本的な変革は実現できない。これが政党政治から秋水が学んだ教訓だった。

直接行動か議会政策か

足尾銅山の暴動の熱気が冷めやらぬ二月一七日に、社会党第二回大会が開催された。大会に先立ち『平民新聞』は、堺利彦「社会党運動の方針」（二月一〇日）と田添鉄二《たぞえてつじ》「議会政策論」（二月一四〜一五日）を掲載して、秋水の「余が思想の変化」とのバランスを取った。堺と田添の論説は秋水の議会主義排斥に対する姿勢でニュアンスが異なるが、ともに議会政策の重要性を主張するものだった。しかし勢いは秋水の直接行動論にあり、「国法の下に社会主義を主張す」との党則を「社会主義の実行を目的とす」に変更し、普通選挙運動は党員の「随意」と決議した。田添の修正案は圧倒的多数で否決され、秋水の案も僅差で否決されたが、決議は事実上、秋水の立場を是認した。そしてこの大会で直接行動派と議会政策派が激しく対立したことで、両派は分裂する。

しかし痛手はそれにとどまらなかった。田添と秋水の演説を掲載した一九日の『平民新聞』は起訴され、二二日に社会党は結社禁止となる。そして『平民新聞』もその後、発禁が重なり、発刊後ちょうど三カ月の四月一四日に通巻七五号であえなく廃刊となった。

山川はこの時期、すっかり秋水の徒になっていた。二〇日付『平民新聞』に掲載された「社会党大会の成績」で、山川は「第二回社会党大会は、何れの点からも満足に行なわれたと思う」と述べ、党則の改正は「何人にも異存の無い所」という（①二五～二六頁）。そして社会主義革命は知識人ではなく、「純粋なる労働階級自身」の運動でなければならず、議会はすでに歴史的使命を終えたと断言する。「予は信ず、労働階級が真に自覚を喚起するの日は、断じて彼らは直接行動を執るに相違ない」（①二七頁）。

『平民新聞』の行き詰まりはすでに三月には「時間の問題」と考えられていたが、「僕は平民新聞の最後の一戦迄で闘うべし」と、山川は友人にあてて書いている（①五五六頁）。そこで注力したのが直接行動論だった。大会後に『平民新聞』に山川が書いた論説「欧洲の革命運動」「ドイツ社会党の地位」は議会主義の限界を論じたもので、「通俗講話　ストライキの話」「労働者階級の自覚」ではストライキを称揚した。とくに廃刊号に掲載された「労働者階級の自覚」は、「ストライキはすなわち労働階級が資本家階級に対する反逆の旗である。自覚のバロメーターである」と論じ、一頁近くを占めて『平民新聞』の掉尾《ちょうび》を飾る論説となった（①五三頁）。

『平民新聞』廃刊後も、山川はその道を突き進んでいく。六月に議会政策派は、片山潜・西川光二郎が中心になって『社会新聞』を発刊、これに対抗するように堺利彦に近い森近運平が大阪で『大阪平民新聞』を発刊した。『大阪平民新聞』はタブロイド判で毎号一六ページ、月二回発行だった。山川もこれに協力して論説を発表した。なかでも「研究資料　マルクスの『資本論』」は長文ではないが、日本における『資本論』研究史の出発点をなすものと評価されている。しかしこの時期の山川を特徴づけるのは、何より自らを「アナキスト」（①五六六頁）と位置づけ、「総同盟罷工の話」や「万国無政府党大会」にみられるようにサンディカリズムの傾向を強めたことである。しかしかれ自身を含めて直接行動派の人々は、労働組合と組織的な関係をまったく持っていなかったのだから、それは威勢がいいだけの空論にならざるをえなかった。

2　再び獄へ

屋上演説事件

林源十郎は、一九〇八（明治四一）年一月二〇日の日記に「二六新報紙上、均ノ身上ニ異常アリト聞ク」と書いた。いわゆる「屋上演説事件」による山川らの検挙を指すものである。この事件の委細については、山川の盟友の守田有秋（文治）が二月五日付『日本平民新聞』（『大阪平民新聞』の後継紙）に「金曜講演迫害記」という文章を書いている。それによれば、一月一七日夕方、守田と山川は連れ立って金曜講演に出かけた。議会政策派の片山・田添・西川らが一九〇七（明治四〇）年八月に社会主義同志会を結成したのに対抗して、幸徳・堺・山川らが翌月に開催した社会主義金曜講演会を定例化したものだった。堺利彦が言うには、毎回四〇人から七〇人程度の参加者で、「まず目につくのが婦人の一群、するとその隣には人夫体のハッピ姿の五、六人、また一方の壁に沿うてはシナ人が七、八人というふうで、インド人の一、二人さえこれに加わることがある」（「金曜会の記」堺③二九〇頁）。

この日の講演は、山川の司会で守田が前回の続きの「ユートピア」の話を始めたが、途中で警官から中止、さらに集会の解散が命じられた。そこで山川は、いったん解散して同じ場所で茶話会を開こうと提案した。再度集まった同志を前に、堺が話し始めると再び解散を命じられた。こうした処置に甘んじていれば、警察が「付けあが」ると考えた堺は、二階から半身を乗り出して外にいる群衆に向かって演説を始めた。「諸君！　吾等は社会主義者なり、（中略）政府は諸君平民の味方にあらず、赤手なる労働者は、此の強暴なる政府及資本家に対して果して何をか為す可き曰く、一つの武器あり、ストライキ！（後略）」とアジ演説を行い、山川と大杉栄《おおすぎさかえ》もそれに続いた。こうしてこの夜、六名が治安警察法違反で拘束される事態になった。

たわいのない事件であるが、「山川君は当夜平民協会に向て一矢を酬ゆる考なりしが如し」と守田は指摘している。「平民協会」（前年一二月結成、すぐ禁止）は片山グループのことで、この活劇は議会政策派に対する面当てのデモンストレーションだった。山川は「明治四十年代の幸徳・堺両君の会話のなかでは、私はしばしば『一芝居打つかな』という言葉」を聞いたと述懐している（⑫一三二頁）。この日講演会を意図的に「事件」にした。それは「一芝居打つ」という意識だったであろう。この日講演会に向かう道すがら、山川は守田に以下のように語ったという。「今年の五月一日には人に示威運動を行はざる可からず、若し数十人と共に拘引さるゝが如きことあらば或は天下の同志を覚醒するに足らんか」。警察側は、当初、堺だけを拘束するつもりだったらしいが、山川と大杉は「僕等も堺君と同様のことをなせり、何故僕等をも拘束せざるや」とねじ込んで、さらに事件を大きくした。これが直接行動派の実態だった。後に山川はこうした運動のあり方を深刻に反省することになるが、それまでになお多くの時間を要する。

堺・山川・大杉は再犯という理由で一等加重されて軽禁錮一月半の刑に処された。判決は二月一〇日で三月二六日に出獄した。その後、五月二〇日付『日本平民新聞』号外（これが最終号）によると、五月五日付の記事で発行兼編集者の森近運平が拘引されたので、前後措置のため山川が大阪に出張した。しかし一六日に森近は保釈され、一九日の判決で発行禁止と入獄は免れたので、山川は大阪平民社の東京移転などの事務作業から解放されただろう。

赤旗事件

五月一七日の『林源十郎日記』によると、源十郎は山川から「大阪ニ帰リ居ル」との便りを受け取ったので、帰省するよう申し送った。山川が何日に帰省したか不明だが、二三日の記述に「夜、均ト談ズ」とある。山川は数日滞在した後、二六日午後二時一五分の列車で倉敷を発ち、岡山支店に寄った後、夕方の便で東京に向かった。源十郎は別離に際して、山川と昼食を共にしている。おそらくこんこんと説諭しただろうが、山川には馬耳東風だったに違いない。

五月末に帰京した山川は大須賀里子《おおすがさとこ》と結婚した。『自伝』によれば、大須賀は金曜講演会に参加していた東京女医学校（東京女子医科大学の前身）の学生三人の一人という。すぐ後で述べる赤旗事件で被告になった四人の女性たち、管野《かんの》すが、神川まつ、小暮れい、大須賀里子のうち、管野を除く三人のことだろう。一カ月も経たない六月二二日、いわゆる赤旗事件が起こった。源十郎は六月二四日の日記に以下のように記している。「悲シムベキ記事、大阪朝日新聞雑報欄ニアリ。東京ニ於テ社会主義者ト称スル徒ガ無政府共産等ト称スル赤旗ヲ翻シテ警察官ニ抗シ引致セラレタリト。不幸其中ニ均ノ名アリ（後略）」。事件は、電車賃値上げ反対運動で兇徒嘯集罪《きょうとしょうしゅうざい》に問われ、服役していた山口義三（孤剣）の出獄歓迎会後に起こった。閉会の間際に、司会の石川三四郎の静止を聞かずに、一部の青年活動家が革命歌を歌い、赤旗を持って街頭に出て警察官と衝突して逮捕された。山川が一カ月前に帰省したとき、源十郎は「軽挙アル勿《なか》レ、若シ再ビ繋獄セラルヽガ如キアラバ、即チ御両親ヲ獄ニ投ラルニ等シ」と訓戒していた。それなのに舌の根の乾かぬうちに、再度逮捕ということになった。「痛恨ニ堪エズ」と嘆いたのも当然だろう。

赤旗事件の旗の前の大須賀里子（左）と堀保子（『大逆事件アルバム』より）

荒畑寒村によると、この事件は「軟派に対する示威運動」として、大杉栄と寒村が仕組んだもので、旗も寒村が下宿の主婦に頼んで作ってもらった（荒畑⑨二五二頁〜）。警察官との衝突では、堺と山川が双方をなだめ、いったんもみ合いは収まったが、結局、女性四人を含む一三人が拘束された。源十郎が読んだ『東京朝日新聞』はこの事件を「錦輝館の活劇」と題してかなり大きく報道している。

逮捕後の留置場での騒ぎも並大抵ではない。荒畑寒村はそれを以下のように回顧している。「何しろ血気の連中とて、留置場の騒ぎがまたひと通りではない。巡査が制止しても、取調べを行なおうとしても抗争して屈しないものだから、警官はとうとう大杉と私を裸にして足をもって廊下をひきずりまわし、蹴る、殴る、ふんづける、さんざんな目にあわせ、ついに私が悶絶するに及んで驚いてやめた程であった」(「寒村自伝」(上)荒畑⑨二五四〜二五五頁)。事実がこの通りだったことは、裁判での弁護側陳述でも確認されるが、堺利彦はさらに次のようなことがあったと書いている。「向いの室では、小便に行くから戸をあけろあけろと怒鳴るが、巡査らは寄りつきもしなかった。そこでとうとう小便の弾んだ人たちは、こうしの中から廊下に向かってジャアジャアとやり出した。廊下は小便の池になってしまった」(「赤旗事件の回顧」堺③四二九頁)。彼らは隣り合った三室の留置場に収容されたので、街頭での気勢をそのまま持ち込んだのである。

判決

判決が下されたのは八月二九日だった。源十郎は翌日の日記に「昨二十九日、東京ニ於テ社会党員ニ対スル宣告アリ。山川義弟ハ重禁錮二年罰金二十五円ニ処セラル」と書き、山川の両親と姉たちのために「同情ニ堪エザルモノアリ」と嘆いた。一三人の被告のうち、無罪になったのは女性二人で、他は二年半から一年の重禁錮だった。荒畑寒村は「当初、堺さんは「まあ、二、三カ月、避暑にいったつもりでいるサ」と笑っていたし、私たちも多分そのくらいだろうとタカをくくっていた」と回想している(荒畑⑨二五六頁)。量刑が意外に重くなったのは、七月に自由主義的な西園寺公望内閣に代わって強硬派の桂太郎内閣が出現したためだった。

この時期に出ていた社会主義系の唯一の新聞『熊本評論』が、公判の様子を詳しく報道している（なお片山潜系の『社会新聞』も出ていたが、一般紙顔負けの煽情的な内容で、直接行動派に対する敵意を丸出しにしていた）。しかし判決について、九月五日号ではなぜか大須賀里子の名前だけが抜けており、全面赤字で出された次号（九月二〇日）の最終号では、山川は「重禁錮二年、罰金二〇円」、大須賀は「重禁錮一年、罰金一〇円」とされている。この内容は『萬朝報』（八月三〇日付）でも確認されるので、罰金の金額は『林源十郎日記』のいう二五円ではなく二〇円だったのだろう。

疑問は、山川と結婚したばかりの大須賀里子（一八八一～一九一三）の量刑である。前記のふたつの報道では、執行猶予が付されたのは徳永保之助《とくながやすのすけ》と小暮れいだけで、この二人と同じ重禁錮一年・罰金一〇円の大須賀は実刑を科されたとされている。『自伝』では、「四人の婦人はたしか執行猶予になった」とし、「私は家のあと始末などの必要から一たん控訴し、まもなく控訴を取り下げて服罪した」と書いている（三一三頁）。事実は管野すがと神川まつは無罪、小暮が執行猶予だった。『熊本評論』に掲載された山川からの通信で、彼が九月二五日に控訴を取り下げたことがわかるが、『白伝』にいう「家のあと始末」とは何のことだろう。察するに、控訴審までの釈放を期待して大須賀とともに控訴したが、釈放は実現しなかったので、山川だけ服罪することにしたのだろう。この事件で山川と堺は制止する側にいたので、一時釈放を期待したのも無理ではなかった。後述する山川の手記「仰臥」によれば、大須賀は控訴審で五年の執行猶予となり、やっと一一月半ばに釈放されたという。

判決後の法廷では、寒村らが裁判長に対して「出獄後の返礼」を叫び、口々に「無政府共産」を連呼したという。しかし赤旗事件は大きな犠牲をもたらし、運動に対する反省の契機になった。さらに山川にとっては、この事件はまったくトバッチリだった。『自伝』はその仔細を「運命の二銭銅貨」と題して説明している。山川は、その日、歓迎会を途中で抜け出して大隈重信の講演会を覗くつもりだった。しかし財布に二銭銅貨一枚しかなかったので、講演会の入場料二〇銭が払えず、最後まで会場に残った。もし大隈の講演会に出ていたら、赤旗事件の連累は避けられたが、服役中に起こった大逆事件での連座はまぬかれない（この点では、堺、大杉も同様だった）。山川はこのとき秋水の徒だったから、死刑はほぼ確実で、「四十年後にこの思い出話を書くこともなかった」（三一三頁）ことになる。

3　挫　折

逃　避

大逆事件の検挙が始まったのは一九一〇（明治四三）年五月二五日で、六月一日には幸徳秋水が逮捕された。それが検察当局によって明治天皇暗殺を企図した大事件として捏造され、まったく関連のない人物を含む一二名が翌年一月に死刑に処されたことは周知である。山川らは獄中で、秋水の逮捕や大規模な弾圧をうすうす感じ取っていた。しかし事態の深刻さを知ったのは、千葉監獄を出てからである。

八月二九日に出獄した山川を門外で迎えたのは守田有秋、大須賀里子だった。その夜、守田の家に泊まって事件の詳細を聞いたが、むろんこの時点で事件は進行中で、全容は誰も知らない。予想を超える事件の広がりは大きな驚きだったが、この日、山川を待ち受けていたのはそれだけではなかった。赤旗事件前に結婚していた里子から、他の男性の子を身ごもっていると告白されたのである。当然、離別ということになるはずだが、山川は「彼女の行為については是れ以上を聞かないこと、彼女の行為を無条件にゆるすこと」、そして不祥事から彼女を守るという決断をした（『自伝』三一九頁）。おそらく山川も里子も、相互に強い愛着心があったのだろう。翌日、東京を発って里子を郷里（愛知県額田郡藤川村・現岡崎市）まで送って親族に引き渡し、山川はそのまま倉敷に帰省した。

警察側資料は、その事情を以下のように伝えている。

「山川均ハ同町［千葉監獄の所在地］迄赴キタル内縁ノ妻大須賀「サト」及守田文治ト共ニ同日著京両国駅ニ出迎ヒタル
堺　タメ　堀　ヤス　加山　助男
渡辺政太郎　斎藤兼次郎　岡　千代彦
佐藤庄太郎　石川三四郎
等ト暫時交談ノ後、守田文治方ニ赴キ同家ニ一泊ノ上、翌三十日「サト」ト共ニ出発。三十一日名古屋ニ下車、九月一日同地発（「サト」ハ同日山川ト分レ同県下ノ原籍地ニ帰著ス）同日原籍岡山県下ニ帰著セリ。爾来本人ハ親族一同ノ訓戒ニ依リ主義ノ放棄ヲ誓ヒ、大須賀「サト」ト婚姻ノ手続ヲ了シ、同人ト同棲、姉婿林源十郎（準）監視ノ許ニ専ラ生業ニ従事シ何等怪シムヘキ言動ナシ」（『社会主義沿革1』二一〇頁)。

他方、九月一日の『林源十郎日記』には「十一時半山川義弟帰倉、悔悟ノ意志、(二字不明)思想ノ変化主義放擲ヲ聞キテ大ニ喜ブ」とある。「主義放擲」は、父母や義兄・姉の手前、やむをえず口に出した単なる方便の語だったと考えることはできまい。『自伝』では、千葉監獄で労働者とは何の関係もないこれまでの運動を反省し、「東京いがいの、どこか社会主義運動の処女地にいって、再出発する」(三一七頁)ことを考えたと書いている。獄中で考えたこととしては、これも事実であろう。しかし山川は、堺利彦の売文社から出された『へちまの花』(第一五号、一九一五年四月一日)の「一言一語」という欄に動向を載せるまで実に四年半の間、かつての同志たちに何の連絡もせず、完全に関係を断ち、いわば失踪状態だった(おそらく守田有秋だけが消息を知っていた)。出獄後の経緯について述べた『自伝』の記述は「逃避」と題されており、一九一六年の運動への復帰は「かつて背いた同志先輩のもとに」帰ったと表現している(三一七頁)。「主義放擲」は明らかに本心だった。なにが山川をそこまで追いつめたのか。

森近運平

この問題について考えるために、赤旗事件までの山川と深い交流関係にあった二人の人物を想起してみよう。一人は大逆事件で刑死した森近運平である。森近は「岡山いろは倶楽部」の創設者であり、上京直前の山川がいろは倶楽部の運動に関わった時にはすでに岡山にいなかったが、日刊『平民新聞』では同僚だった。また森近がほとんど独力で『大阪平民新聞』を刊行し、山川ら直接行動派が協力関係だったことは前述した。一九〇八（明治四一）年五月、『大阪平民新聞』が発行不能になったとき、森近は和歌山の大石誠之助、次に高知中村の幸徳秋水を訪ねた（以下の叙述は吉岡金市『森近運平』二四九頁以下を参照）。そして秋水が同年八月に上京すると、森近も上京して、一時期、秋水宅に同居する。しかし一一月末に他家に移り、翌年三月には岡山に帰郷して、野菜果物の温室栽培を始めていた。

森近が秋水と決別した一因は、秋水が荒畑寒村の入獄中に寒村の妻である管野すがと同居を始めたことだったと言われている（同上書二五六頁）。寒村は次のように回想している。「私の出獄を知った森近運平君は郷里の岡山から書を寄せて、幸徳氏と見解を異にするので当分は郷里に隠棲し、農村青年に新農法を教えながら堺氏の出獄を待ち、その上で再び運動に参加するつもりであるとの意を伝え、そして管野問題に関して幸徳を非難していた。その手紙には、彼が温室で栽培しているという蔬菜の見本が二、三種、同封してあった」（『寒村自伝』（上）荒畑⑨二八二頁）。

『幸徳秋水全集』（別巻二）によれば、秋水が管野すがや新村忠雄《にいむらただお》と同居し始めたのは一九〇九（明治四二）年三月で、五月に管野と二人で『自由思想』を創刊した（発行禁止）。同全集（第九巻）に収録された書簡から判断すると、七月頃から「卑怯」「不潔」などの非難が秋水に浴びせられていたようである。大逆事件当時の秋水は、雑誌は禁止、同志からはそっぽを向かれ、「創痍《そうい》殆《ほと》んど完膚なし、四面楚歌の中で相談相手になるのは一人もない」とみずから言う状態になってしまっていた（堺利彦宛書簡、明治四三年一一月一〇日付、幸徳⑨五二三頁）。森近は残された著作や実直な性格からみてもテロリズムを肯定するような人物ではなかったと想像され、早い段階で秋水から離反していたにもかかわらず、検察の毒牙にかかってしまった。

西川光二郎

もう一人の人物は西川光二郎で、やはり日刊『平民新聞』時代の山川の同僚である。札幌農学校出身で、一九〇一年の社会民主党創立六人衆の一人である。よく知られた創立メンバーの記念写真をみると、三人は洋服、二人はきちんと羽織を着た正装だが、右端に立った西川だけが着流しで、着物も帯もいかにもみすぼらしい。すでに述べたように、西川は片山・田添とともに議会政策派の中心人物だが、後にはこの二人とも喧嘩別れする。電車賃値上げ事件で重禁錮二年の刑を受け、山川より一カ月半ほど早い一九一〇（明治四三）年七月一七日に同じ千葉監獄を出獄した。大逆事件の捜査が進行中だが、何知らぬげに翌日から獄中での自己省察の執筆を開始し、一〇月に『心懐語』（なお著者名は西川光次郎）を刊行した。「感情に駆られ」「徒らに空騒ぎして人生を空過」することを戒めたもので、社会主義運動からの離脱を表明したものである（同書一一〇頁）。

『心懐語』には社会主義運動、とくに直接行動派への皮肉と読める箇所もあるが、理論的な批判を志したものとは言えず、たんに道徳的修養を説いたにすぎない。山川が「あの熱情的な社会主義の伝道者西川」（『自伝』三〇一頁）と評するほど専心した社会主義からの離脱の理由も、西川は説明していない。『心懐語』によれば、西川の回心の直接のきっかけは、控訴院判決直前に母が死去し、葬儀で着用する帽子もなくて「筆舌十年、此の始末なるか」と悔いたこと、監獄に面会に来た父が「「チト嗜まねば行かぬ」と一言せしま丶頭を垂れて黙然たり、察するに暗涙に咽び居りしならん」と、親不孝を痛感したことだと想像される（『心懐語』八四〜八六頁）。しかし背景には、運動の行きづまりや堺・片山・幸徳らへの不信感など複雑な事情があった（この点について、田中英夫『ある離脱』参照）。社会主義運動の四分五裂と赤旗事件・大逆事件による運動の逼塞という事情が、獄中の孤立感によって増幅され、回心という急激な変化となったのだろう。

森近の秋水からの離反と郷里への隠遁や西川の回心は、社会主義者を取り巻く状況の困難さを劇的に示したものだった。山川も同じ状況下にあったが、それだけでは彼の「主義放擲」は説明できない。前述のように、山川は大須賀の不貞に対して「これ以上を聞かない」ことにした。文脈からは、不貞の相手が誰なのか、問い詰めなかったと読める。はたして事実がその通りだったか否か疑問が残るが、たとえ不問にされたとして、相手が誰かという問題は山川の脳裏を離れなかっただろう。大須賀は赤旗事件で拘束された四人の女性のうち、初審でただ一人実刑を科された活動家である。彼女の相手が社会主義運動と無縁の人物とは考えがたい。山川は多少なりとも面識のある同志に裏切られたと想像するのが自然である。管野と大須賀はともに赤旗事件の被告だったから、入獄中に同志によって妻を奪われたという構図は、荒畑寒村の管野すがとの関係と相似形だった。秋水と管野すがの恋愛事件は、獄中の堺・大杉はもちろん寒村にも知られていた。山川も出獄前から当然知っていたはずだ。そのように考えれば、先に引用した「東京いがいの、どこか社会主義運動の処女地にいって、再出発する」（『自伝』）という東京の同志との絶縁宣言の心理的背景は、容易に理解できる。

苛烈な弾圧を招いた直接行動論への反省は、秋水を筆頭とする獄外の活動家の私行への不信によって増幅され、秋水からの離反となったと想像してよい。つまり「主義放擲」とは社会主義自体の放棄ではなく、秋水に象徴される運動のあり方や直接行動論への深刻な反省だったと考えられる。

児島半島の南端で

『林源十郎日記』の一九一〇（明治四三）年九月一九日の項に、「午前五時半、山川一家三人宇野移転」とある。その日、源十郎は妻とともに真向かいにある山川家の戸締りをした。やはり寂寞の感をぬぐえなかったようだ。宇野は一九〇九年に宇野港、翌年に岡山から宇野までの国鉄が開通したばかりの新開地だった。山川たちは岡山まで出ず、宇野線の茶屋町駅から列車に乗った。義兄の意見に従って、この地で薬店を開業したのである。「たゞ一面の赤土の埋立地で、掘立小舎の飲食店が二三軒あるばかり、それでも夜になると是等の掘立小舎の薄明りから、破れ三味線の音が聞こえてゐた。この赤土の原に、今突如として「山川薬店」なるものが現はれた訳である」と後に書いている（堺利彦宛書簡②四一〇頁）。源十郎は倉敷と岡山をほぼ毎日往復し、岡山支店の仕事ぶりを見て回るのが日課だったが、後には「山川支店」にも時おり足を延ばすようになる。山川の薬店はそういう位置づけだった。『自伝』によれば、警察官の監視の目は、宇野に行っても緩むことはなかった。しかし山川は釣りをしたり、写真屋を兼業したりで、宇野での生活を彼なりの流儀で過ごしている。

『林源十郎日記』で、大須賀里子の呼び寄せが浮上するのは一一月二五日である。両親の同意を得るのは容易ではないと考えたのか、山川は自分の希望をまず源十郎に話したらしい。源十郎は山川の両親や親戚の意向を確認するために、二日後、府中（母方の親類）に行ったりして準備を整え、一二月二五日に宇野で結婚式を挙げた。里子の父親も出席したらしい。ささやかな婚礼で、当日の会食者は八人だった。

大逆事件判決

翌一九一一（明治四四）年は大逆事件の判決で明けた。判決当日の一月一八日、源十郎は「大逆罪宣告の日也」と記す。判決の行方を注視していたのだろう。翌日の日記には以下のように書いている。「無政府党の逆徒二十四名死刑ニ、二名懲役とする。本人共ハ自業自得ならんも其家族親族の愁慌ヤ如何。此逆徒を出せる明治四十三年を憾《うら》む」。他人事ではないとの思いがにじんでいる。日記には「感想」の欄があり、「若し我同胞ノ内ニ此逆徒あらば、余ハ挙家北海道までも抵くならん」と記されている。義弟が危うく難を逃れたという安堵と、もし一歩違いで「逆徒」になっていたら、と想像して心臓が凍るような思いをしている姿が浮かんでくる。情報は政府によって完全に統制されていたから、事件が捏造だとは源十郎には思いも及ばなかっただろう。

二四日、一二名の死刑執行を知り、「彼等ハ自ら蒔きし種を苅取りたるも、家族親族ハ如何ばかり悲歎憤りつらん」と、源十郎は同情を寄せた。この間の山川と里子の動静は知り得べくもない。しかし表向きはひっそりした生活のなかで、露骨な捏造へのこみ上げる憤り、権力のどす黒い計略に対する心底からの恐怖、そして生き残ったという安堵と同志への後ろめたさの感覚が、繰り返し彼らを襲ったことだろう。堺利彦は大逆事件の遺族の慰問行脚をし、売文社を創立して困窮し離散しそうな同志たちの再結集を粘り強く続けていた。そうした動きを知りつつ、山川は頑固なまでに沈黙を続けている。

源十郎の日記からは、倉敷の林家と宇野の山川家が穏やかな交流を重ねている様子が窺えるが、里子の動静はわからない。事情が一変するのは翌一九一二（大正元）年一一月一〇日である。「さと病院入院したしとの事、依て赤沢医院と取極め、午後三時ヨリ出岡見舞ふ。急性腎臓炎にて尿毒症の恐れある也」とある。赤沢医院は、かねてから林源十郎商店と取引がある岡山の病院らしい。二日後の日記では「山川里順快也ト」とあるが、これは一時の小康を得たにすぎなかった。一一月二四日、源十郎は停車場でひそかに医師に会い、里子の容態を尋ねた。「さとはかばかしからず」と書き留めている。

里子の病気

二六日、山川を岡山に呼び、留守番役を宇野に派遣した。義弟が看病に専念できるようにという配慮である。源十郎は病院をたびたび見舞っており、その思いやりが日記の行間から浮かんでくる。三〇日には、「さと子重体也、医院ニテ均と話す」とある。二人とも暗澹たる気分だったであろう。一二月一九日には、「山川さと全身各部に水腫のため（一字不明）強し。其惨状見ルニ忍ヒス。苦痛煩悶セリ。気の毒ニ堪へす」と書かれている。

里子の病状については、山川が残した手記「仰臥」がある。一九一三年一〇月一〇日の日付で、雑記帳などに書き記した日録などを、里子の死後に四〇〇字詰め原稿用紙にまとめて浄書したものである。親友の浜田仁左衛門に託され、妻の浜田鶴亀《かつ》子が、山川死後の一九五九年に鹿児島を訪れた菊栄に渡したという。山川家に残されていたものを石河康国氏がコピーで所蔵され、わたしは石河氏のご好意で借覧できた。

この手記によれば、顔にむくみがあると指摘されたのは一一月二日で、その前から倦怠感や食欲不振があった。病気は急速に進行して、一〇日に源十郎に相談して一一日に入院した。全身にできた浮腫のために、目は塞がれて見えなくなり、喉の狭窄のため一時呼吸困難になった。二月初めには痙攣が起こって、主治医の赤沢医師が「最後の宣告」をする事態になった。しかし三月になると奇跡的に回復し始め、四月には歩けるようになって、一三日に赤沢医師がもう心配なしと言うまでに回復した。

永訣

『自伝』には、里子の病中に二番目の姉の次と絶交状態になったエピソードが記されている。この事件が起こったのは、里子に目覚ましい回復の兆候があった二月中旬のことである。病気の看護に里子の実母が里子の姪のしげ（繁子）を連れてきていたが、この姪が「身内の少年を誘惑」するというので、姉の次が彼女を郷里に帰すように激しく迫った。「身内の少年」とは源十郎の次男・桂二郎（満二〇歳）のことである。里子が入院して十分な治療を受けられたのは義兄のおかげである。山川の同志やその家族のなかには、満足な療養ができないまま貧窮のうちに死去する例が少なくなかった。義兄の心配りを考えれば、次姉の要求に応じるのが当然といえる。しかし山川はその要求を頑として拒否したと、『自伝』では書かれている（三四九頁）。

しかし事実は『自伝』の記述とは違っていたようだ。長姉の浦は体調不良だったが、回復すれば何かの手術を受けることになっていた。浦を見舞に来た次は、姉の体調回復が思わしくないのは次男に関する心配事のせいだと考え、二月一四日に父とともに宇野にやって来て「妻の愛にひかれて其姉を見殺しにするのか」となじったという。山川は憤激したが、結局、その要求に屈し「道理に背いて義理に従う」ことにした。翌朝、岡山の病院に行った山川は、事実をいつわって、里子の実家がしげを呼び戻していると説得しようとしたが、里子としげはそんなはずはないと激しく抵抗した。

他方、倉敷に帰宅した父は事実関係を確認し、しげと桂二郎の関係はたんなる噂にすぎないと断定した。問題は解決したかに見えたが、二四日に再びやって来た次が問題をむし返し、父もそれに同調した。やむなく山川自身が、しげを里子の郷里に連れ帰ることに決まりかけた。しかしこれまで二人に同調していた母の尚が不憫に思ったのだろう、涙の説得をして、妥協策としてしげを里子から引き離して、宇野に連れ帰ることになった。「仰臥」には「義理は道理より重し、金銭は人の命より貴き事、常の道のみ」と記されている。よほど悔しかったのだろう。里子は、健康を取り戻しても、いずれ自分は離縁されるのではないかと、孤独な心境を語った。

しげの実母は伊勢にいて、里子の実家には家事手伝いのような形で住みこんでいたらしい。里子になつき、病床でよく仕えていた。しげから引き離された里子は、付添婦だけを頼りに闘病した。宇野から時たま病院に通っただけだった。山川は二月中旬から岡山に常駐できず、宇野から時たま病院に通っただけだった。現代医療とは違って点滴などはなく、栄養は口から摂取するしかなかったが、下痢と嘔吐で最初から最後まで苦しんだ。五月になると病状は急速に悪化し、ついに五月二七日午後七時三五分に死去した。一八八一年九月四日生まれだから、三一歳九カ月ほどの生涯だった。死亡診断書によれば、病気は慢性腎臓炎。しげが呼ばれて病院に着いたのは午後四時で、かろうじて死に目に会えた。その日の源十郎の日記には以下のように記されている。「午後六時山川さと病勢一変ノ電話アリ。七時五十分出岡、赤沢ニ至レハ既ニ亡シ」。翌日葬儀ということにしたが、翌朝、里子の母が参列するとの知らせがあったので、二九日に葬儀が営まれた。

しげについては、後日談がある。六月八日、山川の父が源十郎を訪ねてきて、「均ガシゲ女ヲ容レ継妻トセントスル」のを憤っているという。源十郎たちにしげを後妻にするという考えがあったのだろう。里子の死からいくばくも経っていないので、たしかに無神経な話であるが、当時はよくある話だった。現に源十郎の実母も亡夫の弟と再婚していた。源十郎からすれば、里子亡き後も岡山で地道な生活をしてほしいと願ったのだろう。山川が再び糸の切れた凧のようにどこかに飛んで行き、とんでもない事件を起こすのではないかという不安をぬぐえなかったのである。「仰臥」には、自分が死んだ後は「叔父さん」の傍らにのこって世話をするようにと、里子がしげに諭すシーンがある。それが里子の願いでもあった。

手記「仰臥」　里子の死については『自伝』でも簡単に触れられており、最後は「恍惚として楽しい夢をみているかのようだった」（三三八頁）と書かれている。しかし事実はこれとはまったく逆で、「仰臥」によれば、激しい痛みのためにモルヒネを注射した末のことだった。山川は菊栄に対して、里子との結婚生活を「実に陰惨きわまる日」だったと語ったという（「四十年の同志　山川均の死」菊栄⑧二四七頁）。里子の不貞の問題はずっとかれを苦しめただろう。菊栄への告白は事実の一面だったに違いない。しかし「仰臥」には、読み続けるのが息苦しいほどの悲惨な闘病生活が綴られている。死後にそれを丹念にまとめた山川の里子に対する愛情は、まことに深かった。

「仰臥」は以下のような記述で閉じられている。「女史は予の生涯中恐くは最もデプレッスされたる時期の間、予の誠実なる唯一の慰藉者となって、三年の間予の為に家庭の犠牲となり、七ヶ月の間仰臥して恐る可き病苦と戦ひ、遂に大正二年五月二十七日の夕方、稀有の難病の為に斃《たお》れた」。

4　守田有秋

逃避者

「有秋君。僕が君の事を思うていると、いつでもキン君の姿が一緒に浮かんでくる。（原文改行）君とキン君とは複星であった。しかし君は今キン君と別れている。君の姿が何となく寂しく見える。将来、君がキン君と複星になる時があるかどうか、僕は多少の好奇心をもって君ら二人の運命をながめている」（堺④一三〇頁）。これは守田の創作集『木の葉のさゝやき』に掲載された堺利彦の序文の冒頭である。

実際、山川と守田は双子のようにいつも一緒だった。同志社中退後、初めて上京した時に、山川は秋山定輔宅で守田と知り合い、クリスチャンの苦学生として活動して、二人して不敬罪で服役した。出獄後、守田は秋山の『二六新報』記者になったが、日刊『平民新聞』に参加するために山川が二度目に上京した一九〇六年末、守田はたまたま陸軍輜重輸卒《しちょうゆそつ》として三カ月教育召集されていて不在だった。その経験は「駄馬日記」「馬に別るゝの辞」（ともに守田の最初の著書『自然と人』に収録）に描かれているが、「横原」という駄馬に寄せる心優しい思いやりは彼の性格を示してあまりある。日刊『平民新聞』が三カ月で廃刊になり失業した山川は、「食費さえろくにはらえなかった」が、「守田の家に居候した（『自伝』二八五頁）。守田は山川より一歳あまり年少だが、皆から「オジさん」と呼ばれていた。結婚していて、どこか老成したところがあったのだろう。屋上演説事件（一九〇八年一月）について、守田が「金曜講演迫害記」（『日本平民新聞』二月五日）という記事を書いていることは前述した。このとき山川は、騒ぎが起こる直前に守田を戸外に逃がした。「僕は曩《さき》に山川君と多年苦楽を共にせしもの、安《いずくん》ぞ僕一人迫害を免がるゝに忍びんや」。しかし職をもつ守田を拘束させまいとする山川の思いやりで、彼はその場から離れた。「あゝ卑怯なる僕は其の友を棄てゝ戸外に出でたり」。

山川と守田有秋（右は守田の妻ひさ）
（『イヌとからすとうずらとペンと』より）

一九一〇（明治四三）年八月二九日、出獄した山川は守田宅に泊まり、翌日すぐに郷里に向かったことは前述した。大逆事件で郷里に姿を隠した山川と同じく、守田も東京の仲間から距離を置いた。荒畑寒村は小説『逃避者』で、堺の家での茶話会に出席した守田の姿を描いている（堀切利高「守田有秋のこと」によれば、一九一二年五月二六日のことである）。「M――」は言う。「私は例の□□□□以来、諸君と全く離れて居ました。また今後も離れて居やうと思ひます。私は彼の事件に依て非常の恐怖を感じたばかりでなく、新たに子といふ重荷を負担せねばならなくなりました。私は最早や今迄のやうに、自由な自分一個ではなくなって、家族の扶助、子の養育といふやうな、首枷足枷を嵌められた囚人となって了ったのです。で私はよし昔の同志から変節漢と罵られやうとも、逃避者とならうと覚悟したのでありま す」（『逃避者』二八頁、□□□□は「大逆事件」）。この談話のあと、彼は誰も消息を知らなかった旧友の「Y――」が、妻とともに郷里に隠棲していることを明らかにする。まことに「複星」のように、山川と守田は似た行動をとった。

山川の守田評

出獄以来、息をひそめるようにしていた山川は、堺が始めた売文社の雑誌『へちまの花』（第一五号、一九一五年四月）の「一言一語」欄にごく短い通信を発表して、初めて自分の消息を明らかにしたが、実はその直前に守田の『木の葉のさゝやき』に「文ちゃん」と題する序文を書いていた（全集未収録）。そこで守田の言葉を紹介している。「「僕は自分以外の何者をも考へないやうになって居る、僕は死ぬのはイヤだ」「僕には社会や人類の為に自分の命を棄ると云ふやうな犠牲的考は少もない……恰度豚が日に向ひつゝ、意味もない生活を貪りつゝあるやうに僕は生を貪りたいのだ」さうして「絶対に凡人になり普通人になるのだ、そして世の中には何等の貢献もせずに死で了ふのである」」。『木の葉のさゝやき』は三月二三日発行で、山川の文章は「児島半島にて」と記され、一九一五年二月七日の日付になっている。山川と守田の間には細々とした文通があったのだろう。山川は、この韜晦《とうかい》と自嘲の弁が守田のすべてではないことをよく知っていたはずだ。

堀切利高によれば、守田は一八八二（明治一五）年三月一五日に岡山県児島郡灘崎村に生まれたが、父母が離婚して母親に育てられ、七歳で秋山定輔の家に引き取られた（堀切前掲論文）。生まれ故郷は、偶然にも宇野の山川薬店の近くだった。一九二〇年に一時帰省した山川は懐かしい宇野を訪ね、鉄道沿線にある常山《つねやま》（標高三〇六メートル）の麓に生まれた守田に思いを馳せて、「有秋君が終に噴火すべき人であることも間違ひない」と書いた（②四一〇頁）。守田はすでに久しく亡命同然にヨーロッパに渡り、独り苦闘を重ねていた。この短い言葉は守田に対するエールだったに違いないが、この文章が載った『新社会評論』（一九二〇年三月号）をベルリンでみた守田は、日本に次のように書き送った。「影一兄。古い雑誌と新しい雑誌が一緒に昨日瑞西から転送されて来た。僕の記事を出して呉れたのは良いが、噴火するとか点火するとか、途方もない事を書いて呉れては困る」（『新社会評論』一九二〇年七・八月号、「影一」は山川の筆名）。有難迷惑と明言している。守田はもう運動に復帰するつもりはなかったのだ。

ヨーロッパへ

一九一五（大正四）年一二月、守田は『世界新聞』（『二六新報』の後身）特派員として東京を発つ。『自伝』によれば、守田はこのとき鹿児島に寄って浜田家に滞在した後、上京する山川に長崎で見送られてヨーロッパに旅立った（三五〇頁）。『特別要視察人状勢一斑』（第六）によれば、長崎出港は一二月三〇日で、翌三一日の『林源十郎日記』には、「山川均午後九時ノ上リニテ鹿児島市ヨリ帰ル」となっている。

守田は翌年正月元旦に上海に着き、列車に乗り換えて南京を訪問する。そして再び上海に戻って英国行の船に乗った。この逃避行は石川三四郎（一八七六～一九五六）の「亡命」をまねたものである。

石川はパスポートを取得できなかったため、中国人の女性アナキスト鄭毓秀《ていいくしゅう》とその友人の横浜駐在ベルギー副領事フェルナン・ゴベールの手引きで、一九一三年三月一日に非合法に横浜を出港した（米原謙「石川三四郎の亡命を助けたベルギー外交官」参照）。ブリュッセル到着後、なんとかパスポートを取得し、尊敬していたエドワード・カーペンターを訪ねてシェフィールドまで行ったが、結局、ブリュッセルに舞い戻ってアナキストのポール・ルクリュの援助で生計をたてた。しかし第一次世界大戦が勃発してベルギーがドイツ軍に占領されたので、ロンドン経由でパリに行き、独仏戦線に近いオワーズ県リアンクールのフランス人住宅の留守番を引き受けた。そして最終的には一九一六年フランス南部ドルドーニュ県ドムのルクリュ家に落ちつき、夫人の世話をしながら農業に従事する。石川がドムに別れを告げて帰国したのは一九二〇年一〇月末のことだった。

守田の石川三四郎宛はがき

石川の郷里である埼玉県本庄市の市立図書館には、石川の蔵書や石川宛書簡など膨大な資料が所蔵されている。わたしは一九九六年に何度か足を運んで、当時まったく未整理だった書簡類の一部をコピーさせていただいた。今わたしの手元にあるそのコピーのなかに、守田が滞欧中の石川に宛てた絵ハガキ八通が存在する（その後、本庄市立図書館はこの資料を整理した『石川三四郎資料目録』を二〇〇〇年に発行した。しかしこの目録には「守田有秋」の項目はなく、「宇田有秋」の項にハガキ「二通」と記載されているだけである。「宇田」は明らかに「守田」の誤読であり、二通しか登録されていないのは、「守田生」「B. Morita」などの署名や、内容と筆跡から守田のものと断定できる無署名のものをリストアップしなかったためである）。その内容を紹介して、守田の滞欧生活を窺うことにする。

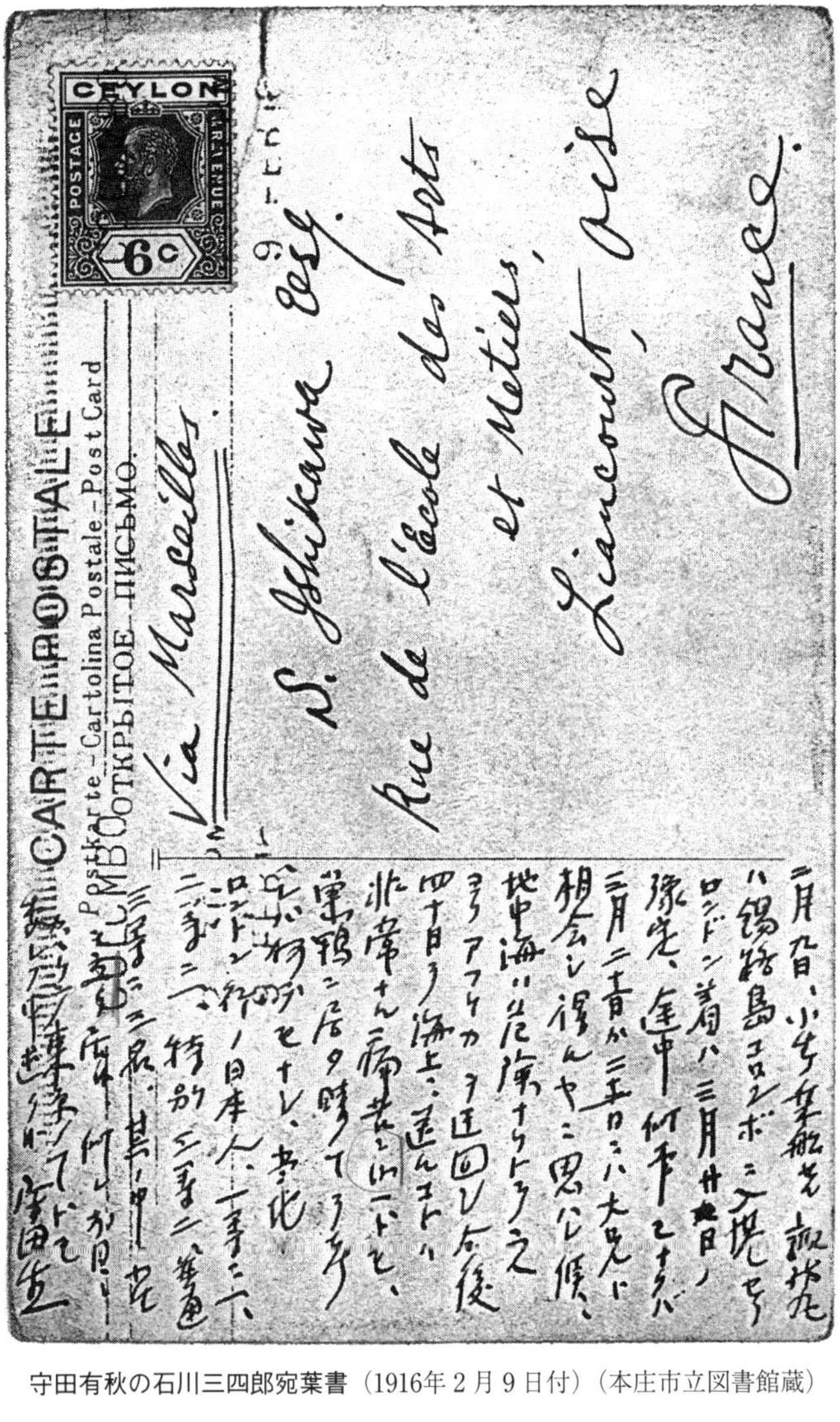

守田有秋の石川三四郎宛葉書（1916年２月９日付）（本庄市立図書館蔵）

最初のハガキはリアンクールの石川宛に船上で書かれたものである。「〔一九一六年〕二月九日、小生ノ乗船セル諏訪丸ハ錫路島コロンボニ入港セリ。ロンドン着ハ三月廿日ノ予定。途中何事モナクバ三月二十一日カ二十二日ニハ大兄ト相会シ得ルヤニ思ハレ候。地中海ハ危険ナリトテ之ヨリアフリカヲ迂回シ今後四十日ヲ海上ニ送ルコトハ非常ナル痛苦ニ候ヘドモ、巣鴨ニ居タ時ノ事ヲ考ヘレバ何デモナシ（後略）」。

船が地中海を避けたのは、ドイツの潜水艦が横行していたためである。上海から七〇日に及ぶ「普通三等」（最下等）での長旅は苦痛だったであろう。しかしそれは忍耐の始まりにすぎなかった。「初めて倫敦に上陸した時、郵船の支店から一封の手紙が諏訪丸の甲板に立つ私の手にとゞけられた。それは巴里から五十哩《マイル》許り離れた片田舎に居る石川三四郎君の手紙であった。「君は倫敦《ロンドン》に止るべし。今私の居る村より五十哩と離れない地点に独軍は攻め寄せて居る。私の村は戦時地帯なり、（中略）君は英国に止れ、英人は仏人よりも遥かに親切である。長き航海に疲れた君に取りては、ロンドン《ママ》こそ暫しの間君に安慰と休息を恵む地であらう」（守田有秋『燃ゆる伯林《ベルリン》』一〜二頁）。石川の手紙は守田を「幻滅の底」に突き落とした。しかし彼は気をとり直してドーバー海峡を渡り、パリでスイス行のビザを取得した。実際には石川がパリで待っていてくれたのだが、それを知る由もない守田は、ただバーゼルの「知友T」への紹介状だけを頼りにやみくもに国境を通過した。

守田がドイツとの国境に近いバーゼルに着いたのは三月末のことだろう。それから二カ月あまり経った一九一六年六月四日消印のハガキは以下のように述べる。「昨日、最後の打電を飛ばした所、本日送金の電報が来た。当分大丈夫だから安心してくれ給へ。いろいろ心配をかけた。然し、それも九月一杯までの金だから、あとはうんと稼ぐつもりで原稿を書いて居る。御心配をかけたことをくれぐれも謝す。本はとゞいたかね。守田生」。このハガキの宛先はリアンクールだが、他筆でドムの住所に書き換えられている。石川はこの六月にドムに転居していた。

生活の苦闘

日本からの送金が途絶えがちだったことは、終始、守田を苦しめた。次は翌一九一七（大正六）年の年賀状である。「昨年は君にいろいろ心配をかけた。小生の運命も何うなるか知れぬが、努力のかぎりやって見るつもりである。いよいよ欧洲を去る時には、一度君に逢い度いと思ふ。其の時は何うかして巴里で遇い度いと思ふ。僕のいよいよ去る時は、夏になるか、秋になるか、それも疑問である。お互に心細い身の上である。君もいつ迄《ママ》欧洲に居られまい。帰国後は枯川とも相談して、君の日本に帰れるやうに仕度いと思ふが、目下の所では売文社もダメだ。山川は結婚したと思ふ。多分兼定君の姪に当る人であらうと思ふ」。山川は前年一月に上京して堺利彦が創業した売文社に参加し、一一月に青山菊栄と結婚していた。細々としたチャネルを通じて、守田はそれを知ったのだろう。山川と青山菊栄との結婚については次章で述べることにしよう。

守田はバーゼルに一年あまり滞在した後、一九一七年五月四日にバーゼルを発ってレマン湖の東湖畔モントルー（守田は「モントレエ」と表記）の郊外のテリテに転居した。翌日の五月七日消印のハガキから、フランス語圏に転居して苦労している様子が伝わってくる。転居の理由は不明だが、何かのコネがあったらしい。「（前略）当地非常な贅沢地なるにも拘らず、不思議の紹介者ありて、此処四五ヶ月滞留いたす可く相なり候。当分糧食にもさしつかえず候可く、今迄の仕事を継続いたすつもりに御座候。即ち通信の代作に御座候」。ドイツからの情報を日本に送って生活費を稼いだようだ。『特別要視察人状勢一斑』（第八、大正七年五月一日調）によると、スイス在留の知人・老川茂信《おいかわしげのぶ》や「鉄血生」の名で『大阪朝日新聞』に通信記事を書いていたという。数カ月は安定した生活が送れる目途がついたらしい。

この『特別要視察人状勢一斑』でもわかるように、遠くスイスまで逃避した守田だが、日本の官憲が警戒を解いたわけではなかった。外務省の「過激派其他危険主義者取締関係雑件」には、スイス駐在三浦公使が外務大臣に宛てて守田の動静を報告した文書「守田文治注視方ニ関スル件」が綴じられている。それによればバーゼル滞在中の守田について、「何等過激疎《ママ》暴ニ渡レル所為アリシヲ聞カズ、又危険思想（一字不明）人ト往復シタルヲ聞カズ。（中略）国元ヨリ送金少ナキ上ニ語学モ甚ダ不十分ニテ、活動セントスルモ活動ノ能力ヲ存セザル様子ニテ、又其様ナル意向モナキモノ、如シ」とされている。さらにスイスは亡命政治家など過激主義の連中が「ウヨウヨ」しているにもかかわらず、守田は家主の「仏人後家ノ処ニ大満足ニテ蟄居」しているという。

いかにもエリート意識丸出しで、人を小馬鹿にした内容である。こうした人々を意識したのかどうかわからないが、一九一七年末に石川宛に発送された年賀状には以下のような一節がある。「小生を冷遇し且つ侮辱せし輩に対して、小生の唯一の復讐は小生が一日も長く滞欧し得る能力を有することを示すより外無之候」とある。滞欧体験をエピソードに取り入れた奇想天外な小説『破滅から新生へ』でも、主人公は以下の言葉を吐いている。「私の同胞が、私に対してどんな待遇をしましたか、私の祖国が私に対してどんな恩恵を施しましたか。ヂプシイの児のやうに漂浪して居た私を、同胞は唯だ軽蔑の目でもって見たきりです」（六頁）。

ドイツにて

守田の当初の滞在予定は二年だった。しかしその二年すらしのぎ切れないほどの窮乏と、妻子や母と別れた孤独な生活を、彼は歯を食いしばって耐えた。山川が健筆をふるっていた『新社会』（一九一八年九月号）には、雑誌を送られた守田からの通信が掲載されている。「（前略）小生は平和克復後まで滞在仕る予定に候、戦後独、墺、巴爾幹、土耳古等一見の上露国を経て帰朝の予定に候」。その後一九二〇年までの守田の動静は伝えられていないが、『燃ゆる伯林』での記述を総合すると、彼はモントルーからイタリアに行き、第一次世界大戦休戦協定が締結（一九一八年一一月）されて間もなくドイツに入国した。スパルタクス団の蜂起（一九一九年一月）の後、ローザ・ルクセンブルクやカール・リープクネヒトが虐殺された前後に、守田はベルリンにいて、ローザの葬儀に出席したという（『燃ゆる伯林』一〇六頁以下参照、ただし『特別要視察人状勢一斑』（第九）によれば「大正八年四月」に「独逸ニ赴ケルモノ、如シ」とある）。守田の短信「伯林より」が『新社会評論』に掲載されるのは一九二〇年になってからで、五月号の「いろいろ消息」欄は、その様子を次のように評している。「巻頭の「伯林より」に依って意気軒高の様子が窺はれる。目下は大阪の『大正日々』の通信員をやってゐる。鉄血生といふのが即ち彼だ」。

守田がドイツ革命の行方に非常な関心を寄せたのは言うまでもないが、一連の文章で印象的なのは敗者であるドイツとその国民に同情的なことである。ドイツの軍国主義を批判して、講和反対を唱えたクロポトキンらアナキストの「十六人宣言」に署名した石川三四郎とは対照的な態度である。『瑞西より』で守田は述べる。「世界が挙って独逸のミリタリズムを破壊せんとして居ることは、果して名目の美しさだけの事実があるか何うか、私は日本人ではありますが世界戦争には局外中立でありま す、（中略）罵ると云ふ上に於ては全欧洲を罵り、全交戦国を罵り度いのです」（一二六頁）。別の箇所では次のようにいう。ヨーロッパが戦争で苦しんでいるのは同情するが、それは西欧各国が多年にわたって有色人種に行った暴虐と非道の応報である。「吾等日本人」はこの暴虐を学び、台湾・朝鮮・満州でそれを実践しているが、それは「我民族史を汚すべき一大恥辱」である。「成り上りもの、小日本よ、成り金の小日本よ、白人を模倣する勿れ、白人の暴虐を模倣する勿れ」（一五一頁）。

守田が帰国したのはおそらく一九二一年だった。希望通りロシア経由で帰国するというわけにはいかなかっただろう。彼が運動の前線に戻ることは二度となかったが、社会主義の理想は棄てなかったと思う。管見の限りでは、無産政党系の月刊雑誌『大衆』（一九二六年五月）に「中欧の『メエデー』を見る」という文章を載せている。スイスとドイツでのメーデーの見聞を書いた短い記事である。

第四章　若き理論家の誕生

1　再起

「山川均ノ動静」

前章で述べたように、赤旗事件で丸二年服役した山川は、出所後すぐに倉敷に帰り、まもなく大須賀里子と結婚式を挙げ、同志たちとは音信を断って「逃避」生活に入った。しかし二年半後、里子が死去したことを契機に、山川は再び動き始める。

「鹿児島在住山川均ハ彼ノ神田錦輝館暴動事件ニ依リ処刑サレ、明治四三年八月二十九日千葉監獄ヲ満期出獄、同九月一日岡山ニ帰郷以来別段怪シムベキ言動ナカリシガ、大正二年五月二十七日妻「サト」ノ病死後、再ビ思想ニ変調ヲ来タシタルモノ、如ク時々注意ヲ要スル行動アリ。殊ニ大正四年二月二十七日転任ノ目的ヲ以テ岡山ヲ出発シ、同四月五日鹿児島ニ到着スル迄ノ間ニ於テ東京ニ出テ守田文治方ニ宿泊シテ堺利彦、大杉栄等ト面会ヲ遂ゲ、爾来是等ノ同志及千葉在住岩佐作太郎トモ書信ノ往復ヲ開始セル等大ニ注意スルモノアルニ至レリ」。

これは一九一四（大正三）年七月から翌年六月までの社会主義者の動向を伝えた『特別要視察人状勢一斑』（第五）の「山川均ノ動静」である（『社会主義沿革1』〈続・現代史資料1〉四一九頁）。山川が千葉監獄出獄後の沈黙を破って再登場したのは、一九一五（大正四）年四月一日付『へちまの花』第一五号の「一言一語」の欄だった。「ヤッと僕も穴の中から這い出してここまで落ちてきた。ぜひその前に一度逢いに行く予定だったが出来なかった。まだ家はきまらず、ゴテついている（後略）」（①一二七頁）という短信である。『全集』には載っていないが、原文ではこの後に堺利彦の以下の注がついている。「渋六云。山川君は岡山県の宇野から福岡に行ったのだが、其後ちょっと東京に来て又福岡に帰った。宿所は福岡市東中州町六四、末永方」（「渋六」は堺の筆名）。

この時点では福岡でヤギの飼育を始めるつもりだった。翌月の『へちまの花』第一六号には、山川からの二つの通信が載っている。一つは三月二五日付で東京から福岡に帰る車中のもので、もう一つはすでに鹿児島に居を移している。福岡で一〇日ほど頑張ってみたが、警察の妨害で定住の目途がたたず、『特別要視察人状勢一斑』が伝えるように四月五日から鹿児島で生活を始めたようだ。『へちまの花』（第一八号）に掲載された通信には、「流と海と島と昔のお台場の天保山の松原と、しこうして向う岸の沖の村の色街の赤い蒲団が二階の欄干に干してあるのが硝子障子の中から見える」（①一二八頁）とある。鹿児島市中心部を西から東に流れる甲突川《こうつきかわ》の河口で、対岸に桜島が見えた。現在の鹿児島市下荒田町一丁目あたりで、天保山《てんぽざん》公園の北西の川沿いである（『鹿児島近代社会運動史』一〇六頁）。

彷徨

この間の一年弱の山川については不明なことが多い。『自伝』の記述（しばしば日付の誤りがある）と他の資料を突き合せて、動静を推測しよう。『自伝』によれば、一九一四（大正三）年一月一二日、桜島の大爆発があった。ニュースでそれを知った山川は、浜田仁左衛門を見舞うために一四日に宇野を発って鹿児島に向かった。この時の旅で北九州の工業の発展ぶりに目を見張り、福岡で印刷業を開業して活動を始めようと考えたが、宇野の薬店を閉じる口実が見つからないまま時間が過ぎた。翌一五年二月八日に浜田夫人が倉敷を訪れ、福岡でヤギを格安で譲りたい人がいるので、ヤギ乳生産を開業してはどうかと義兄に提案してくれた。おそらくこの提案は、山川と浜田が示し合わせたものだったであろう。山川は渡りに船でこの話に乗り、福岡に向かった。印刷業はヤギ乳生産に変わった。倉敷から脱出できさえすれば、なんでもよかったのだ。

二月八日の源十郎の日記には、『自伝』の記述通り「午後六時浜田かつ子姉長男ト共ニ来ル。均モ亦来ル」とある。浜田かつ子（亀鶴子）は旧姓を岡崎といい、林家と縁続きで、仁左衛門との結婚は山川の仲介によるという（『鹿児島近代社会運動史』一〇四頁参照）。源十郎の方は、岡山孤児院の石井十次が一九一四年一月に死去した際、翌月に石井の郷里である宮崎を訪れ、同行者と一緒に鹿児島に足を延ばした。その時に国分《こくぶ》で独り途中下車して、浜田家を訪れて歓談している。山川が宇野に薬店を開業して以後、源十郎はたびたび宇野に足を運んでいたが、里子の死後はその記述がまれになる。山川が薬店経営に真剣に取り組んでいなかったためだろうと推測される。山川の父は浜田の提案に反対だったようだが、源十郎はそれを受けいれた。二月一〇日の日記には、かつ子が大阪に向かったと記し、福岡市での「山羊飼育ノ業ニ従事セシムルコトニ決ス」とある。日記によれば、山川が店を畳んで宇野から引き揚げたのは二月二三日で、二七日には倉敷を発った。いかにも慌ただしく心急く感じである。

鹿児島にて

『自伝』によれば、浜田も福岡までやって来て助けてくれたが、警察の干渉で家探しがうまくいかなったので、やむなく五月に鹿児島でヤギ牧場を始めたという。しかし前述の『特別要視察人状勢一斑』には、山川が鹿児島に居を移したのは四月五日とある。おそらくこちらの記述が正しいだろう。『自伝』では「七月に堺さんから『新社会』創刊の知らせをうけた。これは私の心を動かした」。だから「七月の半ばごろ」に上京して、八年ぶりに堺に会ったという(三四六～三四七頁)。しかし前述の『へちまの花』第一六号の山川自身の通信から、三月二五日に東京から福岡に帰った事実は動かない。上京したのは七月ではなく三月で、この時点ですでに福岡での家探しを断念し、鹿児島移住を念頭に置きつつ、東京に行って状況を窺ったのであろう。

鹿児島からの山川の通信には、彼が鹿児島の風土は気に入っているが、鹿児島弁を理解できず、また鹿児島の人がよそ者に対して排他的だと書いている。この地に根を下ろそうという気概は感じられない。堺利彦の後年の記述によれば、山川は「福岡では印刷業を計画し、鹿児島ではやぎの飼養を試みたが、みな失敗した」(「山川君についての話」堺⑥三八三頁)。印刷業もヤギの飼育も倉敷から抜けだすためで、この時期の山川には、彼本来の綿密な計画性がない。他方、『へちまの花』が『新社会』と改題されて発刊されるのは一九一五年九月であり、山川はこの第一号から毎号、本格的な論文を掲載し始める。『新社会』第三号の「遠近消息」欄に、「僕も十月早々出掛けるつもり（下略）」と通信していることでもわかるように、ヤギの方は半年ほどで見切りをつけ、早くから東京での活動を意図していた。しかしヤギの処分は思い通り進まなかったらしい。渡欧する途次に鹿児島に寄った守田有秋を長崎で見送り、いったん倉敷に帰省したのが一二月三一日だった。翌一九一六年一月にやっと上京が実現して、山川の本格的な理論活動が始まる。時に満三五歳である。

2　『新社会』

「逃避」の誘惑

月刊雑誌『新社会』は、大逆事件で大きな打撃を受けた社会主義陣営の再起を期したものだった。売文社の『へちまの花』を改題したものなので「第二巻第一号」と銘打たれた創刊号（一九一五年九月）冒頭に、堺は「小き旗上」という小文を載せて決意を披瀝した。「（前略）先は落人の一群が山奥の洞穴に立籠って、容易に敵の近づけぬ断崖を恃《たの》みにして、蕨葛《わらびくず》の根に飢を凌ぎ、持久の策を講ずると云ふ、みぢめではあるが、且は聊《いささ》か遠大の志しを存する、義軍の態度であります」。雑誌は経営組織や誌名を『社会主義評論』『社会主義』と変えながら一九二一（大正一〇）年九月まで続いた。その後、一九七〇年代初頭まで、約半世紀にわたって展開する日本社会主義の思想と運動の歴史において、売文社と『新社会』は跳躍台の役割を果たした。その歴史的意義はきわめて大きい。

初期の『新社会』に感じ取られるのは、「逃避」への誘惑を跳ね返そうとする同人たちの意志である。第六号（一九一六年二月）に掲載された堺の評論「四種の半無意識行動」は、資本主義の発展による財力の支配に対する反抗を断念した「文芸的及び宗教的に於ける「逃避者」」を批判したものである。これに対して翌月、江渡狄嶺《えとてきれい》が「逃避」を書いている。社会主義の思想には同感だが、唯物史観の「社会進化の理法」には同調できない。堺からみれば、自分は「逃避者」にみえるかもしれないが、それにはそれなりの理由があると論じたものである。さらに翌年九月号に、堺は貝塚渋六の筆名で「山窩《さんか》の夢」を発表した。山窩（山間で生活していた漂泊民）の生活を描いた、田山花袋《たやまかたい》の小説「帰国」を紹介したものである。「友人影一君」（山川のこと）にそのあらすじを話すと、影一君は慨然として「我々も若し志を得なかったら、いっそ山にはいって山窩にでもなるかなァ」という。「それも矢張り一種の逃避だね」と応じる堺に対して、影一君は「勿論逃避さ。然し宗教に逃避したり、文学に逃避したり、酒色に逃避したりするよりは少し男らしいだらう」という。この一文の結尾は、「私は其夜の夢に、山窩の一群数十人を率ゐて、峰より谷に、谷より里に、雋敏《しゅんびん》軽捷な足取で下って来る、我が影一君の姿を見た」である。ともすれば襲ってくる「逃避」の誘惑に抗して、世間の風潮と闘おうとする彼らの心境が窺えるだろう。

『新社会』誌上には、もうひとつ「逃避者」に関連する記事がある。大須賀矢川という人物の詩

「逃避者」（一九一八年八月号）で、お世辞にもうまいとは言えないが、「五月晴れ／空をながる、雲のあり／見れど淋しさなぐさめられず」で始まり、末尾には「パンの略取　読みつゝ／愧づらくこの男の／のがれ来て今郷里にひそむ」とある。この大須賀は、『特別要視察人状勢一斑』（第八）の愛知県の項に記述がある「大須賀健治」のことだろう。山川の先妻・里子の甥で、『特別要視察人状勢一斑』によれば、山川から影響を受けて『新社会』を講読し投稿するようになった。一九一七（大正六）年四月に上京し、四日間、山川宅に滞在した後に帰郷した。翌一九一八年一月、「両親ノ意ニ反シテ」再び上京して売文社の受付係をしていたが、アナキストの集会に参加して警察に拘禁された。その結果、「本人ノ祖父及父母等ハ大ニ之ヲ憂慮シ、祖父上京ノ上、同三月十六日本人同伴帰県セリ」（『社会主義沿革1』五五九頁）。

一九一〇年代後半は民本主義の時代で、世界的に自由主義の波が社会を洗っていた。しかし日本の社会主義者は、なお力づくの弾圧の余震におびえていた。社会の雰囲気が少し和らぐのは原敬内閣の成立（一九一八年九月）以後である。

菊栄と結婚

上京して売文社で仕事を始めた山川には、さまざまな変化が起こった。その一つは生涯の同志で伴侶となる青山菊栄（一八九〇〜一九八〇）と結婚したことである。菊栄とは、大杉栄が主宰していた平民講演会で知り合った。菊栄は神近市子に誘われて少し前からこの会に参加していたらしいが、上京したばかりの山川は初めて出席した。後に菊栄は、初対面の印象を「やせて青白く、のどにシップをして病人らしく見えました」と語っている（『おんな二代の記』菊栄⑨一九

山川均と菊栄
（『イヌとからすとうずらとペンと』より）

三頁）。一九一六年二月一〇日のことで、翌日が紀元節だったため、出席者全員が「不穏分子」として一晩拘束された。この事件がきっかけで二人は親しくなったようだ。山川は「出雲の神様警視庁のお引き合わせで上野署の留置場で見合をした」とふざけている（「わが愛妻物語」⑰二〇三頁）。そのころ山川が鉢植えで育てたキュウリ三本をプレゼントしてくれたと、菊栄はずっと後に回想している（「かえらぬ夫へ」菊栄⑧二六一頁）。彼らは九月に婚約し、菊栄の誕生日である一一月三日に結婚式を挙げた。菊栄は満二六歳、山川はまもなく満三六歳になろうとしていた。結婚について、山川は両親と林源十郎夫妻の了承を得ており、菊栄の方は仲人をたてて式をあげること、式後すぐに入籍すること、実家の姓を使わないことが、母から出された条件だった。菊栄が親しかった馬場孤蝶《ばばこちょう》が仲人を引き受け、「申し訳ばかりの式」を挙げた（菊栄⑨二〇七頁）。

菊栄は女子英学塾（津田塾大学の前身）の出身だが、山川と知り合う前に、すでに『青鞜《せいとう》』誌上で伊《い》藤野枝《とうのえ》と廃娼問題で論争して注目されていた。その論争を受けて、五月に山川が菊栄に『新社会』への執筆を依頼し、七月号に「公私娼問題」として発表されている。山川によれば、菊栄は「石のように黙んまりで、独りで遊」ぶので、兄弟から「のっそり十兵衛」とあだ名されていたという。楽天的な性格だったように描かれているが、結婚した頃の写真では、くりくりした大きな目にメガネをかけた表情が印象的で、生真面目さと誰とも妥協しない意志の強さが感じとられる。本来の姓は森田だが、一〇歳の時に母方の姓を継いで青山を名乗った。祖父の青山延寿は、幕末維新期に大きな役割を果たした水戸学の最末期を代表する儒者である。菊栄は戦中から戦後には『武家の女性』『覚書幕末の水戸藩』など、水戸藩に関する学術的にも貴重なエッセイを書き残すことになる。

結婚生活

きちんと式をあげ入籍したのは、この時期の社会主義者としては珍しい方だろう。親や親戚の意向もあっただろうが、やはり彼らの生真面目な性格が現われたものといえる。

しかし結婚生活は順調ではなかった。結婚直後の一二月半ばに菊栄が肺結核に罹患していることが判明し、単身で鎌倉に転地療養することになった。菊栄の母は離縁してもいいと申し入れたが、山川は拒否し、「われわれの戦いは長いのだ、あせることはない」と菊栄に書き送ったという（菊栄⑨二一〇頁）。

すでに妊娠していて、翌年九月七日に長男・振作《しんさく》が生まれたが、生後一〇〇日ほどで振作にも病気の兆候が出たので、後々まで山川一家が世話になる奥山伸医師に親子で診療を受けた。菊栄は「絶対安静」を命じられたが、執筆活動をやめることはなく、療養生活は二〇年に及んだ。しかも一九二〇年には、今度は山川の方が腸結核かもしれないと診断され、茅ヶ崎での転地療養を余儀なくされた。こうして一家三人が病気をかかえながら、彼らはロシア革命後の社会主義の動向について活発な執筆活動を続けることになる。山川はこの頃から生涯なんらかの病気をかかえるが、それでも病弱ながら満七七歳を超えるまで生き延びた。菊栄の回想によれば、「体重は多いときでも十一貫（約四一キログラム）にたらず」で「腸の痼疾《こしつ》には一生なやまされ、四十年このかた一日も浣腸せずにすまず」という状態だったという（「思いだすまま」菊栄⑧二七五頁）。自分の弱さを知ったゆえの長命といえよう。

飛翔　事件までの山川は幸徳秋水からの影響が強く、仲間の間ではマルクス経済学の第一人者とみなされていた。『新社会』になって、マルクス経済学の解説は高畠素之《たかばたけもとゆき》が山川の株を奪う形になる。その代わり山川は広く社会評論に筆をとり、その皮肉のきいた厳しい舌鋒が山川の文体の特徴になる。そしてたんなるマルクス主義理論家ではなく、総合雑誌の紙面にたびたび登場して評論家としての地位を確立していくのである。

『新社会』は社会主義者たちを大きく飛躍させた。山川はとくにその印象を与える。赤旗

一九二〇年代になって米国から帰国した社会主義者（皮肉をこめて「アメ棒」と俗称された）が、その頃の山川の印象を次のように語っている。「山川均は当時すでに左翼随一の理論家として重きをなしていた、彼の筆尖は研ぎすました銘刀を真綿で包んだようなもので、たれでもわかりやすい柔らかな表現の裏に、底気味のわるい凄みをふくんでいた。彼は第一線にたって、麾下の猛卒を率い敵陣に斬りこむ、勇将ではなく、はかりごとを帷幄のうちにめぐらして、勝を千里のそとに決する、謀将の趣きがあった。それは単に彼の論評などから受ける感じばかりではなく、実際に会ってみてもそのようなところがあり、深い知性にはげしい闘志がかくされていた」（渡辺春男『片山潜と共に』二〇六〜二〇

七頁）。ここにやや皮肉なタッチで描かれた山川のスタイルは、激しい闘志とは裏腹に、筆禍を恐れてストレートな表現を避ける必要から生まれたもので、『新社会』時代に形成された。

日刊『平民新聞』の時代から、執筆禁止状態になる一九三七年末まで、山川が執筆した論文を主要な掲載誌紙別に年次ごとに一覧表にしてみよう（表1参照。ただし、マイナーな誌紙はここにリストアップしていない）。社会主義関係の雑誌に限らず、『改造』をはじめとする総合雑誌にたくさんの論文を発表していたことがわかるだろう。『新社会』は山川を筆一本で生計をたてる著名な評論家に育てる揺籃の場になったのである（なお第二次大戦後に発表された小文「原稿料」で、山川は売文社の給料四五円では足りなかったので、『新公論』に堺利彦の名で「男女関係の変遷」という文章を連載することになったが、一回で終わった。その後、山口孤剣の世話で永井柳太郎の雑誌『新青年』に「毎号書く」ことになったという。『全集』には『新青年』の文章は一編も収録されていないが、原稿料稼ぎのために、社会主義とは関係のない文章を匿名で書いていたのだろう）。

サンディカリズムに傾斜

赤旗事件の公判の際、裁判長は被告に対して無政府主義者であるか否かと質問している。無政府主義者を自称するものを主犯と判定する意図だったのかもしれない。堺は「否な余は社会主義者なり」と応答している。これに対して山川は、「自ら無政府主義者なりとは言ひし事なきも、無政府主義の説明如何に依っては、社会主義者は何れも無政府主義者と言ふも可なり」と答えている。

幸徳秋水がアナキズムの影響を受けて直接行動論を唱え、第二回社会党大会（一九〇七年二月）で議

表1　主要掲載紙誌における年次別発表論文数（戦前期）

	平民新聞（大阪平民新聞、日本平民新聞）	新社会（新社会評論、社会主義）	社会主義研究	前衛	マルクス主義	労農	新日本	解放	改造	中央公論	文藝春秋	経済往来（日本評論）
1907	34											
1908	6											
1915		9										
1916		41										
1917		30										
1918		10					8					
1919		6						1	6			
1920		8	3					2	4	2		
1921		5	16					6	14			
1922			16	23				8	15			
1923			2	5				11	15			
1924					2				10			
1925					2			1	11			
1926					5				10		1	7
1927						2		1	10	3		7
1928						17			16	2		4
1929						4			11	2		4
1930						1			7	4	1	1
1931						13			7			1
1932						4			4	2	1	3
1933									6	4	4	1
1934									6	3		7
1935									5	1		1
1936									5	2	4	8
1937									7	2	10	9
合計	40	109	37	28	9	41	8	30	169	27	21	53

注：1909～14年は執筆なし。

出所：筆者作成。

会政策派と直接行動派が衝突して以後、赤旗事件を経て大逆事件で運動自体が逼塞するまでの三年余の期間、日本社会主義の思想と運動は著しくアナキズム（あるいはサンディカリズム）の傾向を強めた。一九〇七（明治四〇）年一〇月の浜田宛書簡では、堺利彦を中心に幸徳秋水・西川光二郎の二人を無政府主義と国家主義と位置づけ、堺が西川ではなく秋水と結び付くことを期待して次のように言っている。「一体社会主義と無政府主義とを別々に考える事は僕の絶対に賛成せぬ所である。社会主義は固より無政府革命主義でなくてはならぬ」（①五七〇頁）。

この書簡や赤旗事件の裁判での山川の答弁は、彼が社会主義＝無政府主義と理解していたことを示している。西欧ではバクーニン（一八一四〜七六）が第一インタナショナルから除名されて（一八七二年）以後、アナキズムは社会主義の主流から排除されていた。片山潜などもその点を力説していたのだが、若い活動家たちは威勢の良い方に惹かれがちだった。

遠藤無水の批判

『新社会』一九一六（大正四）年一二月号に、遠藤《えんどう》無水《むすい》「憲政の意義に就て山川君に聴きたい」という文章が載っている。山川の「日向ぼっこ（時評）」（『新社会』一九一六年一一月号）を批判したものだが、『全集』には遠藤が批判した部分が採録されていない。まずその主要部分を引用しておこう。「挙国一致と、善政と、忠君愛国との一手販売を標榜する寺内内閣が、反って財閥内閣たるの実を最も能く具備して居ることは、資本家的国家の必然を白状する一代の風刺であると謂はなければならぬ。（原文改行）寺内内閣の中心人物と称せらるる後藤〔新平〕男爵は、其満鉄総裁たるの日に、三井家と離る可らざる関係を結んだ人であって、更に井上〔馨〕侯の没後は代って三井家の顧問たるの人である。（中略）寺内内閣が、大蔵大臣の椅子を以て、有力なる財閥の支持を得んとして居ることも争はれぬ事実である。官僚内閣が超然内閣を揚言する口の下から、終に経済上の党派と財閥とから超然たる能はざることを立証して居るのは是非もない。（原文改行）寺内内閣の出現を以て憲政の逆転だと云ふものがある。寺内内閣が最も露骨に三井系の資本的勢力を代表して、三菱系の資本的勢力を代表する憲政会と対立した一点に於ては、吾々は寺内内閣の出現を以て、明らかに憲政の一進展と認めるものである（後略）」。

山川は寺内正毅内閣の出現という現象のなかにブルジョア勢力の台頭をみて、これを「憲政の進展」と捉えた。これに対して遠藤は、三井と三菱という「両資本的勢力の代表者」が朝野で対立することが、なぜ「憲政の進展」と言えるのか。超然内閣の出現はやはり憲政の逆転ではないのかと批判したのである。同じ号には、山川の反論「遠藤君に」も載っている。それによれば、「憲法政治」とは封建階級に対する新興資本家階級の台頭の政治的表現で、それはいずれ資本家階級対労働者階級の階級対立に行きつく。だから「憲法政治」が「民意政治」などという仮面を投げ捨てて、階級支配が露骨になることが憲政の進展なのだという。山川によれば、遠藤は憲法政治に満足しているが、自分は「政治その物に対しては全然消極的批評的の感興と態度」しかもつことができないという（①二九五頁）。山川の口調はいかにも噛んで含めるようで、政治否定のアナキズムを強い調子で説いている。超然内閣がじつはブルジョア勢力の利害を代弁したものだとの論旨は、事態の本質を逆説的に説明したものだが、やはり杓子定規である。

遠藤無水（本名は友四郎）は一八八一年生まれで、高畠素之と同じく同志社神学校を中退して売文社の社員になっていた。一九一九（大正八）年三月、高畠が売文社を乗っ取るような形で堺・山川と袂を分かつとき、高畠の側近として売文社分裂の中心になった人物である（田中真人『高畠素之』、黒岩比佐子『パンとペン』を参照）。遠藤による山川批判は、一年余り後に高畠の小文「政治運動と経済運動」（『新社会』一九一八年二月号）で再燃する。「従来、我々の仲間で政治運動と云へば、直ちに議会政策を意味するかの如く考へられてゐた。然しながら議会政策は政治運動の一部であるが、決して其全部ではない。（中略）要するに、経済運動だから健全の、政治運動だから堕落のと云ふ道理はない」。つまり政治運動＝選挙による議会での議席獲得＝現体制容認、経済政策＝労働組合を中心とする階級闘争（サンディカリズム）＝革命運動という図式による政治否定は誤りだと指摘したのである。

高畠素之との論争

これに対して山川は「立場立場からの政治運動と経済運動」（『新社会』一九一八年五月号）を書いて、高畠の議論が「政治運動」という言葉の歴史的脈絡を無視していると反批判して、以下のように主張する。たしかに高畠の言うように、現存とは異なる体制を目指すサンディカリズムの運動も政治運動であり、他方、議席獲得を目指す運動の目的は経済組織の改革だから経済運動ともいえる。だから両者の違いは相対的なもので、政治運動も革命的でありうるし、経済運動も妥協的でありうる。しかしこの高畠の論法は慣用語法を無視したものだ。一般に使われているいわゆる「政治運動」は、階級意識をもたない旧式の職工組合や、一揆主義的な旧来の革命運動を批判して、議会での多数獲得を目指す運動を意味してきた。高畠の議論は、サンディカリズムの経済運動がドイツ社会民主党などの「議会運動に対する修正案である」（①四七二頁）という事実を変更するものではない。

以上のような山川の反論は、高畠の問題提起をきちんと受け止めたものとは言えない。同じ号の『新社会』で、高畠はドイツのリープクネヒトやローザ・ルクセンブルグ、ロシアのレーニンやトロツキーなどの例を挙げ、彼らが「議会政策も、組合運動も、総て革命的に自覚したる労働者の直接行動」と認識していること、またサンディカリズムや無政府主義を明確に否定している事実を指摘する。そしてボルシェヴィキが社会民主主義を自称し、何よりも政権獲得を重視して議会にも入っていたと述べて、議会政策を頭から否定するのは誤りだと主張する。翌月の『新社会』は山川の続稿「問題の捏《こ》ね返し」を掲載しているが、その口調はいささか弁明調で、概念論争になってしまったことへの反省と読める。「僕自身が現在の労働運動そのものと没交渉であるという意味でも、または世界最近の事実や形勢に通じないという意味でも、何れにしても、僕は事実と没交渉というお叱りを甘受する」（①四九八頁）。これに対して高畠は、この山川の説明で「大抵カタが付いたと思ふ」と書いて、論争はいちおう決着するが、じつは問題がこれで終わったわけではない。この当時、山川とほぼ同じ位置にいた荒畑寒村は、第二次大戦直後の著書でこの論争を次のように総括している。「高畠氏の見解は、山川氏すらも未だ全くサンジカリズムの影響を脱却しきつていなかった当時において、はるかに一頭地をぬきんでていたことを示すものである」（『日本社会主義運動史』二六六〜二六七頁）。この評価が示しているように、山川が議会政策否定の態度を変えるまでに、なお時間を要することになる。

3　民本主義批判

論壇に登場

この時期に山川を論壇に押し上げたのは一連の民本主義批判だった。それらは後に論文集『社会主義の立場から』（一九一九年六月刊）にまとめられている。全一四本の論文の初出誌は、『新社会』二本、『新日本』五本、『新公論』二本で、残りの五本は『全集』で初出誌不明とされている。国立国会図書館のデジタルコレクションで見ることができる一九一九（大正八）年一一月付の「第六版はしがき」には、「何づれも大正七年の春から本年二月までの間に、三四の雑誌に発表」とあるので、初出誌不明の五本もどこかに発表されたものだろう（表2が示すように、「大正七年の春」はじつは「大正六年春」である）。この「はしがき」で、半年足らずで第六版を増刷するほど売れたことがわかる。売れっ子ぶりが知れるだろう。そのきっかけを作ったのは『新日本』で、一九一八年四月号の「吉野博士及北教授の民主主義を難ず」が、山川にとって商業雑誌への初めての寄稿だった。以後一〇月号まで、毎月一本ずつ合計一〇本の論文を発表している（表2参照）。『新日本』への論文掲載が一九一八年だけで終わるのは、雑誌がこの年に廃刊になるからで、その代わり翌年四月に創刊される『改造』の常連寄稿者として論壇での地位を確立するのである（表1参照）。

『新日本』の論文は、最初の四月号では「無名氏」だったのに、一〇月号で「［無名氏］山川均」と筆者が明かされる。最初の論文の冒頭には、編集者による以下の注記がある。「本論は「デモクラシ

表2　民本主義批判の論文

論文名	掲載誌	掲載年月	署名
沙上に建てられたデモクラシー	新社会	一九一七・三	山川均
伝統主義と民本主義	不明	一九一七・七	不明
民本主義の能率増進か資本主義の能率増進か	新社会	一九一七・八	山川均
吉野博士及北教授の民主主義を難ず——デモクラシーの煩悶	新日本	一九一八・四	無名氏
俎上のデモクラシー	新日本	一九一八・五	無名氏
「国家民生主義」を排す	不明	一九一八・六	不明
現実を離れた理想政治	不明	一九一八・七	不明
民本主義者の軍国主義論	不明	一九一八・七	不明
デモクラシーの純化	新日本	一九一八・八	無名氏
ロビンソン・クルーソーの政治哲学	新日本	一九一八・九	無名氏
賢哲の思想と衆愚の生活	不明	一九一八・九	不明
民本主義と軍国主義	新公論	一九一八・一〇	山川均
民を本とせざる吉野博士と大山郁夫氏の民本主義	新日本	一九一八・一〇	[無名氏] 山川均
民本主義の機会均等論	新公論	一九一九・四	無名氏

注：掲載誌不明の論文の「掲載年月」の欄は執筆年月である。出所：筆者作成。

ーの煩悶」と題せられたのであるが、編輯者が勝手に変更し、更に筆者は論壇の清新な一大権威なるも、こゝには本名を仮りに現はさずに置く」。「無名氏」という署名が、筆禍を恐れた編集者の配慮によるものだったことがわかる。しかし翌五月号掲載の「組上のデモクラシー」(原題には「室伏氏の民本主義を評す」のサブタイトルがついている)は、巻頭の新渡戸稲造の論文の次に掲載されており、巻頭論文に近い扱いである。山川の評価がいかに高かったかがわかるだろう。

原敬内閣の出現

山川は荒畑寒村とともに出した『青服』の筆禍で、一九一八(大正七)年一〇月から四カ月獄中にあった。山川菊栄はその間の社会状況の変化を次のように回顧している。「大正八年二月、二人が出獄すると、驚いたことに世の中が変っていた。前には変名でなければものが書けず、それでさえも市販の新聞雑誌にはものがかけなかったのが、こんどは公然本名で文章を求められ、内容もいくらか自由になった」(「百瀬二郎」菊栄⑧九三頁)。ついでながら、山川自身も同じことを語っているので引いておこう。「大正八年早々にふたたび出てきてみると、世の中はがらりとかわっていた。われわれはまったく別の世界に放なたれたかのごとき感があった」(「『改造』一〇年の回想」⑨二七三頁)。

一九一八年九月に米騒動による政府批判で寺内正毅内閣が総辞職し、原敬内閣になった。山川は入獄直前にそれは「ただに政友会の勝利ではなくて、商工資本家階級の勝利であり、日本のすべての政党の勝利である」と書いて、原内閣出現の歴史的意義を強調した(「軍服の政治よりフロックコートの政治へ」②一一六頁)。じじつ『新日本』の論文で山川が実名を名乗るのは、原内閣成立直後のことだった。大局的には、原内閣の成立とともに社会的雰囲気も大きく変化した。そして山川は政党内閣の成立をもって、ブルジョアジーの権力の確立と捉えた。背景には前記のような実感があったのだろう。山川が評論家としての地位を確立するのは寺内内閣時代で、一九一七年から翌年にかけての民本主義批判によるが、それが原内閣後に一気に開花するのである。

一九一三年、第三次桂太郎内閣が護憲運動によって総辞職（大正政変）して以後、民衆運動に支持された政党（すなわち衆議院）と内閣はしばしば激しく対立した。そうした状況下で超然主義を唱えて成立した寺内内閣は「非立憲内閣」と評された。当時流行したビリケンという人形とかけて揶揄されたものだが、他方で第一次大戦に参戦して山東省のドイツ軍を攻略した結果、ナショナリズムと大国意識が社会的に高調していた。民本主義はこうした風潮に対応するもので、一方では超然主義を批判して世論に基づく政権運営を主張するとともに、他方では穏健な国家意識の必要性を唱えた。山川の民本主義批判は、室伏高信《むろふせこうしん》・北昤吉《きたれいきち》・吉野作造《よしのさくぞう》・大山郁夫《おおやまいくお》を標的にしているが、ここでは民本主義の本家ともいうべき吉野と大山について述べよう。

吉野作造

吉野作造（一八七八〜一九三三）による民本主義の記念碑的論文「憲政の本義を説いて其有終の美を済すの途を論ず」（以下、「第一論文」と呼ぶ）は、『中央公論』一九一六年一月号に掲載された。一〇〇ページを超すこの大論文で、吉野はまず憲政すなわち「憲法に準拠する」政治の真髄を実現するには、近代憲法に共通な精神を理解しなければならないと説く。つまり個々の国家には歴史や文化などの違いがあるが、憲政はそうした特殊性ではなく、近代国家に共通な普遍的な原理に基づくべきだというのである。それは「政治上一般民衆を重んじ、其間に貴賤上下の別を立てず、而かも国体の君主制たると共和制たるとを問はず、普く通用する所の主義」と表現される（吉野②二三頁）。これが吉野のいう民本主義で、その内容は二つある。第一は「政権運用の終局の目的」が「一般民衆の為め」であること、第二は「政権運用の終局の決定を一般民衆の意嚮に置く」ことである（吉野②三五頁、四三頁）。

言うまでもなく、民本主義が民主主義でないのは、主権の所在を不問にしているからで、その趣旨は天皇主権のもとで政治権力の実質的な運用を人民の意志に基づかせることだった。一般民衆の利益や意志は漠然たるものだから、具体的には一般民衆が参加する選挙によって表現される。つまり吉野の民本主義は普通選挙を前提にし、議会の多数意志が政権を担当する政治形態、すなわち政党内閣制を必須とする。さらに政権政党が民意の支持を失った時に、超然内閣が出現するのを防ぐには、政権担当能力をもつ野党が存在しなければならない。つまり桂園《けいえん》時代（藩閥の桂太郎と立憲政友会の西園寺公望が交代で政権を担当した一九〇一年から一九一三年の期間）の再現を防ぐには、政友会に対抗できるもう一つの政党を育てて二大政党制を実現しなければならない。民本主義の含意をこのように理解すれば、当時の政治状況への見事な対案になっていることがわかる（現代日本政治はまだその最低要件を満たしていない）。

第一論文から九カ月後、吉野は「国家中心主義個人中心主義　二大思潮の対立・衝突・調和」を発表する。西欧では自然法思想による個人の自由・権利の主張によって民本主義が基礎づけられた。しかし一九世紀後半から、過度な個人主義に反対して国家主義が唱えられるようになり、ドイツの影響が強い日本では、政治家が「著しく偏狭なる国家主義に感染《かぶ》れて居る」（吉野①一四五頁）。西欧で個人主義の弊害が指摘されたからといって、個人主義を嫌忌するのは「羹《あつもの》に懲りて膾《なます》を吹くの類」で、日本ではむしろ「個人本位の政治的施設の急を高調力説するの必要」があると、吉野はいう（吉野①一一六〜一一七頁）。

この論文は第一論文の民本主義の主張に対する国家主義の側からの批判に応えたものだろう。しかし政治の目的を「民衆のため」とする第一論文の規定は曖昧すぎて、それが政治の目的ならいつの時代にも存在したという批判も出た。そこで吉野は第一論文のちょうど二年後に「民本主義の意義を説いて再び憲政有終の美を済すの途を論ず」（以下、第二論文と呼ぶ）を発表して、民本主義の本質を政権運用の側面に限定し、「民衆の為」という目的は二次的なものにすぎないと主張する。こうした修正の背景には、前述の個人中心主義と国家中心主義の対立があった。言い換えれば、政治の目的は個人の自由の保障か、それとも国家の存立かという対立である。吉野は、個人・国家のいずれを優先すべきかという議論を避け、「科学的政治学」の立場に立って、両者が実質的に牽制し合い均衡するシステムが望ましいと考えた。抽象的な議論より、現実政治をベターなものにするのが吉野の思考の特徴である。吉野自身の言葉を使えば、「我々は、白い米が何故赤い血になるかといふ理論上の説明を納得し得ずとも、兎に角飯は喰はねばならぬ」（吉野②一一三頁）というわけである。

山川の吉野批判

山川の『新日本』への登場は、吉野の第二論文を俎上にあげたものだった。その書き出しはふるっている。「空気はこれを圧搾すれば液体となる如く、民主主義はこれを圧迫すれば民本主義となる。彼は物理の法則であって、これは幾百年間の屈従に馴らされたる人民の心理である。如何なる政治学者の、如何なる理屈によって着色せられようとも、歴史的に見れば、民本主義という用語が、民主主義に対する国体論上の襲撃に応ずる保護色として、一部の政論家によって用いられたものであったことは否むことができない事実である」（「吉野博士及北教授の民主主義を難ず――デモクラシーの煩悶」①四五一頁。なお全集編者の注記とは異なって、雑誌の目次での原題は「吉野博士及北教授の民本主義の不徹底を難ず（デモクラシーの煩悶）」である）。

不敬事件による入獄から政治的履歴が始まった山川にとって、国体論は喉の奥に刺さったトゲのようなものだった。吉野は第一論文で、憲政は西欧諸国と共通する普遍的原理に基づくべきだと述べながら、他方で「幸徳一派の大逆罪」を例に挙げ、社会主義には「民主共和の危険思想」の側面があると指摘し、さらに主権在民の厳格な民主主義論は「我国の如きに於て危険視され又排斥せられても仕方がない」と指摘していた（吉野②二七頁）。山川には黙過できない主張である。山川からみれば、吉野の主張は現行憲法を絶対の前提にして人民主権を排斥し、国体論の範囲内で「人民のための政治」を実現することである。しかし人民が主権者でない以上、「人民のための政治」を人民自身が要求することは許されず、したがってそれは君主が人民に与える「恩恵的の善政」でしかありえない（①四五三頁）。「人民の人民による政治」は、論理的に人民主権に行き着くはずなのに、吉野はその結論を避けている。ここに民本主義の「煩悶」があるという。

吉野は日露戦争期に、非戦論を唱える平民社を批判して、木下尚江《きのしたなおえ》と論争したことがある。国家権力は人民の意志の表現である「国家魂」に基づいているので、主権者（天皇）の意志は間接的に人民の意志を反映したものだと論じたものである。ヘーゲルの国法論に依拠して、明治国家を民主制の枠組で説明しており、木下からは「書斎の窓を開いて実社会を看よ」と揶揄された。吉野の議論は、民主制が否定されている日本の現実を無視した、単なる理屈にすぎないと批判したのである。吉野はその後ヨーロッパに留学し、一九一三年に帰国してその思想の面貌を改める。折から日本ではさまざまな局面で民衆運動が盛り上がっていたが、欧州で普通選挙や女性参政権などさまざまな運動を見聞してきた吉野は、民衆運動が藩閥政治の改革に役立つと考えるようになる。これが民本主義者・吉野の誕生だった。

大山郁夫

吉野とほぼ同時期に欧米留学を経験した大山郁夫（一八八〇〜一九五五）の民本主義論壇への登場も、同様な背景があった。大山は吉野の第一論文発表の翌月に「街頭の群衆——政治的勢力としての民衆運動を論ず」（『新小説』一九一六年二月号）を発表した。政治過程への民衆の登場を世界的傾向と捉え、日本でもそれが不可避なので、普通選挙制の漸次的な導入と民衆の政治教育の必要性を説いている。さらに翌月発表した「政治的機会均等主義」では、デモクラシーとは「政治上に於ける機会均等主義」だとし、具体的には「選挙権及び被選挙権を一般人民間に平等に分配」すること、行政司法面では「為政者を有効に監視する権利」を付与して、為政者の地位に就く機会を「一般人民に公開」することだという（大山①一二六頁）。

大山の意図は、民衆を「国政の客体」ではなく、能動的な主体とすることだが、それはあくまで「間接の主体」であり、「国政の枢機に参与」することではない（大山①一二八～一三〇頁）。こうした限定をつけるのは、彼が政治学者として、民衆の政治能力には限界があり、「民衆の希望は畢竟空虚なる声」で「民衆運動は烏合の集団のから騒ぎ」に終わると考えるからである（大山①一二〇頁）。だから国政を直接担当するのは政治家で、一般民衆の役割は政治エリートの選出に限定されるべきだということになる。いみじくも吉野が、政党はプロ集団であるべきで、「夫の有象無象が自ら政友会員たり憲政会員たるを誇るが如きは、言語道断の沙汰」と語っているのも、同様な考えを表明したものにほかならない（吉野④五五頁）。

武田清子の山川評

「賢哲の思想と衆愚の生活」や「民を本とせざる吉野博士と大山郁大氏の民本主義」で、山川はこうしたエリート主義を批判し、民本主義は「『衆愚』を「指導」し「統率」するの政治」（②八一頁）であり、「民衆に対する不信用から出発する一種の支配術」（②八七頁）だと批判する。山川に言わせれば、民本主義は「『衆愚』を軽蔑するデモクラシー」である（②九一頁）。しかし真のデモクラシーは、「衆愚」のままの民衆こそ自己の必要とその実現方法を最もよく知っているという信念に立たねばならないという。山川のこうした批判はあまりにも原理主義的で、具体的な課題と改革の方法について考慮していない。それは時代の焦点となっていた藩閥内閣の克服、普通選挙制と政党内閣制の実現などの課題に応えるものではなかった。民本主義の側からみれば、あまりにも超越的批判で、時代の要請に応えていないばかりか、政治改革を全面否定し妨害していると映っただろう。「山川均ら社会主義者は大逆事件直後のきびしい政治状況の中で、藩閥政府を批判しないで、民本主義を唱える吉野を批判しながら台頭する道をとったわけです。「吉野はあいまいだ」と吉野をたたきながら山川達は出て来た」と批判されるゆえんである（武田清子『戦後デモクラシーの源流』三九頁）。

武田の批判は、この局面だけをとれば的を射ている。しかしもっと広いパースペクティブで捉えれば、山川の営為が民本主義をブルジョア民主主義として否定することで終わったのではないことに気づくだろう。後述のように、山川は民本主義の成果を正面から受け止め、それをさらに拡充しようとすることになるのである。

日本の「一等国」化と民本主義

民本主義は、たしかに民衆運動の隆盛という時代風潮に応えて、民衆の意志や利益を実現する方途を考えたものだった。しかしそれは同時に、第一次世界大戦で一気に「一等国」に伍すことになった日本が、国際的に認知されるための処方箋を書くという意味もあった。政治的機会均等主義の目的は「国家の倫理的基礎」を固めて「国際政局の競走場裏に呼号」するためだと、大山が説明しているのは端的にそのことを示している（大山①一三一頁）。別の論文「国家生活と共同利害観念」（一九一七年二月）では、闘争性と社交性が人間の本質であるとし、国家生活も両者の競合から成り立っているので、後者に基づく共同利害観念を「振作」する必要があるという。超然内閣が「善政」を強いて国民の挙国一致を求めるのは「時代錯誤的滑稽」で、真の挙国一致は「国民の共同利害の痛切なる意識」から生ずるとして、参政権の拡大を要求している（大山①三八四～三八五頁）。

山川の最初の民本主義批判「沙上に建てられたデモクラシー」は、大山のいう「共同利害観念」を槍玉に挙げて、デモクラシーは歴史的に封建階級との闘争のなかでブルジョア階級の共同利害の主張として出現したと指摘する。そして大山は、階級的な共同利害よりも「諸階級を包括する国家の共同利害観念」の方が、「痛切」で「真実」だとの仮定に立っていると、山川は批判している（①三三三頁）。民主主義の世界的な風潮に乗りながら、より強固な国家統合によって、西欧列強と平等に伍していきたいという民本主義者の無意識の願望をえぐり出したといえる。

軍国主義と民本主義

軍国主義と民本主義は両立するとの吉野の主張も、日本の大国化と見合った主張だった。民本主義は国内政策で、軍国主義は外交方針なので、両者はレベルが異なる。軍国主義の対概念は平和主義で、民本主義の反対は官僚主義だから、民本主義と軍国主義は矛盾なく並立しうるというのである。総力戦の必要から、自由主義的と考えられてきた英米を含め、世界各国に軍国主義の傾向が顕著になった。徳富蘇峰は『時務一家言』（一九一三年）で「平民主義と帝国主義とを、両立す可らさるものとするは、眼孔豆より小なる俗論のみ」と両者の両立を主張した（『徳富蘇峰集』〈明治文学全集34〉三二八頁）。また『大正の青年と帝国の前途』（一九一六年）でも「内に平民主義を行ひ、外に帝国主義を行ひ（下略）」と述べている（『徳富蘇峰集』〈近代日本思想大系8〉六五頁）。蘇峰と吉野は、民本主義をめぐって対極的な立場にあったが、軍国主義（あるいは帝国主義）的外交政策を容認する点では、相似た立場にあったといえる。大山も「政治を支配する精神力」で唯物論的政治観を批判して、デモクラシーのもとで内政外交を支配するのは「国民精神」であり、「膨張せん」とするのが国民国家の「自然の数」だという（大山①二〇三頁）。そして「帝国的膨張に必要なる国民的精神統一の目標」を人道主義的なものにし、人類文明に寄与しなければならないと説いている（大山①二〇六頁）。「軍国的文化国家主義――独逸国民生活の一面」でも、日本の政治家政論家がドイツの戦場での勝利に幻惑されて、軍国主義の根底に文化的理想があることを見逃していると、大山は批判している（大山①一七一頁）。

民本主義者のこうした軍国主義容認に対して、山川は軍国主義をたんなる国防という意味に矮小化していると批判する。軍国主義とは「国民のいっさいの生活を、軍事上の目的の下に従属せしめる」（②九六頁）ことなので、国民の参政権や自由を主張する民本主義と背反するはずだと、山川は言う。つまり軍国主義とは国民個々人を軍国的に再編成することであり、「近代の資本的帝国主義と必然の関係を有する」（②三八頁）現象である。英国の植民政策の変化や軍国主義化は戦争の結果ではなく、国民生活の変化すなわち資本主義が自由貿易主義から帝国主義に変化した結果である。「資本制度の解剖」という論文では、このことをもっと率直にマルクス主義の用語で説明する。国民国家は「近世資本制度の政治的半面」、すなわち資本制度を基礎に建てられた「上層建築」である（①四四〇頁）。この時期の資本制度の要求は「内に対しては自由主義と民主主義であり、外に対しては自由貿易と門戸開放と平和主義」だったが、それは一九世紀後半になって「資本主義的帝国主義の時代」になった

（①四四〇頁）。英国をはじめとする世界の変化は、産業資本主義から帝国主義への変化に対応するものだというのである。

民本主義からマルクス主義へ

思想界の関心が、民本主義からマルクス主義（あるいは社会主義）へとはっきり潮目が変わったのは一九一九（大正八）年である。吉野作造の活躍の場となった『中央公論』が臨時増刊号として「労働問題」の特集を組み、その一環で六人の論者による「カール・マルクス論」を掲載したのはこの年の七月だった。そこに掲載された「マルクスとマルクス主義」の冒頭で、山川は「カール・マルクスの名が、今日ほど日本で、もてはやされたことはない」と書いた（②二一六頁）。その前月の『中央公論』には、吉野が「民本主義・社会主義・過激主義」と題する論文を寄せており、社会主義が政界と思想界の一大関心事となっていると指摘する。その論旨は、プロレタリア執政を主張する過激派（ボルシェヴィキのこと）と民主主義を否定する寡頭政治の主張をともに退け、立憲的な方法による社会主義は民本主義と対立するものではないとするものだった。

山川が前述の論文を発表した翌八月、今度は大山郁夫が『吾等』に「社会改造の根本精神」を発表した。「一時あれほどまでに我国の読書社会の注意を鍾《あつ》めて居たデモクラシーの思想が、その論点が未だ討究し尽くされもせず、またそれに対する理解が徹底もしなければ、普及もしない間に、早くも既に幾分流行り廃たりの気味となり、時としては嘲弄の材料としてさへ用ひられる様になり、「改造」とか「解放」とかいふ別の標語が、それに代用せられんとして居る模様が見える」（大山③一〇頁）。大山がこのように書く三カ月ほど前から、山川は発刊間もない雑誌『改造』に論文を発表し始めていた。前年から吉野・大山の名前を挙げて激しい批判を展開していた山川の存在を、大山は意識しないわけにはいかなかったのである。

他方、このように嘆いた大山は、改造は「デモクラチック・プリンシプル」に基づかねばならないと力説する。しかしその翌月から彼が次々に発表した「知識階級と労働者」「労働問題の文化的意義」「文化要素としての労働者」「労働者と教育」などの論文は、その表題からも労働問題をテーマにしていることが想像できよう。その結果、一九二〇年一月の『吾等』で、大山はついに「現在の資本私有制度に対しては我等は強き反感を持たない訳には行かない」(「労働問題と教育問題の交錯」大山③八九頁)と論断するに至る。そして同月の『中央公論』に発表した「民衆文化の世界へ」では、「文化は時代精神の表現」で、現代は「ブルジョア文化」と「民衆文化」が「激烈に闘争して居る時代」だという(大山③一〇四頁)。さらに翌二月発表の「知識階級の自覚といふこと」では、「資本労働の闘争に対する穏健公平の立場を取ることの不可能であることが、次第に痛切に意識せられるやうになつて来て居るのを認めない訳には行かない。(中略)我等は日毎に、一の立場を取るのでなければ、他の立場を取れと、どこかから命ぜられて居るのを痛感する」と書いている(大山③一四九頁)。

「民主主義の敵」?

以上のように、大山の主張は一九一九年夏から翌年初めまでの半年ほどの間に急激に変化し、民本主義から階級対立の強調へと論点を移動させている。言うまでもなくその背景には、第一次世界大戦の終結とロシア革命という世界史的なインパクトがあった。時代は急速に変化していた。「代議政治そのものが疑われている時に、日本に於ける最も通俗なる民本主義者が、今さら二大政党論や、選挙権拡張や、ないしは「憲政有終の美」を持ち廻っているに至っては時代錯誤の悲惨である」（①四七五頁）。これは室伏高信の議論に基づいて述べたものだが、室伏が後に国家社会主義に接近したことでもわかるように、山川の民本主義批判は早熟なファシズム思想を正当化する危険性もあった。

　前に引用したように武田清子は、山川らが藩閥政府の代わりに民本主義を批判して論壇に登場したと評した。山川らが藩閥政府を批判しなかったというのは言いすぎだが、彼が急速な時代思潮の変化の先端にいたのは確かである。しかし重要なことは別のところにある。この時点で批判した民本主義を、数年後の山川が実質的に再評価するようになることである。論文集『社会主義の立場から』の「はしがき」で山川は、「是等の論文の為めに、著者は、或人々からは民主主義の敵と見做され、或人々からは、民主主義以上に不良なる思想の所有者と見做された。聡明なる読書諸君の裁量を仰がんが為に、著者はこの書を公にした」と述べている。これはたんに民本主義は批判するが、民主主義は認めているという消極的な意味ではなく、むしろ将来的に民主主義の積極的な擁護に転ずる予兆として読むこともできる。

第五章　日本型社会民主主義への道——一九二〇年代前半の模索

1　日本型社会民主主義とは

一九二〇年代から三〇年代にかけて展開する山川均の政治的・思想的立場は、一般に「山川イズム」とか「労農派《ろうのう》」と呼ばれている。しかしこれらの呼称は「福本イズム」「講座派《こうざ》」との対概念なので、きわめて限定された視角で山川の思想を捉えてしまうことになる。山川の思想的営みは、こうした呼称では捉えきれない側面があり、またそのはみ出た部分こそ重要だと、わたしは考える。そこでわたしは、山川の思想的立場を「日本型社会民主主義」と呼びたい。一般に社会民主主義とは、第二インタナショナルに起源を発し、ロシア革命後の共産主義インタナショナル（コミンテルン）と対立し、プロレタリア独裁を否定して、最終的にマルクス主義から離れて、議会を通じた社会主義の実現を目指す路線を指している。

すでに前章で紹介したように、山川らはこうした穏健な社会主義路線に強く反発し、議会政策を否定していた。ここでいう日本型社会民主主義とは、英国の労働党やドイツの社会民主党に代表される西欧社会民主主義とは異なって、マルクス主義の革命概念を固持しながら、他方でコミンテルンや共産党とは一線を画す立場である。共産党との違いは、レーニンの「前衛党」という組織形態に否定的で大衆的な党組織を基礎とすること、社会主義革命における暴力の必要性やプロレタリア独裁を否定するか、または最小限に抑止する志向をもつことである。

山川がこうした思想的立場を樹立していくのは一九二四（大正一三）年頃で、一九二六年から翌年にかけての日本共産党の再建、福本イズムとの対立、雑誌『労農』の発刊において確固たるものになった。山川がそこに至るまでには、一九二〇年代初頭から数年にわたる試行錯誤の期間があった。本章で検討するのは、具体的にはロシア革命やカウツキーのプロレタリア独裁批判についての考察、第一次共産党の結成と解党、普通選挙を間近にひかえての無産政党結成をめぐる論戦である。日本型社会民主主義へのジグザグの歩みに焦点をしぼって、山川の思索の跡をやや詳しく辿ってみよう。

2　ロシア革命をめぐって

一九一九（大正八）年三月、売文社は高畠素之派と堺・山川派に分裂し、高畠は国家社会主義に傾斜していった。堺・山川は『新社会評論』『社会主義』と名前を変えながら、その後も雑誌『新社会』の活動を継続した。しかしこれとは別に、彼らは一九一九年四月に月刊雑誌『社会主義研究』を創刊して、本格的にマルクス主義研究の成果を公表し始める。表紙に「堺利彦・山川均・執筆」と銘打たれており、この二人の同人雑誌に近い扱いだったが、一一月号から「山川均主筆」と明記される。マルクス主義研究において、山川が第一人者に躍り出たことを象徴している。私の手元にある第一号から第八号までの合冊本では、創刊の第一巻第一号が「第十版」となっている。たいへんな売れ行きだったのである。

すでに四〇歳代になった山川の矢継ぎ早の著作活動には目を見張る。一九一九年、前述の大正デモクラシー批判『社会主義の立場から』に続いて『社会主義者の社会観』を出版、そして『歴史を創造する力』（一九二二年）、『敵陣を俯瞰して』（一九二三年）、『井の底から見た日本』（一九二四年）と続く論文集を出版する。次に『マルクス資本論大綱』（一九一九年）、『マルクス経済学』（一九二一年）、『マルクス学説体系』（同年）などのマルクス主義解説の翻訳書、そして『レーニンとトロツキー』（一九二一年）、『労農露西亜の研究』（同年、山川菊栄との共著）、『労農革命の建設的方面』（同年、レーニン原著、山川菊栄との共訳）や『労農露西亜の農業制度』『労農ロシアの労働者』などのパンフレットによるロシア革命の研究・紹介である。ここではまずロシア革命論について一瞥しておこう。

山川均に限らず社会主義者にとって、ロシア革命が圧倒的な意味を持っていたことは改めて言うまでもないだろう。山川はその様子を、「私は、そのころ荒畑〔寒村〕君とやっていた労働組合研究会でロシア革命の話をしたのですが、どうも涙が出て話ができなかったことがあります。それほど感激を与えたですね」と語っている（『自伝』三七〇頁）。山川自身が語るところによると、彼にはロシア革命についての特別な情報源はなく、最初は新聞のニュースで知った。理論的なことは、アメリカ帰りの近藤栄蔵《こんどうえいぞう》からもらった本で初めて知るようになった。それは「フレーナー」という人が「レーニンの書いたものとトロツキーの書いたものをうまく編集して『プロレタリア革命とディクテータシップ』という標題」で出したものだったという（『自伝』三六九頁、同趣旨「とうとうその時がきた」⑲三一三頁）。

近藤栄蔵

山川の自伝はコミンテルンとの関わりを一貫して消極的に語る傾向があるので、特別な情報源などなかったとの叙述は割り引く必要があるかもしれないが、『近藤栄蔵自伝』によると、近藤がサンフランシスコから帰国したのは一九一九年五月のことだった（『近藤栄蔵自伝』一二四頁以下参照。ただし山内昭人『初期コミンテルンと在外日本人社会主義者』（一五四頁）によれば、近藤の帰国は、正確には五月ではなく「六月初旬と算定される」という。なお近藤栄蔵『コムミンテルンの密使』にも同趣旨の叙述がある）。

近藤は帰国後すぐに麹町六丁目の堺利彦を訪問し、その数日後には堺の紹介で山川に会いに行った。やや余談になるが、山川と近藤は第一次共産党時代を通じて対立する局面があり、近藤の語り口には、そうした側面とともに、山川の思想家としての素顔を垣間見ることができるので引用してみたい。「堺ははっきり政治家タイプであるが、山川は明らかに学者風で、さらに強いていうならば聖人型だともいえた。病弱のいたすところであろうが、暗い感じがつきまとっている。笑いにさえ苦みがある。その後ずいぶん長い交際をつづけたが、堺の大きな口から簡単に吹き出される哄笑の爆音を、山川の口から聞いたことがない。がんらい山川の口は、大きく遠慮なく開けはなすことが生理的に不可能な口らしい。山川菊江《ママ》女史との初対面の印象もやはり暗い」（『近藤栄蔵自伝』一二五頁。なお『コムミンテルンの密使』（七六頁）にもほぼ同じ表現がある）。

フレイナ『ロシアにおけるプロレタリア革命』

山川がロシア革命の思想的意味を理解するきっかけになった本は、山川の述懐とは表題が異なるが、Louis C. Fraina が編纂した *The proletarian revolution in Russia, by N. Lenin and Leon Trotzky*, New York, The Communist Press, 1918. であろう。フレイナ（一八九二〜一九五三）は米国共産党のリーダーで、片山潜をはじめ米国在住日本人社会主義者とかなり密接な交流があった（岩村登志夫『コミンテルンと日本共産党の成立』一一八頁以下。フレイナの生涯については、https://archive.org/details/LewisCoreylewisC.Fraina1892-1953ABibliographyWithAutobiographical を参照）。そうした関連で、近藤から山川にこの本が伝わったのである。山川が言うように、ロシア革命勃発初期のレーニンとトロツキーなどの発言を時系列に従って編集したもので、四五〇ページ余りの大冊である。収録されているのは、米国・ロシア・英国で発表されたレーニンとトロツキーの演説・論文・パンフレットなどで、なかには『世界を揺るがせた十日間』で有名なジョン・リードから提供された資料も含まれている。

ごく簡単に内容を紹介しよう。全体は序言、フレイナの序言付きの七つの編および付録からなる。フレイナは、まず序言でフランス革命と比較しながら、ロシア革命が帝国主義的資本主義に対する社会主義の世界革命の始まりを意味すると、その画期的意義を強調する。そしてロシア革命はパリ・コミューンに学んで、ブルジョア議会制に換えて労働者と農民によるソヴィエトという新しい政府形態を創出したと述べている。本文七編と付録の概要は以下の通りである。

第一編「革命の第一ステージ」（一九一七年三月のいわゆる二月革命による臨時政府成立とロマノフ王朝の滅亡の時期。帰国前のレーニンの演説や論文四編などを収録）

第二編「ボルシェヴィキの概括的プログラム」（カウツキーをはじめとする第二インターの戦争に対する態度を批判した「社会主義と戦争」など、革命前のレーニンの論文二編を含む全八編を収録）

第三編「国家権力をめぐる闘争」（一九一七年六〜七月の「二重権力」状況でのレーニンの「全権力をソヴィエトへ！」「革命の教訓」などのパンフレット六編とトロツキーの論文四編を収録）

第四編「危機に立つ革命」（革命反動期の八月のトロツキーのパンフレット六編を収録）

第五編「プロレタリア革命の勝利」（コルニロフの反乱から憲法制定議会解散によるボルシェヴィキの権力掌握までの過程を説明したフレイナの論文四編）

第六編「平和をめぐる革命的闘争」（ブレスト＝リトフスク条約の時期。一九一八年二〜四月のトロツキーのパンフレットや演説六編とレーニンの論文二編を収録）

第七編「ソヴィエト共和国とその諸問題」（一九一八年五月初めの『プラウダ』に発表されたレーニンの論文「民主主義とプロレタリア独裁」「新秩序と旧秩序」など五編を収録）

付録「国際関係」（チチェーリンの論文三編、レーニン・チチェーリン・トロツキーの名で出された連合国

プロレタリアートへの訴え、およびレーニンの演説一編。いずれも一九一八年のものである）

以上の概要によってわかるように、この本は二月革命から一年余の激動を、革命の当事者であるレーニンとトロツキーの文章を中心に採録して伝えたもので、革命の実相を知りたい者にとって時宜にかなった内容だった。付録に採録された最新の文書は一九一八（大正七）年一〇月下旬のものなので、本の出版は早くとも年末であろう（山内昭人『初期コミンテルンと在外日本人社会主義者』、同「リュトヘルスとインタナショナル史研究」は、実際の刊行時期を一九一九年五月と推定している）。山川が近藤栄蔵と会ったのは一九一九年五〜六月のことなので、出版されて間もない本を手にしたことになる。

山川のロシア革命論

おそらく山川は一九一九年後半にはこの本を読んでいたのだろう。しかし慎重な山川はすぐには走りださない。この時期に彼が発表しているのは「ロシア革命と農民問題」（『新社会』一九一八年六月号）、「レーニンとトロツキー」（同七月号）、「ロシア革命の過去と未来」（同八月号）などであるが、いずれも紹介記事で、後の二論文は「フィンランド人民共和国仮政府の駐米代表、サンテリ・ヌウルテヴァ」という人物の書いたものを紹介したにすぎない。山内昭人によれば、山川の文章の一つは、Santeri Nuorteva が『クラス・ストラグル』一九一八年三・四月号に掲載した論文「ロシア革命の未来」だという（『初期コミンテルンと在外日本人社会主義者』二七六頁）。

山川がロシア革命について初めて本格的な見解を発表したのは「ソヴィエト政治の特質とその批

判」で、一九二〇年六月号の『社会主義研究』に掲載された。もともとこの論文は一九一九年一二月に執筆されたが、何らかの事情で「一〇数ヵ所」を削除し、「全体の調子」も書き改めたという。「何人も、ロ国の革命を非難することはできる。けれども何人も、ロ国革命という事実を否認することはできない」（②三八六頁）という叙述で始まり、ロシア革命の歴史的意義がフランス革命に比してさらに大きいと強調している。これはロシア革命がフランス革命に比して「射程においてさらに広く、究極的な意味においてさらに深い」と書いたフレイナの本を連想させるが、山川は一九一九年の最新の資料も参照しており、ロシアの現状考察に力を注いでいたことがわかる。

この論文の副題が「プロレタリアン・ディクテイターシップとデモクラシー」となっていることからもわかるように、山川がこの論文で論じたのは、社会主義者内部からロシア革命に対して発せられた「独裁政治」に対する批判である。むろん山川はここでプロレタリア独裁を擁護するが、その際、主として援用したのはコミンテルン第一回大会（一九一九年三月）でのレーニンの報告「ブルジョア民主主義とプロレタリアートの独裁についてのテーゼと報告」である。この他にレーニン「デモクラシーと無産階級の独裁政治」「旧秩序と新秩序」、トロツキー「デモクラシーの原則と無産階級の独裁政治」なども引用しているが、このうちレーニンの文章はフレイナの前記の著書に採録されているもので、実はともにレーニンの論文「ソヴェト権力の当面の任務」（一九一八年四月）の一部分である。

レーニンのプロレタリア独裁論

ボルシェヴィキのプロレタリア独裁の論理は、前記のレーニン「デモクラシーと無産階級の独裁政治」が要を得ているので、その内容を摘記しよう。レーニンによれば、資本主義から社会主義への移行期には二つの理由で独裁が必要になる。一つは資本主義を克服するには搾取者たちの抵抗を容赦なく抑圧する必要があること。第二は小ブルジョアと結び付いた旧秩序の頽廃的な要素を抑えるためには、時間と鉄腕（iron hand）が必要である。現在のロシアの災厄は飢餓と失業であるが、それは組織と規律の欠如に原因があり、そうした事態を作り出しているのは小ブルジョアの無政府性である。ソヴィエト民主主義と個人の独裁は矛盾しない。第一に、ブルジョア独裁とは異なり、プロレタリア独裁は搾取された多数のために搾取する少数者に向けられたものであり、第二に、社会主義的生産のために、多数の人々を結合する意志の厳格な統一が必要だからである。すなわち指導者たちの単一の意志によって労働過程を統一し、大衆が絶対的に服従することが要求されている。そのためには、小ブルジョアの放縦や無秩序による、プロレタリアの規律に対する種々の攻撃を克服しなければならないという。

一〇月革命直後からの急激な国有化政策によって、事実上、大企業生産はストップし、経済秩序は混乱をきわめた。生産流通過程を支配したのは農民と小商工業者だった。交通は混乱して食糧危機が生じ、闇屋・投機・収賄などが横行する。レーニンが「小ブルジョアの放縦や無秩序」と呼んだのは、具体的にはこうした事態だった。だから生産流通過程に秩序を取り戻すには、「一人の意志」に異議なく服従する「鉄の規律」が必要だというのである。

山川はこうしたレーニンの説明を受けて、革命が新たな段階に達し、ブルジョア階級ではなく「小紳士閥に対する強制力としての独裁政治」（②四〇三頁）が必要になったと理解した。しかしプロレタリア独裁が民主主義と背反しないというレーニンの説明には、なお全面的に同意したのではないようにみえる。末尾に近い部分で、山川は以下のように述べる。「レーニンのいわゆる『プロレタリアの独裁政治』は、あるいは誤った思想であるかも知れぬ。けれども、もしこれを以って誤った思想であるとしたならば、この誤りたる前提の上に、ロ国の革命を築き挙げて居るレーニンの才幹に至っては、真に驚異に値するものでなければならぬ」（②四〇七頁）。民主主義の観点からのプロレタリア独裁の批判が理論的には正しいとしても、社会主義実現のための現実的必要として、いわば一時的な方便として独裁を容認しないわけにはいかない。山川はこのように考えたのであろう。

3　カール・カウツキー

「背教者」カウツキー

プロレタリア独裁の妥当性について考える際、山川はつねにカール・カウツキー（Karl Johann Kautsky, 一八五四～一九三八）をシーソーの反対側に置いてその重みを計っていた。カウツキーは、晩年のマルクスやエンゲルスとも交流があった社会主義者で、ドイツ社会民主党の重鎮として活躍するとともに、マルクス主義の理論活動でも定評があった。とくに『マルクス資本論解説』（高畠素之訳、一九一九年）や『社会主義倫理学』（堺利彦訳、一九一九年）などはマルクスの解説書として、一九二〇年代の日本で広く読まれた。二〇世紀初期の西ヨーロッパにおける最大のマルクス主義理論家の一人であるが、皮肉なことに、彼の名前をとりわけ有名にしたのはレーニンが書いたカウツキー批判の書『プロレタリア革命と背教者カウツキー』だった。レーニンはすでにその『帝国主義論』や『国家と革命』など、さまざまな箇所でカウツキーの理論を批判していたが、一九一八年にカウツキーが『プロレタリアートの独裁』でボルシェヴィキ批判を展開したのに対して、真正面から反批判したのがレーニンの前記の書である。

ゲアリ・P・スティーンソン『カール・カウツキー』によれば、『プロレタリアートの独裁』は一九一八年初めに書かれた論文をまとめたもので、一八年から翌年にかけて表題や内容を多少変えて「少なくとも五つの異なる版」が出されたという。スティーンソンによれば、カウツキーはロシア革命をブルジョア民主主義革命と捉えた。つまりロシア革命は封建的遺制を打破して資本主義化への道を切り拓き、すべての階級に政治的自由を付与することによって、いずれ社会の多数を占める労働者階級が政治権力を掌握する社会主義革命が起こることになるという。だからロシア社会の資本主義経済が遅れた状態を無視して、プロレタリア独裁という手段によってしゃにむに社会主義への道を歩もうとするボルシェヴィキの手法を、カウツキーは批判した。

カウツキーとレーニン

カウツキーのボルシェヴィキ批判は、いくらか「蟷螂《とうろう》の斧」の感がなくもなかった。カウツキーはドイツ社会民主党内で主流派の地位を失い、長く主管した『ノイエ・ツァイト』の編集権も失っていた。他方、レーニンはロシア革命の指導者として世界中から注目を浴び、革命家として八面六臂の活躍をしていた。世界の多くの社会主義者にとって、ソヴィエト・ロシアとレーニンは人類の未来を指し示す輝ける星だったのに、カウツキーはあまりに早産したその社会主義が近いうちに崩壊すると見ていたのである。むろんロシア革命から一〇〇年を隔てた現在の時点からみれば、事情はかなり異なる。カウツキーが予言したほど早期ではなかったにせよ、ソヴィエト連邦は、結局、崩壊した。そして何よりプロレタリア独裁が人民の自由を犠牲にした事実は、彼が提起した問題がロシア革命の根本的欠点を突いていたことを示している。マルクス主義の解釈でカウツキーから大きな影響を受けていた山川は、レーニンとカウツキーの対立をどのように捉えていたのだろうか。

前述の論文「ソヴィエト政治の特質とその批判」発表から半年以上経った一九二一年三月号の『社会主義研究』に、山川は「カウツキーの労農政治反対論」を掲載した。この論文は前述のカウツキー『プロレタリアートの独裁』中の一つの章「独裁政治」(Dictatorship) を翻訳し、それに詳細な訳注を付して山川自身のカウツキーへの批判的見解を示したものである。訳注のかなりの部分がレーニン『プロレタリア革命と背教者カウツキー』に基づいており、山川が基本的にレーニンの側に立っていることは明らかである。山川は、カウツキーの批判が「マルクス説の立場」に立った「最高の批評」(③一五〇頁) だと認めたうえで、最終的にはレーニンを支持した。

カウツキー『プロレタリアートの独裁』　この論文を執筆するにあたって、山川が使用したカウツキーの本は、本文中の「支配《ルール》」や「政治《ガヴァン》」などのルビから推して英語本だったと思われる。山川はカウツキーの本が全一三章からなると書いているが、わたしが見ることができた版は *The Dictatorship of the Proletariat*, translated by H. J. Stenning, The National Labour Press（出版年不明）で、全一〇章である。山川が使ったものとは異なるかもしれないが、内容を簡単に紹介しておこう。

第一章「問題」では、ロシア革命はパリ・コミューンとは異なり、他の社会主義政党（具体的にはメンシェヴィキと社会革命党（エス・エル）を指す）を排除して権力を行使していると指摘し、問題の根幹は民主主義だと指摘する。第二章「民主主義と政治権力の掌握」では、目的は「あらゆる種類の搾取と抑圧を廃止」することであり、民主主義は社会主義を実現するための手段ではないと強調する。つまり民主主義なしの社会主義は無意味だという。第三章「民主主義とプロレタリアの成熟」は、プロレタリアの階級闘争は大衆運動であり、民主主義を前提にすると論じる。つまり大衆は秘密裏には組織できないこと、秘密組織は個人あるいはリーダーたちの集団による独裁を生み出し、大衆の自治や独立を促進できないと指摘する。第四章「民主主義の効果」は、「一階級は支配（rule）することはできるが、統治（govern）はできない」と説く。その理由は「統治ができるのは組織（organisation）のみであり、民主主義において統治しているのは政党であるのに対して、階級は形のない大衆」だからである。しかも一階級の利害は多様なので、それが複数の政党によって表現されることもある。また新しい考え方はつねに少数派から生まれるので、少数派の抑圧はプロレタリアの成長を妨げてしまう。だから少数派の保護は多数による支配と同じく重要だと主張する。

第五章「独裁」では、マルクスが『ゴータ綱領批判』で言及した過渡期の社会における「プロレタリア独裁」は「政府の形態」（form of government）ではなく、プロレタリアが政治権力を掌握した時に生じる「状態」(condition) だという。またマルクス『フランスの内乱』序文でエンゲルスが言及した「プロレタリア独裁」も民主主義の停止ではないことは、コミューンが普通選挙によって選ばれた人々によって構成されていた事実によっても明らかだという。マルクスやエンゲルスの用法とは異なって、プロレタリア独裁が単に「支配の状態」(state of sovereignty) ではなく「政府の形態」を意味することになれば、それは個人または組織の独裁であり、すなわちプロレタリアではなくプロレタリア政党の独裁ということになる。プロレタリアが複数の政党に分裂している場合には、当然、それは一政党の他の政党に対する独裁となるという。

第六章「憲法制定議会とソヴィエト」では、ロシア革命について説明される。ロシアの社会主義者は当初から農民の代表たる社会革命党とマルクス主義者に分かれていたこと、後者はロシアの現状ではブルジョア民主主義のみが可能とするメンシェヴィキと、「意志と力の全能」を信じ、ロシアの後進性を無視して社会主義路線を目指すボルシェヴィキに分裂していた、と指摘する。そしてブレスト=リトフスク講和条約の過程で、ボルシェヴィキは西欧での革命を予期して無条件での講和を実現して大衆の支持を得て、憲法制定議会を解散しソヴィエトが全権力を掌握した。

第七章「ソヴィエト共和国」では、ソヴィエトでは敵対的な批判は排除されていること、その構成員の多くが農民と兵士であること、選挙権をもつのは労働する者に限られているが、この規定はあまりにも曖昧で恣意的なので、権力にとって不都合な人々が排除されていると指摘する。第八章「教訓」では、資本主義生産と民主主義の発達によってプロレタリアが成熟していなければ、社会主義的生産が資本主義に取って代わることができないとされ、ロシアにはその条件がないと指摘される。第九章は、(a)農業と(b)工業にわけてロシアの状態が分析され、ロシアは資本家の財産を破壊し資本家を労働者にしたが、社会主義的生産システムを確立しておらず、まもなく労働者と知識人が資本家となるだろうと指摘する。第一〇章「新理論」では、理論的にもロシアの現状からも、独裁はプロレタリアにとって良い結果がもたらされないだろうと述べ、ボルシェヴィキの理論はマルクス主義の理論に反するものだと断定している。

山川のカウツキー評価

カウツキーとレーニンの理論的対立を、山川はどのように理解したのだろうか。前記で紹介したように、カウツキーのプロレタリア独裁批判は多岐にわたるが、山川が論じたのは第五章（わたしが利用した刊本による）「独裁」を中心にしているので、論点はおのずから限定される。カウツキーは「民主主義が社会主義的生産システムの本質的基礎だ」と述べるが、そこにはさまざまな意味が込められている。山川は、民主主義がプロレタリアの成熟の条件だというカウツキーの主張を取り上げ、これは権力掌握後に他の階級に対する抑圧を主張したプロレタリア独裁の批判にはなっていないと述べる。つまり無産階級が階級闘争のために政治的自由を必要とするからといって、権力掌握後に反対階級に政治的自由を保障しなければならないという論理は成立しないというのである。そしてカウツキーは独裁一般と民主主義一般を対立概念と捉えているが、問題は無産階級が権力掌握後にブルジョア・デモクラシーを維持しなければならないか否かだという。

これはレーニン『プロレタリア革命と背教者カウツキー』の論理をそのまま援用したものである。

レーニンは以下のように主張する。カウツキーは一般的な概念としての「民主主義」や「独裁」、すなわち「無階級的、超階級的」な「民主主義」や「独裁」を論じている。このような「純粋」の「形式的」な民主主義という考え方は、「プロレタリアートとプロレタリア的階級闘争の利益が優先することを認めないブルジョア民主主義者の見地」である（以下、レーニンの著作は『レーニン三巻選集』による）。資本主義から共産主義への過渡期の国家は「プロレタリアートの革命的独裁」以外ではあり得ないと、マルクスは認めていた。カウツキーは平和的で議会主義的な闘争しか念頭に置いていないが、現実の革命過程で問題となるのは、内乱における「無慈悲な敵」や外国による革命への干渉である。それに対抗するには、プロレタリアートがブルジョアジーから暴力によって闘い取った、どんな法律にも拘束されない権力が必要である。以上のレーニンの主張を、山川も追認したのである。

「状態」としての独裁と「政府形態」としての独裁

山川のもう一つの論点は、カウツキーのいう「状態」としての独裁と「政府形態」としての独裁の区別である。カウツキーが説いているのは、自由な選挙の結果としてプロレタリアートが勝利し、他を排して自己の階級の利益を貫徹する（支配の状態）のはよいが、多数派として権力を掌握した無産階級が、少数派から選挙権などの権利を剝奪して無力化し、権力を行使すること（政府形態）は認められないということである。つまりカウツキーは、無産階級による権力掌握後も「形式的な」民主主義は維持されるべきだと考えている。こうした主張に対して山川は、無産階級の利益を実現し、その意志を強制することが正しいと認めるなら、その方法として「形式的民主主義」を存続させるか否かは二次的だと反駁する。そしてパリ・コミューンでは選挙の自由が認められていたとするカウツキーに対して、当時ブルジョアジーはパリから逃亡していたので、この時の普通選挙は無産階級しか参加しなかったとし、「労農ロ国においても、無産階級間には普通選挙の上に立つデモクラシーが徹底的に行なわれて居る」（③一五六頁）と、山川は主張する。レーニンの主張をそのまま認めたものである。

レーニンとカウツキーの観点の違いは明瞭である。レーニンは、ブルジョアジーの富・組織性・知識の優位を奪い取らない限り、資本主義を廃絶して社会主義を維持できず、またその過程では内戦が不可避だと考える。他方、カウツキーは、ロシアの資本主義とプロレタリアートは十分に成熟していないので社会主義革命の段階ではなく、まず民主主義を充実させねばならないと考えた。これは革命家と理論家との対立であるだけでなく、権力は激烈な闘争によってのみ獲得できるとする革命観と、民主主義の成熟によって議会を通じて平和裏に権力移動が可能になるとの革命観との対立だった。カウツキーの革命観は確かに楽観的すぎるが、プロレタリア独裁がその階級内のある部分の他の部分に対する専制的支配となり、それが内乱や軍事的支配を誘発して、民主主義の廃棄になってしまうという危惧を、山川は意識化できていない。「カウツキーの博学という帽子のなかで、無産階級独裁はあざやかに、デモクラシーに変わってでてきた」（③一六九頁）という山川の論法は、レーニンと同じで、カウツキーを平凡な「ブルジョア・デモクラシー」の使徒にしている。

それから約一年後、雑誌『解放』一九二二年二月号と三月号に、カウツキーの「社会主義とデモクラシイ」「階級独裁と政党独裁」という二つの論文が、すでに「国家社会主義」を唱えていた高畠素之の訳で掲載された。この論文は、先の『プロレタリアートの独裁』よりも説明は雑だが、民主的手続き（形式的民主主義）の重要性を指摘し、「ブルジョア民主主義」をブルジョアジーによる支配の道具とのみ理解するのは誤りだと強調する論旨は変わらない。カウツキーはレーニンたちのプロレタリア独裁を以下のように批判する。ボルシェヴィキの支配はメンシェヴィキや社会革命党を排除して成立したもので、それをプロレタリア独裁と呼ぶのは「虚偽」である。最初は資本家や地主に対して行使するつもりだった独裁はまもなくプロレタリアに対するものとなり、しかもそれをますます過酷にせざるを得なくなって、逆に資本家に対しては妥協を余儀なくされている。

おそらく一九二一年にボルシェヴィキが採用した新経済政策（ネップ）を念頭に置いて、カウツキーはボルシェヴィキをこのように批判した。高畠は、自らの国家社会主義とボルシェヴィズムが「反改良主義」「非デモクラシー」では一致すると主張していた（田中真人『高畠素之』一〇七頁）。カウツキーの論文の内容は高畠の主張に反するものだが、どんなつもりで翻訳したのだろう。

カウツキーの民主主義論を批判

高畠の意図はともあれ、山川は前記の『解放』論文に対して「ブルジョア独裁の弁」（『社会主義研究』一九二二年四月号）を執筆し、カウツキーの民主主義の概念はカントの「物それ自体」（④二二四頁）と似ており、概念化はできても現象としてはブルジョア民主主義になるほかないと述べ、以下のように批判する。カウツキーによれば、ブルジョアジーと近代デモクラシーはヤドカリと貝殻の関係のようなもので、デモクラシーの国家制度は誰でも座れる公園のベンチか、どんな酒でも盛れる「無色透明のガラスびん」のようなものである（④二三一頁）。だからデモクラシーのもとでの階級闘争は現在の国家制度を基礎にしてその範囲内で行われ、ブルジョアからプロレタリアへの権力移行が実現する。ここでは事実上「革命」は否定されており、カウツキーはかつて自ら主張していたマルクス主義の階級論や唯物史観を棄てて、ブルジョア民主主義の擁護者になってしまったと、山川は結論する。

山川がレーニンの側に立っていることを考慮しても、この批判は性急すぎる。彼はこの文章の一節で、前述の「ソヴィエト政治の特質とその批判」でも引用していたコミンテルン第一回大会（一九一九年三月）でのレーニンの「報告」に言及している。そこでレーニンは以下のように述べる。ブルジョア民主主義がつねに約束しながら実行したことがない市民の平等を、「ソヴェト権力すなわちプロレタリアートの独裁は、一挙に、完全に実現する」。山川はレーニンの文章を引用するに際して「ソヴィエト制度が、実際レーニンの主張するような効果をあげ得るかどうかという実際問題はしばらくおき（下略）」（④二二六頁）という重大な留保を置きつつ、レーニンが決して民主主義を否定していない点に注意を向けている。こうした叙述の背景には、レーニンが『プロレタリア革命と背教者カウツキー』で、「ソヴェトは、プロレタリア独裁のロシア的形態である」と言明していた事実があるだろう。つまり権力の移行期にプロレタリア独裁は不可避で、搾取階級に対して「純粋民主主義」を制限する必要があるが、どこまで制限するかは具体的な状況によって異なる。たとえば選挙権の制限は「純ロシア的な問題であって、プロレタリアートの独裁一般の問題ではない」と述べていることでもわかるように、レーニンといえども民主主義の必要性を頭から否定したわけではなかった。

4 新経済政策（ネップ）とプロレタリア独裁

プチブル階級をどう捉えるか

前述したように、革命当初レーニンは、生産力回復と労働生産性向上のために「日常の労働規律」の必要性を強調し、農民や中小商工業者に代表される「小ブルジョア的放恣と無政府主義の自然発生性」を厳しく糾弾した（「ソヴェト権力の当面の任務」）。そしてプロレタリア独裁は何よりこの「小ブルジョア的な無組織状態」を克服する手段と説明されていた。だから山川は前述の「ソヴィエト政治の特質とその批判」で、革命は新たな段階に入り、ブルジョアに代わり「中流階級と小紳士閥的知識分子」が「最も恐るべきもの」になったと述べた（②四〇一頁）。そしてレーニンが、この「小紳士閥の積極的の反動」とその思想や環境を打破することを、「過渡期における独裁政治を弁護する主要なる一理由として居る」と指摘するのである（同上）。

「労働運動に対する知識階級の地位」（一九二〇年八月）では、この議論は以下のように展開する。マルクスの説明とは異なって、資本主義の発展とともに「ふつりあいに膨脹した有識中間階級の存在」が着目され修正主義が台頭した（③三一頁）。しかし英国やフランスの労働組合の動向をみると、世界大戦の結果、中間階級の膨脹ではなく、「中間階級心理の動揺」と「筋肉労働者の解放運動との接近」という「新しい傾向」が生じた（同上）。この中間階級の分解という傾向がどこまで進むかは不確定だが、もしそれがもっと進めば「精力の浪費と悲しむべき犠牲」を避けることができることになる（③三七頁）。つまりマルクスの説明通り、資本主義の発展とともに中間階級がブルジョアとプロレタリアに分解してしまえば、プロレタリア独裁は不要になる。この当時、山川はロシア革命を「社会的革命の必然が、中間階級の分解を待つことのできなかった実例」（③三二頁）と捉え、プロレタリア独裁は「中間階級の分解を完了」（③三六頁）させるためのやむを得ない手段だと理解していたのである。

むろんこう述べたからといって、山川がレーニンは資本主義の客観的な発展段階を無視して社会主義革命に盲進したと、カウツキーと同様に考えたわけではない。山川はレーニンを評して「革命の心理を最もあざやかに見た」、「自己を信ぜずして、ただ民衆の創造力に信頼した」と述べた（②四〇八頁）。また別の著書では、レーニンを以下のように称賛している。「独逸革命の指導者とプレハノフとは、歴史の必然に従はうとした。けれども彼等は、歴史の必然によつて動いてゐる民衆に従はうとはしなかつた。彼等は歴史の必然を極度に尊重しようとして、却つてこの必然を理解し得たと自信する自己の聡明な判断の方を、一層尊重した。（中略）露国革命の指導者は、同じく歴史の必然を信じてゐた。従つて歴史の必然が生みだした民衆の革命的精神と、創造の力とを、殆んど無限に信用した。彼等はこの歴史的必然の力の前に立つて、自己の無力なことを、真率に且つ大胆に自認した」（『レーニンとトロツキー』一三三～一三四頁）。

ここにはロシア革命の指導者が歴史の必然に従って行動したとの認識があり、社会主義革命は資本主義の十全な発展の後に起こるとは限らないと、山川は考えている。この問題は、ロシアほどではないにせよ資本主義が十全に発達したとは言えず、小作農が社会運動における大きなウエイトを占めていた日本の革命の問題に波及しないわけにはいかない。

新経済政策（ネップ）の問題

しかし山川の日本革命の構想を検討する前に、山川が直面したもう一つの問題を一瞥しておこう。一九二一（大正一〇）年三月、ロシア共産党第一〇回大会はいわゆる新経済政策（ネップ）への移行を決定した。山川の論説「マルクス説より見たる口国の新経済政策」（一九二二年三月）によれば、それは「無産階級独裁の下に、ある制限の下に資本主義の存在を許したもの」である（④一八一頁）。具体的には、それは農民の土地所有と余剰農産物の市場での販売、小工業の生産物の市場での売買を認めることだった。これはプロレタリア独裁の目的とされた小ブルジョアの抑圧ではなく、その存在を公認することにほかならない。この事実を山川はどのように納得したのだろう。

山川の説明は以下の通りである。新経済政策は社会主義実現を断念したのではなく、ロシアにおいて「小産業をただちに社会化することの不可能」を示すにすぎない（④一九五頁）。つまりロシアでは先進資本主義国のような大企業は未発達で、ブルジョアジーの勢力は弱かった。これは社会主義への移行が比較的容易に行われた原因であるが、逆に小ブルジョアの勢力が「例外的に強大」（同上）だったので、プロレタリア独裁は「小ブルジョア的経済を粉砕する戦い」（④一九六頁）となった。しかし小ブルジョア生産を一気に破壊することは国家経済の崩壊を意味するので、それを大工業の発達に繋げ、徐々に小ブルジョア生産を消滅させていくしかない。こうして国家に管理された大工業（レーニンはこれを「国家資本主義」という）の発達によって、漸次、小ブルジョア生産を克服するのが、ロシアにおける社会主義化の道だという。

なるほど新経済政策が必要になった理由は、この説明で一応納得されるかもしれない。しかし一時的にせよ、小ブルジョアの存在を積極的に認めるのであれば、その抑圧を根拠としたプロレタリア独裁は存在理由がなくなり、新たな根拠が必要になるはずである。山川はこの点について何も言明していないが、彼の問題意識の底にこの厄介な問題がトゲのように刺さっていたのではないだろうか。

「無産階級の独裁か共産党の独裁か」

「無産階級の独裁か共産党の独裁か」（一九二二年九月）では、「ソヴィエト」という制度が従来の社会主義とは異なるボルシェヴィズムの特徴で、「いわゆる科学の社会主義に対する、実行の社会主義の特徴」だという（③四〇二頁）。そしてソヴィエトこそが「無産階級独裁の機関」であり、ここには「無産階級中の、階級的に自覚した部分だけ」が代表されるという（③四〇九頁）。逆から言えば、たとえ無産階級であっても、階級意識の遅れた部分の意見はソヴィエトに反映されないことになる。当然、ソヴィエトにおいて共産党がリーダーシップをもつことになるが、ソヴィエト・ロシアの現実がそれを必要としている。「ロシアの現状」は、「愛玩の理想」を自慢することではなく、「現在の現実を材料として、社会主義の新組織を組み立て」ねばならないのだという（「ロ国は共産党の独裁か?」④一二六頁）。これでは、ロシアの現実は階級独裁ではなく、共産党の独裁だというカウツキーの主張を認めたことになるではないか。山川は、結局、プロレタリア独裁に対する、いくらか懐疑的で限定的な当初の姿勢をかなぐり捨て、ロシア革命の現実をありのまま受け入れることにしたようだ。

5　第一次共産党と「方向転換」論

棄権戦術

「マルクス説より見たる ロ国の新経済政策」を発表したのと同じ一九二二（大正一一）年三月、山川は別の雑誌に「普通選挙と無産階級の戦術」というよく知られている論文を発表した。普通選挙制の実現が予期される状況のなかで、無産階級は選挙への参加ではなく、「明白な意識的積極的の棄権」（④二一八頁）戦術をとるべきと説いたものである。日本におけるマルクス主義研究の最先端に立ちながら、なおサンディカリズムの色彩を色濃く残したものとして知られている。

山川によれば、議会を階級闘争の舞台にするには民主主義が成熟している必要があるが、日本では将来にわたってその条件がないので、選挙への参加は「無産階級運動が議会主義によって去勢せられる危険」があるという（④二一三頁）。この論説で、彼は資本主義が自由主義段階から帝国主義段階になったことを強調する。そして最近になって権力を握った日本のブルジョアジーは「ますます反動的」になり、その政治形態は「デモクラシーではなくて、最も露骨なディクテイターシップ」になるとの見通しを立てている（④二一五頁）。こうした論断の根拠はロシアとドイツの実例である。ロシアでは、二月革命によって不十分ながらブルジョア民主主義が成立したが、ボルシェヴィキは民主主義確立に協力するのではなく、一気に社会主義革命に突き進んだ。他方、ドイツの無産階級は一九一八年に成立した政府に協力して、ブルジョア民主主義をいっそう推進する戦略をとった結果、ドイツ革命は失敗に終わった。山川はこの二国の例から「無限の教訓」を受け取るべきだという（④二一七頁）。もしロシアが先進資本主義国と同じくブルジョア民主主義を完成し、そのうえで社会主義革命をすべきだったら、ボルシェヴィキのとった戦略は「反動的」ということになる。しかしロシアの実例は、資本主義の特殊な発展の結果、ブルジョア民主主義を経過せず、あるいはそれを「縮約して急速に通過」して社会主義を実現することがあることを示した（同上）。だから日本もロシアの例に従うべきだと、山川は考えている。選挙での棄権戦術は、日本の無産階級がブルジョア民主主義を発展させる方向ではなく、ボルシェヴィキのとった戦略を採用すべきだとの主張にほかならない。

山川の状況判断と革命への構想は、この時期の政治史についての常識からみると、かなり奇妙である。年号が大正に変わる一九一〇年代初めから民衆運動が高揚し、憲政擁護運動によって第三次桂内閣が倒れた（一九一三年二月）。その後、論壇では民本主義が盛んに唱えられ、米騒動などの激しい反政府運動の結果もあって、普通選挙制導入と本格的な政党政治への機運が高まっていた。

第一次共産党の結成

しかしじつは山川は、こうした大正期の自由主義の風潮とはまったく別の状況に身を置いていた。周知のように、一九二一年から二二年は第一次共産党の創設期である。第一次共産党の結成については、関係者の発言の多くが公判廷での証言や第二次世界大戦後の回顧であることもあって、細部にわたって錯綜した研究と論争が展開されてきた（犬丸義一『第一次共産党史の研究』、松尾尊兊「創立期日本共産党史のための覚書」、黒川伊織『帝国に抗する社会運動――

第一次共産党の思想と運動』など参照)。ここでは深入りを避けるが、少なくとも概要を理解しておく必要がある。

山川は戦後になって『自伝』で大要以下のように述べている。一九二一年にイルクーツクでコミンテルン主催の極東諸民族大会が開催されることになり、日本からも代表を送った。大会は結局、イルクーツクではなくモスクワで行われ、そこでコミンテルンや片山潜と接触し、日本で共産党を作れという「指令」あるいは「サジェッション」を受けた。そこで主要な人たちが集まる集会で共産党結成の決議をした。その当時、山川は鎌倉にいて、水曜会(山川を中心にした社会主義者グループ)の主要メンバー三名からその話を伝え聞いた。山川は「共産党をつくることには異論はないが、技術的に問題があると思ったのと、少なくとも堺・荒畑両君とはあらかじめ相談したいと思ったので、延期しろといったのですが、決議をしてしまったから延期はいいだせないということで、そのまますずるずるべったりに共産党ができて」しまった。だから第一次共産党は「あまりに無計画に、急ごしらえの粗製乱造的に」に創設された(三九二頁)。

モスクワで極東諸民族大会が開催されたのは一九二二年一月から二月にかけてである。ここで山川が語っている共産党結成はその後のことだが、実際はそれ以前の一九二一年四月頃に共産党の「準備委員会」と呼ばれる会合がもたれており、事実上の共産党はこの時に活動を開始した。党結成のキーマンの一人である近藤栄蔵の回顧によれば、「堺が座長の席について、会合の趣旨及び経過報告を簡単に述べ、山川がかねて用意された綱領、規約、方針書を説明」して「あつけなく全会一致で通過した」という（近藤栄蔵『コムミンテルンの密使』一一三頁）。内務省警保局の「最近ニ於ケル特別要視察人ノ状況」（大正一一年一月調）は、この会合を上海に近藤を派遣するための会合として報告している（『社会主義沿革2』一〇五～一〇六頁）。

第一次共産党と山川

翌一九二二年の共産党創立については、七月一五日とする説が年表などにも採用されている。その根拠とされる高瀬清『日本共産党創立史話』は、七月一五日に高瀬の間借りしていた部屋で「創立会議」が開催されたとする。この会議は先に結成されていた準備委員会の「第一回正式細胞代表者会議」で、山川を含む八名が出席した。そしてコミンテルンの規約に基づき、その日本支部として非合法組織の共産党結成の必要性が「堺、山川両先生より説明」され、一同異議なく可決して共産党が正式に発足した（高瀬清『日本共産党創立史話』一七八頁以下参照）。しかしこの「創立会議」に前後して、何度か同種類の会議が山川の自宅などさまざまな場所で開かれたらしい。荒畑寒村は橋浦時雄《はしうらときお》の回想を引用して、一九二二年「夏ごろ、幡ヶ谷あたりの火葬場に近い待合料理屋で、山川さんが暫定規約草案を説明した会」があったとし、党の結成について「格別の形式をふんだという記憶はのこっていない」と記している（『寒村自伝（上）』荒畑⑨四二二頁）。

ここでごく一部を紹介した関係者の回顧の真否については、細部にわたる論争がある。しかし少なくとも一九二一年から翌年の会議で、山川が綱領的な文書の発表などで主導的な役割を果たしたこと、またこの時期の関係者のなかで山川が理論面での第一人者だとみなされていたことについて、関係者の認識が一致している。また黒川伊織も、「第一次共産党は、山川あっての党だった」とし、準備委員会から解党までの約三年の全期間を通じて、山川が党の中心にあったと述べている（黒川前掲書二六〇頁）。つまり会合への出席の有無や役員になっていたか否かにかかわりなく、山川は「論文や個人を通じて執行部に影響」を与えていた（山川振作による「編者あとがき」④四五七頁）。だからこの時期の山川の発言は、共産党の方針を述べたものと考えなければならない。先に検討したロシア革命論、カウツキー批判も共産党の見解と無縁ではなく、さらに「普通選挙と無産階級の戦術」における日本資本主義に対する認識や社会主義革命への展望も、事実上、この当時の共産党の方針を示したものだったと考えられる。

コミンテルンの方針転換

しかし注目したいのは、むしろその後、山川の議論が徐々に変化していくことである。棄権戦術を主張した四カ月後の『社会主義研究』一九二二年七月号に、山川は「政治の否定と政治の対抗」を発表した。ここで彼は、政治に対する無産階級の態度として、ブルジョア政治の「軌道」上にある段階から、政治の否定を経て、ブルジョアジーの政治に対抗する段階の三つに区分し、現状は第三段階の「政治の対抗」にあると示唆する。棄権戦術を否定したわけではないにせよ、より積極的な政治運動を提起したもので、活動家の間で根強い支持があったアナルコ・サンディカリズムを間接的に批判したものと読める。同じ号の『社会主義研究』には、前年（一九二一年）一二月一八日付でコミンテルンの執行委員会が発表した「テーゼ」が「労働階級の『協同作戦』」として翻訳掲載されている。この「テーゼ」の正確なタイトルは「労働者統一戦線について、ならびに第二、第二半およびアムステルダム・インタナショナルに所属する労働者、さらにアナルコ・サンディカリスト的諸組織を支持する労働者にたいする態度についてのテーゼ」である（『コミンテルン資料集』第一巻、九五頁以下参照）。この「テーゼ」の趣旨は、分立した各種のインタナショナルへの働きかけを強め、各国共産党と改良主義的団体やサンディカリスト組織との協同戦線を容認する一方で、コミンテルンとしての主体性を維持すべきことを説いたものだった。一九二〇年八月に決定されたコミンテルンの加入条件二一カ条では、第七条でコミンテルンに所属する党は「改良主義や「中央派」の政策と完全に、絶対的に絶縁」し、これを「党員のあいだに宣伝する義務」があるとしていた（「共産主義インタナショナルへの加入条件」『コミンテルン資料集』第一巻、二一六頁）。だから二一年一二月の「テーゼ」はこの第七条の純化原則を棄てて、（独自性をあくまで維持するとの条件つきだが）改良主義的団体との共闘の可能性を宣言したのである。

「無産階級運動の方向転換」

このコミンテルンの方針転換に沿って書かれたのが、翌月発表された「無産階級の『協同戦線』」である。この論文の冒頭で、山川はコミンテルン第三回大会の「大衆へ！」「プロレタリアートの統一戦線を打ち立てよ！」の二つのスローガンを紹介する（このスローガンについては「新たな活動へ、新たな闘争へ」参照、『コミンテルン資料集』第一巻、五一六頁）。そして前記の各インタナショナルの間の折衝について述べた後、コミンテルン（すなわち各国共産党）の活動は、改良主義から独立した組織と運動をつくる段階から、「大衆と共に協同の戦線」を作る段階に達したと解説する。つまり未だ「改良主義者と中間派の指導の下にある」大衆との協同戦線を組むことによって、共産党は「少数者のかたまり」「宣伝の機関」（④三一四頁）にすぎない現状から脱皮しなければならないと説く。コミンテルン第三回大会の「大衆的共産党の形成」という「執行委員会の報告にたいする決議」（『コミンテルン資料集』第一巻、四〇三頁参照）を忠実に説明したものといえる。

こうしたコミンテルンの方針転換を受けて、日本の社会主義運動も方針転換すべきことを説いたのが有名な「無産階級運動の方向転換」（『前衛』一九二二年七・八月合併号）である。ここで山川は、無産階級運動の第一歩は「資本主義の精神的支配の下にある一般大衆」から思想的に「純化」することだったと述べる（④三三九頁）。そして今やこの第一歩から踏み出し、「前衛たる少数者」が「純化した思想をたずさえて（中略）大衆の中に」入っていく段階になったとして、「大衆の中へ」が「新しい標語でなければならぬ」と説く（④三四二頁）。さらにこの「方向転換」に対して当然予想される改良主義への堕落という批判について、大衆の実際の要求に応じた運動を通じて、「最後の目標に進ませることに努力するか否か」が改良主義と革命主義の違いだと説明している（④三四三頁）。

一九二二年の七月から八月にかけて、山川が立て続けに発表した三本の論文「政治の否定と政治の対抗」「無産階級の『協同戦線』」「無産階級運動の方向転換」は、明らかに同じ問題意識に貫かれている。コミンテルンの「テーゼ」の発表は前年一二月だが、山川は翌年七月の『社会主義研究』でそれを紹介し、翌八月に「方向転換」論を発表した。「方向転換」論がコミンテルンの方針転換から示唆を受けたものであることは、否定しようがないだろう。しかし山川自身は後に以下のように述懐している。「方向転換論は前から考えていたのですが、書いたのも発表したのも突如でした。私自身その日まで決心していなかったのですが、夜おそくなって急に思い立って書いて、翌朝、印刷屋にかけつけさせ、他の論文と入れ替えた」（『自伝』四一一頁）。

「前から考えていた」の「前」とはいつなのかわからないが、四カ月前の「普通選挙と無産階級の戦術」と同時期に発表された「労働組合の進化と職分」（『解放』一九二二年二月号〜三月号）では、サンディカリスト的な労働組合論の限界を力説していた。経済闘争を主とする労働組合以外に、「無産階級の政治上社会上の意識と目的とにもとづいた組織」が必要だとの指摘である（④一七二頁）。大衆的な政治組織の必要性は、この頃から山川には意識され始めたのではないだろうか。棄権戦術を説いた「普通選挙と無産階級の戦術」でも、議会政策と直接行動を二者択一的に捉えることには反対している。これはかつて『新社会』一九一八年二月号で、高畠素之が山川批判として展開した論点である。そのとき山川はまだ直接行動論に傾斜していて、まともな反論を書けなかった（前章参照）。ちょうど四年を経て、やっと山川は高畠と同じ認識に達した。しかしこの段階ではまだ、日本ではブルジョア民主主義が十分に発達することはないので、議会への進出はブルジョア支配に安定を与えることになるとの判断で、「積極的の棄権」を説いた。民主主義が未成熟のままに終わるとの判断が覆れば、棄権戦術も放棄されることになるだろう。山川の歩みは着実だが、遅々としている。

方向転換論と第一次共産党

ともあれ「方向転換」論を執筆発表した時期が第一次共産党の結党と重なるのは、偶然ではあり得ない。「急に思い立」ったのは、関係者に共産党の方針として示す意図だったからだろう。後に市川正一《いちかわしょういち》が、「方向転換」論は「根本においては日本共産党の党決議を経てつくられた宣伝文」だと主張したのも無理からぬところがある（一九三一年七月の公判での陳述、市川正一『日本共産党闘争小史』四一頁)。しかしイニシアティブが党の方にあったとは考えにくい。最晩年の山川が「僕が個人的な意見を発表すれば反対する人がないからまるで党の意見になる」と述懐しているのは、そうした事情を山川流に表現したものである(山川振作「臨終記」)。「(共産党の)準備会のメンバーが検討して、山川に書かせた」のかという質問に対して、当時の関係者が「中心は山川さん自身ですよ」(高瀬清)、「山川さんが指導者だったんだもの」(浦田武雄)と述べているのも、第一次共産党の実情を示している(『近藤栄蔵自伝』所収の座談会、同書四七五頁)。荒畑寒村も「適切な方針のもとに統一的な活動に出られる筈がなかった」と述懐している(『寒村自伝(上)』荒畑⑨四二五頁)。山川自身の思索の結果が「方向転換」として表明され、それが関係者の間で党の方針として受け止められたのだろう。

他方、山川は「方向転換論は第一には私自身の自己批判と清算であり、(中略)同時に過去の社会主義運動の清算だった」と語っている(『自伝』四一四頁)。コミンテルンの方針転換に示唆を受けながら、結党されたばかりの(あるいはそれを目前にした)共産党が大衆運動を基盤にしなければならないという決意を表明したのである。それは何よりまず、彼自身の運動経歴のなかに存したサンディカリスト的な側面への批判であるが、さらにその延長上で大衆的な政治組織の必要性を意識し始めたことを意味する。

だがこうした自己批判は、まだ具体性をもった運動方針にまで深められていなかったことも否定しがたい。この時期に盛り上がった過激社会運動取締法案や普通選挙運動に対して、「大衆の中へ」を呼号したにもかかわらず、当初、山川らの姿勢はきわめて消極的だった（松尾尊兊『大正デモクラシー』二三一〜二七七頁参照）。この点について、『自伝』は以下のように弁明している。「われわれのイニシアチーブで運動を起こせば即日弾圧がくるにきまっている、だから他から起こった運動にはいってゆくしかないが、われわれ札つき社会主義者は運動の方でなかなか受け入れないし、かりに受け入れればその運動に弾圧がきて、結局、逆の効果になってしまう。こうしたディレンマからしばらく静観して、時機を見ようということに落着きました」（『自伝』四〇四頁）。

これもまた一面の事実であろう。しかしコミンテルン第三回大会の「戦術についてのテーゼ」では、「プロレタリアートの煽動と組織のためのあらゆる可能性――出版の自由、団結の自由、ブルジョア的議会主義の諸制度」を「共産主義の武器」にするように訴えていた（『コミンテルン資料集』第一巻、四二三〜四二四頁）。山川の思考はまだ具体的な戦術にまでは及んでおらず、抽象的なスローガンや心構えにとどまっていたのである。

方向転換論の深化

方向転換論がいくらか具体性を帯びてくるのは、一九二三（大正一二）年一月からである。「当面の問題」で、山川は従来の過激社会運動取締法案に対する社会主義者の態度を「驚くべき無抵抗主義」と自己批判し、「消極的の否定」から「積極的の対抗」に進まねばならないと主張する（⑤六七〜六八頁）。しかしここで注目すべきは、これまで反対運動を牽引してきた「自由主義者と急進分子」への消極的評価である。山川は日本において政治的民主主義が未発達なのは、彼らが早くから「革命的気力」を失ったためだという。そして無産階級が彼らを支持するのは、彼ら自身が官僚や資本の独裁に対決する限りであり、無産階級は彼らのために「火鉢の灰から、焼栗をつまみ出す役目に甘んずるものではない」と宣言する（⑤六六頁）。つまり小ブルジョアジーはいずれ闘いから脱落するとの認識であり、最初から喧嘩腰の態度なのである。

しかも見逃してはならないのは、「積極的の対抗」とは言論による批判や院外での大衆運動が想定されているだけで、選挙での「意識的積極的の棄権」の思想は堅持されていたことである。その理由は、無産階級の政治参加がブルジョア政党にからめ取られてしまう危険性が大きいという点にあるので、無産階級の政治的組織が存在を認められていない状況では、「階級的に結合する目じるし」がないので、無産階級の政治参加がブルジョア政党にからめ取られてしまう危険性が大きいという点にある（⑤八〇頁）。「当面の問題」と同じ一九二三年一月に発表された「無産階級政治運動の出発点」によれば、「無産階級の政治運動」は「現在のブルジョアの政治や政治機関を通じて」部分的改良を獲得することではない（⑤八五頁）。だから部分的改良を重ねて無産階級の解放を実現するという思想は、ここで明確に否定されている。もっとも用心深い山川は、「議会を利用する場合」を全面否定しているのではなく、それを階級闘争の「機運と形成」を促進するのに利用すべきだと述べている（同上）。

ところで山川がこの論文で「積極的対抗」の政治の実例として挙げているのは、「労農ロシアの承認と通商開始」の要求や「対ロ非干渉運動」である。はたしてこれが、方向転換論にいう大衆の「当面の生活を改善する運動」（④三四三頁）といえるだろうか。山川の「方向転換」はまだ抽象論のレベルにとどまっているというしかないだろう。たとえば社会主義団体や労働組合の活動に対する規制撤廃や、最低賃金制・労働時間の短縮など、すぐに思いつく「積極的対抗」の政治は、すべて議会を通じて実現するしかない。議会での代弁者をあえて持たず、ブルジョア（あるいは小ブルジョア）政党に対して院外から圧力をかけるという山川の発想は、それこそ「驚くべき忍従主義」（⑤六七頁）であろう。その直後に、過激社会運動取締法が廃案になったとき、山川は「小なる勝利の大なる意義」を書いて、労働階級が明確な階級意識に立ってブルジョアジーと対抗した「最初の一戦」だったと絶賛した（⑤一四三頁）。確かに院外での運動も大きかったが、この運動の勝利は組織が弱い無産階級が議会に進出すれば、ブルジョアジーにからめ取られるとの危惧を薄めるものだったであろう。

コミンテルンの議会主義批判と山川

山川が選挙ボイコット論に固執した最後の論説は「『方向転換』とその批評」（『前衛』一九二三年二・三月号）だった。山川は以下のように主張する。「私一個の信ずるところでは、日本の実際の形勢からすれば、棄権しボイコットすることが、投票することよりも、いっそう有力な政治的対抗になると思う」（⑤一二二頁）。ただしボイコット戦術には、最初に発表した時から、それが政治的無関心による棄権にならないことという留保条件がついていた。しかもこの論文では、「私一個の信ずるところ」といい、「多数の人々の観測と判断」に基づいて最終決定すべしと述べるなど、いかにも確信がなさそうにみえる。一体なぜ、山川はこれほどボイコット戦術にこだわるのだろう。

この論文がコミンテルン第二回大会の決議に言及していることでもわかるように、議会主義の否定は山川の「一個の見解」ではなく、コミンテルンの決定だった（⑤一二〇頁）。コミンテルン第二回大会の「共産党と議会主義についてのテーゼ」は、歴史的には進歩的な役割を果たした議会が、帝国主義の時代になって「無気力なおしゃべりの用具」になったと述べる(『コミンテルン資料集』第一巻、二二三頁)。そして議会主義はブルジョアジーの「支配形態」であり、「資本の手ににぎられた弾圧と抑圧の用具」であると断言している(同上書二二四頁)。コミンテルンが議会主義に対置する将来の政治形態は、言うまでもなくプロレタリア独裁で、議会は「ブルジョア国家機関を破壊する目的」で利用されるにすぎない(同上書二二四頁)ことであり、共産党の目標は「プロレタリアートの蜂起を政治的および技術的に準備する」(同上書二二三頁)ことであり、したがって議会は労働者階級の環境改善のための闘争の場ではなく、院外での大衆運動に従属するものとして位置づけられる。一言でいえば、階級闘争は蜂起と内戦、そしてプロレタリア独裁という形をとると想定されており、議会はその過程を有利に運ぶための手段にすぎない。山川は方向転換論以後もしばらくの間、ロシア革命と近似したイメージで日本の革命を理解していたのである。

棄権戦術の放棄

山川が選挙ボイコット論を取り下げるのは、先の論文から一年以上経った一九二四(大正一三)年五月発表の「日本におけるデモクラシーの発達と無産階級の政治運動」である(ただし執筆は前年一一〜一二月で、後述する「新形勢と新方策」「ブルジョアの政治勢力と無産階級の政党」で無産政党の結成を主張し始めた時期である)。この論文は山川の思想の転機をなすものとして重要であるが、ここでは棄権戦術の放棄を中心に検討しよう。山川は将来の日本の方向性を考えるために英国・ドイツ・ロシアの例を取り上げる。ブルジョア民主主義が十分に発達し議会を通じて労働党が権力を握る可能性がある英国、無産階級がブルジョアジーと協力して一九一八年にブルジョア革命を成し遂げたが、社会主義革命には失敗したドイツ、二月革命によって成立した不十分なブルジョア民主主義に安定を与えず、すぐに社会主義革命に転じたロシアである。山川は日本がこの三国のいずれとも異なるとしつつ、帝国主義段階にある資本主義ではブルジョア民主主義が英国のように発達する見込みはないとする。そして日本はブルジョア民主主義に安定を与えずに社会主義革命に転じるべきだと論じ、選挙への参加は民主主義を安定させるので、積極的棄権の戦術が適切だという。

しかしここには重要な留保条件がある。数年前の棄権戦術は以下のような根拠に基づいていた。(1)日本の無産階級の組織は脆弱だったので、ブルジョア勢力の侵入を防ぐために階級意識の「結晶体」をつくる必要があった（⑤三八七頁）。(2)戦後の世界の資本主義はまだ不安定で、革命的状況が高まると観測された。しかし山川はここで状況判断を訂正する。以前の見解は「誇張した観測」であり、今では「切迫した」状況は去り、むしろ「緩和せられた形勢」（⑤三八八頁）なので、積極的棄権は不可能になったという。

このような状況判断の当否は別として、山川の棄権戦術撤回の根拠はやはりコミンテルンの規定だったであろう。前述したコミンテルンの「共産党と議会主義についてのテーゼ」は以下のように述べている。「選挙や議会のボイコット、さらに議会からの脱退が許されるのは、主として、権力をめざす武装闘争に直接に移行するための条件がそなわっているときである」（『コミンテルン資料集』第一巻、二二七頁）。この時点での山川は社会主義への移行は暴力なしに不可能と考えており、英国だけは平和的移行が可能とする見解に対しても懐疑的だった。先に棄権戦術を説いたとき、彼は移行期がそれなりに迫っていると考えていたが、今はそれが遠のいたと観測したのである。切迫した状況になれば、棄権戦術で揺さぶるという方法を棄てたわけではない。

民主主義は必要条件

ともあれ、状況は切迫していないという判断は、客観的状況の変化というより、山川自身の思考の変化という側面が強い。変化の核心は二つの点に要約できる。第一は、民主主義の「或る程度」の発達が、無産階級の政治的成熟にとって「必要な条件」だと考えるに至ったことである（⑤三六八頁）。つまりブルジョア民主主義が未発達な状況では、無産階級の政治的成熟は「至難」と考えるようになった（⑤三六九頁）。むろん政治的自由や進歩的政策が「無産階級運動を馴致し去勢する」可能性は否定できないが、「それにもかかわらず」、それが無産階級にとって有利になると考えるのである（⑤三七〇頁）。

山川はかつて吉野作造の民本主義に対して、「校長の生徒懐柔策」（①四五八頁）とか「デモクラシーから民主主義を引き去った残高」（②八四頁）と辛辣な言葉を投げつけていた。また大山郁夫のいう「協同利害観念」を「一つの階級の利害を、国家の名によって（中略）他の階級の利害に隷属せしめよ」という主張だと評していた（①三三一頁）。むろんこのような批判的見解をここで完全に棄て去ったわけではない。しかし限界はあるにせよ、ブルジョア民主主義の充実が無産階級の利益になると積極的に説くようになったのは、大きな転換である。

第二の変化は、このような民本主義評価の変化とかかわる。山川は、先進国とは異なって、日本のブルジョアジーは政治的民主主義を完成しなかったと、繰り返し主張している。しかし他方で、論文

「日本におけるデモクラシーの発達と無産階級の政治運動」では、今後日本でそれが発達する可能性があると述べる。その客観的条件は、ブルジョア政党内部の政争、ブルジョアジーと小ブルジョアとの争い、無産階級の政治的台頭の三つである。彼はとくに第二の要因を重視し、「小ブルジョアの進歩主義と自由主義とが、今日以上に有力となって来ることは疑いがない」と述べる（⑤三六五頁）。当然、この小ブルジョア勢力の台頭に対して、無産勢力はいかなる態度を取るべきかが、喫緊の課題として浮上してくる。山川の立場からすれば、両階級の根本的な利害の対立は無視できない。しかしブルジョアジーとの対抗で、両者がある点まで協力することは可能であろう。こうした論点についての山川の結論は、以下のようなものだった。「無産階級は独立した政治上の立場から、小ブルジョア急進主義を支持し、彼らの政治勢力を有効に利用すると同時に、ブルジョア・デモクラシーに安定を与えないことを利益とする」（⑤三八二頁）。ここにいう「小ブルジョア急進主義」を民本主義と読みかえれば、山川の立っている位置の変化がよくわかるだろう。

本章第2節で紹介したように、無産階級の運動は大衆運動なので秘密裏には組織できず、民主主義が絶対不可欠であることは、カウツキーが『プロレタリアートの独裁』で切言したことだった。山川は小ブルジョア急進主義の動向が日本の民主主義発達のカギになると考えており、政治上の自由の拡大は無産階級にとって「有利」になるという。山川はレーニンとコミンテルンの位置から一歩だけ遠ざかり、カウツキーに、そして民本主義者に一歩だけ近づいたと評してよいだろう。だがこれは山川の長い道のりの小さな第一歩にすぎない。

6 単一無産政党論

無産階級政党の性格をめぐって

山川が単一無産政党の必要性に初めて言及したのは「新形勢と新方策」（掲載誌不明、一九二三年一一月四日執筆）だった（ただし「単一無産政党」という言葉を使い始めるのは一九二六年になってからである）。黒川伊織の研究によれば、一九二三（大正一二）年九月三日、すなわち関東大震災の直後に、コミンテルンから山川に合法政党結党の指令が届けられたが、山川はその必要性をそれ以前から認識していたとされる（『帝国に抗する社会運動』二二八〜二二九頁、なお合法的無産政党結成の決定については、『資料集コミンテルンと日本共産党』所収の一九二三年八月五日付のウラジオストック「日本ビューロー会議議事録」を参照）。すでに述べたように、方向転換論にはそうした問題意識がすでに萌芽の形で表明されていた。慎重な山川はコミンテルンの指令を受けて、かねてからの問題意識を公然と主張したのである。

この論文は、前述の「日本におけるデモクラシーの発達と無産階級の政治運動」と同じ時期に執筆されている。ここで山川が「新形勢」と呼んでいるのは普通選挙実施への動きで、この論文でも自由と民主主義の「或る程度」の発達が無産階級の成熟に必要だと主張され、その発達を望む限りでは無産階級の利害は小ブルジョアと一致すると述べている。そこで彼が強調したのが、ブルジョアおよび小ブルジョアから「独立した一個の政治的勢力」（⑤二八四頁）の組織だった。つまりブルジョア民主主義の増進を餌に、無産階級がブルジョアや小ブルジョアの勢力に取り込まれないように、工場労働者と農民を中心にした全無産階級分子を糾合しなければならないと考えたのである。

中間階級にどう対処するか

一カ月後に執筆された「ブルジョアの政治勢力と無産階級の政党」も「新形勢と新方策」と同じ論旨で、ここでは普通選挙で新たに選挙権を獲得する一〇〇〇万人の半分は無産階級で、残りは小ブルジョア下層と中間階級だと推定する。この小ブルジョア・中間階級とは、具体的には小商人、小製造業者、小自作農、俸給生活者、専門職業者、知識分子の大部分などで、「その数はかなりに多数」(⑤三〇〇頁)であるが、従来の無産階級運動では過小評価されてきたと指摘する。こうして普通選挙の実施を前に、従来、いずれブルジョアジーと無産階級に分解する、動揺常なき階級とされてきた小ブルジョアジー・中間層の存在を、山川は強く意識し始める。だがこの段階では、それは主として、無産階級が小ブルジョア自由主義のなかに「溶解」してしまう危険性として意識されていた(⑤三〇六頁)。

「無産階級政党の諸問題」(一九二四年六月)では、この問題はさらに踏み込んだ考察がなされる。山川は二つの点を強調する。一つは政党の性格である。求められているのは、抽象的な理論や革命的要求を掲げて「宣伝」をする組織ではなく、「当面の具体的な利害と要求」を掲げた「行動」の党である(⑤四〇八頁)。つまり必要なのは「少数の前衛分子」(同上)の組織ではなく、大衆的な運動体である。したがって組織での決定は「公然の討議と公然の討論」(⑤四一五頁)により、一般大衆の意識に訴える形をとらねばならない。大衆運動は「秘密のうち」(同上)に行うことはできないからである。山川がこの時点で、共産党と大衆的な無産政党を二律背反的に捉えたわけではないにせよ、彼が前衛党的な組織形態を否定的にみるようになったことは否定しがたい。

第二の問題は小ブルジョア・中間層をどのように位置づけるかの問題である。山川によれば、普通選挙後の状況は、一面では小ブルジョア民主主義と無産階級運動の対抗である。小ブルジョアはブルジョアとの対抗上、無産階級の協力を必要とする。だから無産階級は、小ブルジョアの組織に組み込まれ、離散してしまわないように、独自の組織をもたねばならない。逆に、もし無産階級の組織が確固としていれば、本来、安定性をもたない小ブルジョアの「相当に沢山の分量が、無産階級の政治運動に参加する可能性がある」(⑤四一〇頁)。あるいはそうでなくとも、少なくとも小ブルジョアをブルジョアの支配から引き離し中立的な勢力にすることができる。これが無産階級勝利の絶対の必要条件である。これまで山川は、小ブルジョア・中間層を無産階級と利害が対立し、本質的にはブルジョア階級に近い存在と捉えてきた。ここで彼は考えを変え、無産階級と小ブルジョアとの部分的な共闘の可能性に言及している。現に、この論文を『無産政党の研究』(一九二四年一一月刊)に収録した際に、以下のような文章を加筆した。無産政党はプロレタリアを中心としつつ、「その周囲により大きな環を描いている社会層、いやしくも資本主義的現存秩序に対する反対勢力となり得る、いっさいの要素」を結び付けねばならない(⑤四〇五頁)。つまりここで無産政党は、小ブルジョアの階級的利害を考慮にいれた綱領をもつことによって、ブルジョアと小ブルジョアの間にくさびを打ち込む存在として構想されているのである。

第一次共産党の解党

以上の山川の議論の展開を、第一次共産党の動きと対照して捉え直してみよう。

一九二二年夏、第一次共産党の結成と期を同じくして、山川は「政治の否定と政治の対抗」「無産階級の『協同戦線』」「無産階級運動の方向転換」を発表した。これらの「方向転換」論はコミンテルン第三回大会の「テーゼ」におけるコミンテルンの方針転換を受けたものだった。翌一九二三年一〜二月の「当面の問題」「無産階級政治運動の出発点」『方向転換』とその批評」は、「方向転換」論の内容のさらなる具体化を提示したものといえる。だがこうした方針が実践される間もなく六月五日、「第一次共産党事件」と呼ばれる一斉検挙事件が起きた。山川は倉敷に帰省中という事情もあって検挙をまぬかれたが、起訴された（後、無罪）。この検挙事件と関東大震災後の白色テロで党は大きな打撃を受けたが、一〇月に第三回党大会が開催され、山川起草の運動方針が決定された。しかしその年末には党の指導部で解党論が支配的になり、二四年三月に第一次共産党は解党する。

解党の仔細は明らかではないが、関係者の圧倒的多数の意見だった。なかでも山川が「もっとも徹底的な解党の主張者」（『寒村自伝（下）』荒畑⑩九四頁）だったことは、多くの証言によって認められている。山川は言う。第一次共産党事件で保釈されて「出てきた被告たちが相談して、党は事実上壊滅しているから一応正式に解散しようという決議をしたのです。それでその後市川正一が郷里山口に帰る途中、それを報告する役目をもって私のところにやってきた。私はそれで初めて知ったのです」（『自伝』三九八頁）。たしかに山川は震災で東京大森の家を失い、神戸の垂水に避難していた。しかし「平党員」だったと書くなど、『自伝』は一貫して党との関わりを実際より消極的に表現している。解党についても、彼の意向が強く働いたとみるべきだろう。

大衆的な無産政党

関係者の一斉検挙から約半年後の一九二三（大正一二）年一一月から一二月にかけて、山川は前述の「新形勢と新方策」「ブルジョアの政治勢力と無産階級の政党」「日本におけるデモクラシーの発達と無産階級の政治運動」を執筆している。いずれも「いっさいの無産階級分子を包容」（⑤二八四頁）した無産政党結成の必要性を訴えたものである。この時点では、非公然組織としての共産党と大衆的な無産政党との併存を想定したうえでの議論だったと思われるが、まもなく福本イズムとの対決が始まり、コミンテルンとの距離が広がっていく。「少数の前衛分子」の結合を明確に否定するニュアンスを滲ませた論文「無産階級政党の諸問題」（⑤四〇八頁、原題「日本における無産階級政党の当面の任務」）は一九二四年六月の発表だが、執筆は四月すなわち共産党解党の翌月だった。しかも注目すべきは、この論文で無産政党の位置づけに重要な変化が起こっていることである。これまでは、もし無産階級の政治的結合体がなければ、階級意識のない部分が小ブルジョア政党にからめとられてしまうという理由で、無産政党の必要性が説明されていた（たとえば「新形勢と新方策」）。ところがここでは、「日本の現在の社会にある、いっさいの反資本主義的勢力を動員する」ことがこの政党の任務だとされている（⑤四〇五頁）。無産政党の中核部分は、当然、無産階級である。しかし「ブルジョアジーの最下層」あるいは「中間的の階級」のなかには「相当に沢山の分量が、無産階級の政治運動に参加する可能性がある」というのだ（⑤四一〇頁）。つまり小ブルジョアや中間層を無産政党に包含する可能性を、山川は意識し始めた。このとき山川の立脚点は固まったといえるだろう。

なお付言すると、前記の「新形勢と新方策」「ブルジョアの政治勢力と無産階級の政党」「日本におけるデモクラシーの発達と無産階級の政治運動」の三本の論文のうち、「日本における……」は『改造』一九二四年五月号に発表、他の二本は初出誌不明で、同年六月刊の『無産階級の政治運動』に収録された。『改造』発表時の「日本における……」の末尾には以下の但し書がある。「本文の大部分は、昨年中に執筆したものであるが、その後の事実によって多少の補足をした」(⑤三九〇頁)。無産政党について論じたこれら三本の論文が、すべて一九二三年末に執筆されたのは、解党への動きを考慮したからだろう。山川はこの頃には、前衛党の組織原理とはっきり距離を置いていたと想像できるのではないだろうか。

前衛党否定と単一無産政党論

「無産階級政党の諸問題」で提起した二つの主張、すなわち前衛党の否定と反資本主義的な要素をすべて包含する単一無産政党論は、一九二五(大正一四)年を通じて繰り返し論じられている。概観しておこう。「無産政党と綱領の問題」(一九二五年六月)は、「小ブルジョア急進分子と共同の戦線に立つ」(⑥一〇七頁)ことを躊躇してはならないと述べて、初めて「共同戦線」という語を使っている(なお山川は「共同」と「協同」を混用しているが、本書では引用を除き「共同」で統一する)。日本の人口に含まれる「多数の小ブルジョアの下層と中間的の階級」を、ブルジョア勢力から引き離すことは「無産政党の任務」であるだけでなく、「或る程度までは彼らの利害と妥協」できるという(⑥一〇九頁)。「無産階級政党の諸問題」で端緒的に論じられた問題が、ここではさらに積極的に前面に押し出されていることがわかる。

「無産政党はいかなる組織をもつべきか」（『マルクス主義』一九二五年九月号）では、無産政党の任務の一つとして「動揺不定的な中間勢力の牽制」を挙げる（⑥一九一頁）。そして無産政党の構成要素を列挙したうえで、「小ブルジョアと中間的要素」から「相当な数量」が無産政党に流れこむと予想している（⑥一九二頁）。つまり無産政党は階級政党ではあるが、さまざまな要素を包含し、「小ブルジョア中間要素の政治勢力」との間の「協同戦線」でもありうる（⑥一九三頁）。だから共産党のような内容の「純一」な階級政党ではなく、またそうであってはならないという。

『改造』一九二五年九月号に掲載された「無産政党はいかなる綱領をもつべきか」は、日本農民組合の呼びかけによる第一回無産政党組織準備協議会の開催を受けたものである。山川はここで、目指すべき無産政党は精密な「原則綱領」を必要とせず、具体的な「行動綱領」のみで良しとする。つまり究極目的について抽象的な議論をするのではなく、「最低限度の基礎」に立って共同戦線を構築することを最優先すべきだと言う（⑥二三二頁）。さらに同じタイトルの一九二五年八月執筆の論文で、山川は言う。この政党は「小ブルジョア的な原則綱領の上に立った社会民主党」や「内容の純一な共産党」とは異なり、「無産階級のあらゆる要素の協同戦線の特殊な一形態」である（⑥二〇五頁）。

共同戦線党

山川の無産政党論は一般に「共同戦線党」と表現される。山川自身は一九三一～三二年頃に執筆したとされる「「共同戦線党」の用語について」という文章で、この言葉を初めて使ったのは前記の「無産政党はいかなる組織をもつべきか」だったと回想している（⑩八二頁）。しかし実際はそこでは「協同戦線」という語しか使われておらず、一九二六（大正一五）年三月に結成された労働農民党について述べた「労働農民党の任務について」（『マルクス主義』四月号）が、「共同戦線党」という語の初出だろう。

この論文で山川は労農党を「無産階級のいっさいの要素の協同戦線党」（⑦五頁）と性格づけ、さらに『労農』創刊号の「政治的統一戦線へ！」（一九二七年一二月）以後、山川の立場を端的に示す言葉となる。「政治的統一戦線へ！」には、共産党に対する明確な批判が出現するが、その点を除けば、基本的な考え方は「無産階級政党の諸問題」（一九二四年六月）で示され、翌年八〜九月の諸論文でさらに明瞭に表現された。西欧型社会民主主義とも前衛党としての共産党とも異なる「日本型社会民主主義」が、ここに明確に宣言されたのである。この点について、章を改めて考えてみよう。

第六章　福本イズムとの闘い

1　無産政党の結成と分裂

無産政党の結成

前章の末尾で、一九二五（大正一四）年頃の山川の単一無産政党論を日本型社会民主主義の形成と位置づけた。山川の無産政党論の背景には労働組合を中心にした無産政党結成の動きがあった。日本の労働組合は一九一二年に結成された友愛会が濫觴《らんしょう》であるが、日本労働総同盟友愛会（一九一九年）と改名したのち、一九二一年に日本労働総同盟（「総同盟」と略称）となった。総同盟には当初から内部対立があったが、普通選挙の実施が日程にのぼり（一九二五年普通選挙法公布）、無産政党の結成と選挙への参加が具体化すると、右派はマルクス主義や共産党の影響に警戒感をもつようになる（絲屋寿雄『日本社会主義運動思想史』2、七四頁以下参照）。対立が顕在化するのは一九二四年頃で、翌一九二五年五月に総同盟から排除された左派が日本労働組合評議会を結成して、両派は分裂した。

無産政党結成を主唱したのは日本農民組合で、一九二五年八月に農民組合・労働組合・水平社・政治研究会などが参集して、第一回無産政党組織準備協議会が開催された。しかしここでも左右が対立し、右派が離脱、左派は単一無産政党結成を優先して自主的に脱会して、一二月に難産の末に農民労働党が結成されたが、即日禁止された。そこで翌二六年三月、総同盟と農民組合を中心に左派を排除した形で労働農民党（労農党）が結成された。しかしその後、労農党は左派の個人加盟を認めたので、一二月には左派の入党に反発した右派が離脱して社会民衆党（委員長・安部磯雄）を結党し、また中間派も日本労農党（書記長・三輪寿壮）を結成して、無産政党は三分裂してしまった。

こうした事態の変転をふまえながら、山川は一九二〇年代後半にその単一無産政党を「共同戦線党」と呼ぶようになる。その主張の骨子を、状況の変化に伴う主張の変化よりも、むしろ彼の考え方の一貫した特徴を中心にまとめておこう。

共同戦線党論

すでに前章で言及した「無産政党はいかなる組織をもつべきか」（一九二五年九月）で、山川は無産政党の性格を「都市プロレタリアと農村におけるプロレタリア的要素との協同戦線の特殊な一形態」と説明している（⑥一九三頁）。農村の「プロレタリア的要素」とは端的に小作農を指している。労働者と小作人では利害関係が著しく異なるが、その二つを無産政党の中心に置くというのである。この山川の構想の背景には、日本資本主義に対する以下のような認識がある。明治維新によって成立した政府は、固有の経済的基盤をもたなかったために、新興ブルジョア層を基盤として専制的な形で資本主義化を推進した。つまりそれは封建的な「残存勢力」とブルジョアジーの「抱合」である（「政治的統一戦線へ！」⑧一三五頁）。急速な資本主義化によって農業は重要性を失って地主はブルジョア化し、さらに帝国主義の国際環境のなかで独占的金融資本の支配が拡大しブルジョアジーは反動化した。日本の小作人制度は「資本主義の衣装をつけた農奴制度」（「無産者講話」⑦六九頁）で、その支配はブルジョア化した地主である。だから階級対立を都市と農村の対立軸で捉え、地主と小作人の共通利害を強調するのはまやかしである。

労働者と農民は異なった利害をもつので、両者を結合した単一政党は空論だという主張に対して、山川は反論する。たしかに小作料の軽減は労働者の労働条件の改善にはならず、労働者の賃上げは小作人の利益に直結しない。しかしこれは被搾取者としての共通の側面、すなわち階級支配という現実に目を閉じて、両者の特殊利益だけに着目したものである。資本家と地主が政治勢力として「抱合」した状態を打破するという視点に立てば、労働者と小作人（および小規模自作農）の政治目標は一致する。

デモクラシーの徹底

こうして山川は、「いっさいの反資本主義的勢力」を動員した共同戦線を提起する（「無産政党はいかなる綱領をもつべきか」⑥二一七頁）。この共同戦線の目標は封建的・資本主義的反動勢力に対する「デモクラシーの徹底」で、「反資本主義」の階級政党という一点が確保されれば、その他の点での「意見の一致が困難な場合は、最低限度の基礎の上に」共同戦線を実現する必要があるという（⑥二一九頁、二三〇頁）。この主張はいかにも幅広主義で、社会主義革命のための戦闘的組織とはみえない。また目標が「デモクラシーの徹底」というのも、民本主義のいわゆるプチブル知識人の要求と大同小異ではないだろうか。

こうした疑問に対して、組織と要求が改良主義か革命的かは具体的な状況との関係で決まると、山川は答える。日本では階級意識が成熟していないので、理論よりも現実の利害に基づく「日常当面の要求」(⑤四〇八頁)を重視し、たとえプチブル自由主義者と同じ要求でも、無産階級の利害と結合させれば革命的になる。現在の日本の政治経済状況では、「ブルジョアジーが遺棄したデモクラシーの闘いを取り上げて、これを資本主義の帝国主義的段階の下における無産階級固有の要求と闘争に結びつけ、(中略)デモクラシーの闘いをその最終点まで闘いつづける」ことが、求められているのだという(「労働農民党の任務について」⑦八頁)。

無産政党勢力の左右対立は、一九二五(大正一四)年頃から和解困難な状況だったが、山川は二六年三月に結党した労農党に対して、「ブルジョア最左翼党」にならないよう釘をさしながら、プチブル自由主義との共闘に積極的だった。そこには中間派の帰趨が、ブルジョアとの闘争の要点だとの認識がある。無産陣営の分裂に対する対応策で、陣営内では「中間派左翼」が話題になったことがある。この「中間派」は無産陣営内での問題だが、中間派が大きくなって左派が孤立するのは右派の望むところだと指摘して、こうした構想に強く反対した。「左翼は右翼と闘って勝つためには、中間要素との間に、必要欠くべからざる範囲においての妥協をすることに躊躇すべきでない」(「『中間派』左翼の結成か単一左翼の形成か」⑦一一五頁)。譲歩不可能な線を固守したうえで、妥協を恐れず統一戦線を組むべきだというのである。

2 福本和夫の登場

福本イズム

日本マルクス主義史において、一九二〇年代半ばは福本イズムの時代として知られている。福本和夫（一八九四～一九八三）は一九二一年に松江高等学校教授となり、翌年ドイツ・フランスなどに留学して二四年九月に帰国した。そしてその年一二月、共産党系の理論雑誌『マルクス主義』に論文「経済学批判に於けるマルクス「資本論」の範囲を論ず」を発表するや、矢継ぎ早に河上肇《かわかみはじめ》・山川均などを批判する論文を書いてマルクス主義論壇の寵児となった。福本の批判は主として『資本論』を中心にしたマルクス主義の理解と前衛党の組織論とに関連しているが、後者をめぐる山川との対立で福本イズム・山川イズムという言葉が使われた。しかし一九二七年七月のいわゆる「二七年テーゼ」で、コミンテルンが山川と福本の両者を批判したので、福本イズムの熱狂は二年半ほどで唐突に終わることになる。

福本をとくに熱烈に支持したのは、学生を中心とする若い知識人活動家だった。よく知られたエピソードを引いてみよう。後に保守的な立場の文学者として知られることになる林房雄《はやしふさお》（一九〇三～七五）は、当時、東大の学生活動家として雑誌『マルクス主義』の編集を手伝っていた。投稿された福本和夫の原稿を初めて見た時の印象を回想して、林は次のように語っている。「読んでみて、私はびつくりした。百枚近い原稿が二通あったが、その殆ど全部、マルクス、エンゲルス、レーニン、スターリン、ブハーリン、ルカッチなどの引用文ばかりである。先づ引用文を原稿紙に写し、その間にちょいちょいと自分の文章を入れて書上げた原稿らしい。地の文が少ないから、至る所に余白があるが、その余白はペンの斜線でさっと無雑作に消してある。これでも文章なのだろうかと、私はあきれかえった。（原文改行）だが、博学極まる論文であることだけは疑えなかった。引用されている文章は私などは一度も読んだこともない重大な章句ばかりだ。堺利彦も山川均も猪俣津南雄も佐野学も佐野文夫も青野季吉も引用してくれたことはない。日本のマルクス主義者がいかに無学であったかをいやでも思い知らされる新鮮な内容を持っている——少くとも学生理論家の私にはそう思われた」（「狂信の時代」）。

福本の論文はほとんどが『マルクス主義』に発表された。この雑誌はもともと山川の個人雑誌『社会主義研究』の流れを引き継ぐものだったのに、福本理論の宣伝の場になってしまう。山川にとって、「庇《ひさし》を貸して母屋を取られる」形になった。その概要を知るために、『マルクス主義』掲載の福本の論文を一覧表にまとめておこう（表3）。立て続けによくこれだけ書いたものだと驚かされる。

福本の山川批判

この一覧表で端的に見てとれるように、福本和夫の議論はまず河上肇の『資本論』理解に対する批判から始まる（以下の叙述は米原謙『近代日本のアイデンティティと政治』第五章第四節参照）。その特徴はマルクスの「方法」に着目したことである。周知のように『資本論』は「商品」の分析から始まるが、福本はこれを「直接的具体」としての「有産者的富」か

表3　雑誌『マルクス主義』掲載の福本和夫論文

論文名	号	年月	収録単行本タイトル
経済学批判に於けるマルクス「資本論」の範囲を論ず	1-8	一九二四・五〜一二	経済学批判の方法論
唯物史観の構成過程――唯物史観研究方法の批判	10	一九二五・二	唯物史観と中間派史観
経験批判主義の批判――河上博士の「唯物史観と因果関係」を批判す	11	一九二五・三	唯物史観と中間派史観
欧州に於ける無産者階級組織問題の歴史的発展（一）（二）（三）	12、13、14	一九二五・四、五、六	無産階級の方向転換
経済学批判の方法論（一）（二）（三）	15、17、19	一九二五・七、九、一一	経済学批判の方法論
階級および階級闘争論	16	一九二五・八	
「方向転換」と「資本の現実的運動」	16	一九二五・八	経済学批判の方法論
「方向転換」はいかなる諸過程をとるか　我々はいまそのいかなる過程を過程し、あるか――無産者結合に関するマルクス的原理	18	一九二五・一〇	無産階級の方向転換
研究資料　マルクスの体系とレーニンの体系（一）（二）	18、19	一九二五・一〇、一一	唯物史観と中間派史観
高田博士の所謂第三史観を批判す（一）	20	一九二五・一二	唯物史観と中間派史観
労農政党と労働組合	21	一九二六・一	無産階級の方向転換
山川氏の方向転換論の転換から始めざるべからず	22、25	一九二六・二、五	無産階級の方向転換
河上博士の最近の発展――「マルクスの謂ゆる社会的意識形態について」に答ふ	23	一九二六・三	唯物史観と中間派史観
当面の任務	25	一九二六・三	
全無産階級の新聞――併せて、青野氏の無産階級新聞論を駁す	28	一九二六・八	無産階級の方向転換

理論的闘争開展の社会的根拠——我が国に於て、所謂「形成の最も順当なる発展」とは何ぞや	30	一九二六・一〇	
左翼中間派結成計画の批判	30	一九二六・一〇	
労農党と所謂左翼進出	31	一九二六・一一	
所謂折衷主義の没落——山川氏の意識的な挑戦にお応えする	33	一九二七・一	
わがプロレタリアートの根本戦略と当面主要の組織的任務	47	一九二八・三	

出所：筆者作成。

ら「下向」して「商品」を抽象し、次にそこから「上向」して「資本家的生産」に行き着いたと説明する。つまり論理過程と歴史過程、本質と現象を区別して、それを総合するものとしての弁証法をマルクスの「方法」と説いたのである。また福本はマルクスの体系を「純経済過程（下層建築）」「国家過程（上層建築其の一）」「意識過程（上層建築其の二）」などに区分し、『資本論』はその一部分たる「純経済過程」の分析にすぎないこと、したがってマルクスの全体系は未完成に終わったと論じた。

福本は留学中にカール・コルシュ『マルクス主義と哲学』やジェルジ・ルカーチ『歴史と階級意識』に親炙しており、マルクス主義のヘーゲル的側面、すなわち弁証法の契機を重視する考えを学んだ。だからマルクス主義を「経済史観」とし、『経済学批判』序文を唯物史観の「公式」程度にしか理解していなかった河上肇は、福本の目にはマルクス主義のうわべだけをなぞっているにすぎないと見えた。福本は進化論的な実証主義の延長線上で理解されてきたマルクス主義に、「主体と客体、理論と実行の現実的統一」という視点で社会関係の総体を捉える方法意識を持ち込んだ。福本が青年活動家を圧倒したのは、表面的には文体や概念の新しさだったが、その根底には唯物史観に対するこれまでにない斬新な観点があった。

河上肇に対する批判の観点は、まもなく山川の方向転換論に向けられる。第五章で述べたように、山川は一九二二年に「無産階級運動の方向転換」を書いて、「階級的にめざめた少数者」が一般大衆から離れて思想を純化する段階は終わったとし、「大衆の中へ」を呼号した（④三四二頁）。さらに一九二四年発表の「「方向転換」の危険性」では、方向転換とは「階級意識のおくれた無産階級の大衆との妥協」（⑤三九六頁）を意味するが、議会主義で万事が解決すると考える改良主義あるいはプチブル自由主義に堕落する危険性があることを、肝に銘じねばならないと論じた。こうした論理的準備のうえで、一九二五年に無産政党の組織や綱領のあり方について論じ、日常的な経済的要求を階級意識に結び付ける「大衆的包容的」な共同戦線党を提起したのである。

福本が問題にしたのは、山川の方向転換論の論じ方、あるいは福本の表現によれば「方法」だった。その要点は、山川の方向転換論では「全体」は「部分」の延長にすぎないという点に帰する。福本の表現を引用しよう。山川は「経済的闘争より政治的闘争への、運動の弁証法的発展」を理解していない。山川においては、政治闘争は経済闘争の「ズルズルベッタリな延長であり総合」にすぎない。またその政党組織は「〔労働〕組合のズルズルベッタリな延長であり、総合」である（『福本和夫初期著作集』第三巻、二五二頁)。

ここで福本が問題にしているのは、労働組合の経済主義から政党組織への展開における弁証法的質の転換を、山川が意識していないことである。しかしそれは表面上の問題の提起の仕方にすぎない。真の主題は、レーニンが『何をなすべきか』(一九〇二年)で論じた労働組合主義(あるいはベルンシュタイン流の「経済主義者」)にみられる「自然発生性への拝跪」に対する批判である。レーニンはこの本で、労働者の階級意識は「労働者の経済闘争の内部」から発達させることができると考える「経済主義者」を激しく批判し、「階級的・政治的意識は、外部からしか、つまり経済闘争の外部から、労働者と雇い主との関係の圏外からしか、労働者にもたらすことができない」と論じる。労働者の利害意識を資本主義体制への批判にまで向上させるには、前衛党による指導とイデオロギーの注入が必要だ。だから緊急の課題は「労働者を革命家に引き上げること」で、こちらから「労働者大衆」の所に降りていくことではない。つまり大衆的な政治組織以前に、まず職業革命家による秘密組織の前衛党を確立しなければならない。このレーニンのテーゼを福本流に表現したのが「結合の前の分離」、すなわち階級意識を「浸透展開」するためには「戦線を協同し、妥協し、結合しなければならない」が、その前にまず大衆から分離し純化された主体の形成が必要だという。

福本の議論の特徴

福本の議論の仕方には明らかな特徴がある。先に福本の文章の引用の多さに「あきれ」て、林房雄が「これでも文章なのだろうか」と書いていることを紹介した。これは誇張ではない。引用されているのはマルクス主義の原典とは限らない。論敵の文章を長々と引用して、それに特徴ある述語を使って簡単な（舌足らずの）コメントを書き加えていくのが福本の流儀だった。こうした文章では批判の舌鋒は鋭いが、自分の側からの積極的な提言の中身は貧弱になりがちである。河上批判の場合は、内容が抽象的な理論問題なので、こうした欠点は露出しにくく、批判にはそれなりの積極的な意味があった。しかし山川批判では、問題が政党組織という具体的なレベルなので、批判は目覚ましいが、具体的な主張の方はあっけないほど空虚ということになる。その空虚さを覆うために使われたのが、論敵に対する「折衷主義」「俗学主義」などのレッテルだった。

別の見方をすれば、主張が極度に観念的なのが、福本の議論の特徴である。福本は典型的な書斎の人で、実践運動の経験もなければ、その情報も持っていない。日本資本主義は「強烈な没落過程」にあるという状況判断は受け売りで、自らの分析によるものではなかった。それは仕方がないとしても、その現状把握と前衛党建設という方針がどのような関係にあるのか、福本はまったく説明していない。福本流の表現を使えば、理論と実践の間を媒介するものが存在しない。彼が得意げに振りまわした「弁証法」は、じつは頭のなかで空転していた言葉にすぎなかったのではないだろうか。革命の切迫という状況判断は青年活動家を勇気づけただろう。しかし具体的な方針は、理論闘争という形で無産陣営内に軋轢を持ち込んだだけだった。

山川の応答

前章で論じたように、山川が全無産階級を「包容」する単一無産政党結成を呼びかけたのは、「新形勢と新方策」や「ブルジョアの政治勢力と無産階級の政党」が最初である。『全集』によれば、前者は一九二三年一一月、後者は一二月の執筆で、ともに「掲載誌不明」で『無産階級の政治運動』(一九二四年六月発行版は禁止され、改訂のうえ七月発行)に収録された。一九二四年三月に第一次共産党が解党し、六月に護憲三派内閣が成立したことでもわかるように、普通選挙制への流れができたことを受けて、山川は階級闘争の力点を前衛党から包容的無産政党に切りかえた。山川の意向に沿うかのように、無産政党結成への道筋は翌二五年八月から本格化するが、前述のように、それはいばらの道で、山川が意図したような無産勢力の共同戦線はついに実現しなかった。現実の政治過程は山川が執拗に主張した単一政党論を裏切っていくので、それは彼の理論の敗北の歴史である。しかし山川の思想的営みは、結果だけでは評価できない意味を持っていたと、わたしは考える。

福本イズムへの反論は、「無産階級政治戦線の混乱」(一九二七年一月)、「世界資本主義の『安定』とその性質」(同年四月)、「無産者運動」(同年七月)などで部分的に論じられている。「世界資本主義の『安定』とその性質」は資本主義が急速な破綻の過程にあるとの見解を批判的に検討したもの、「無産者運動」は「自然発生的な闘争」の重要性を指摘したもので、ともにコミンテルンやレーニンの見解を無前提の絶対命題として取り上げる愚をさとした。「無産階級政治戦線の混乱」では、福本イズムを「観念の弁証法的遊戯」(⑦一七二頁)と揶揄している。

こうした断片的な批判を経たうえで行われた本格的な反論が、「私はこう考える」(一九二七年八月)だった。一九二二年の方向転換論の歴史的意味を再確認し、経済闘争と政治闘争(あるいは労働組合と政党）の関係や単一無産政党論について自分の意図を説明して、福本に反論したものである。論点はいくつかあるが、根本は革命理論や階級意識は実践運動と相関的なものだということである。つまり、大衆から切り離された少数精鋭による革命理論の理解や展開には限界がある。「マルキシズムの理解と把握とは実際運動の性質と、規模と、形態とで制限せられている」（⑧一〇頁）という。だから実践とは別次元の「理論闘争」によっては、大衆の意識を高めることはできない。逆に言えば、前衛の理論水準は大衆の意識の水準によって規定されるので、大衆的な無産政党形成の不断の努力を通してのみ、前衛は成長する。

山川にとってのマルクス主義

マルクスやレーニンの理論を「公式」として理解することは、最初の第一歩にすぎない。真の問題は、それを「具体的な形勢と条件」のもとで理解し、いかにして実践に移すかである（⑧二六頁）。「すべての場合に、絶対的に無条件に」妥当するような「マルクス主義的な政治行動」などは存在しない（⑧三一頁）。ある行動は、ある状況では革命的かもしれないが、他の状況では反対の意味をもちうる。観念的な革命論者は日常的な経済闘争と最終目標たる革命とを対立的に捉えがちであるが、「自然発生的な階級意識」から出発した闘争も、固定的に捉えず、変化し発展する相において理解すれば、たんなる改良主義ではない意味をもちうる（⑧二三頁）。

「私はこう考える」で、山川はこのように述べた。あたかも説教するかのような調子である。「正統的マルクス主義とは、マルクスの研究成果を無批判的に受け入れることを意味するものでもなければ、マルクスのあれこれの命題を「信仰」したり、ある「神聖な」書物を解釈したりすることでもない。

むしろ、マルクス主義の問題における正統性とは、もっぱらその方法にかかわることなのである」。これは福本が精読したはずのルカーチ『歴史と階級意識』の冒頭部分の引用である（二二頁）。ルカーチの言葉に忠実に、福本はマルクスの「方法」にこだわった。山川もその態度からひそかに学ぶところがあったのかもしれない。福本と山川、いずれが真にマルクスの「方法」から学んだだろうか。山川は福本を評して、「マルクス、レーニンの著書から片言隻句をつかまえて来て、嶄新奇抜な寄木細工を作る特殊な技能」（⑧八九頁）と揶揄した。福本の山川批判を読めば、誰もこの評を否定しないだろう。

こうして山川は共同戦線党論への自信を深めた。労働者の階級意識が未熟なところで前衛党が結成されれば、大衆の初歩的な経済闘争を閑却する「ウルトラ政治主義」となり、労働組合や無産政党に対する「「上からの」機械的な支配」がはびこる（「労働組合と無産政党」⑧六三頁）。このとき前衛はもはや前衛ではなく「完全な宗派と朋党とに変質する」（同上）と、山川は書いた。一九二七年一一月発表の文章である。一九二六年一二月再建の共産党は、まさしく山川の言葉通り、労農党に対する「機械的な支配」を行う「ウルトラ政治主義」の「朋党」になっていかざるをえなかった。

一九二八年四月労働農民党（大山郁夫委員長）は解散を命じられたが、翌年一一月に再建された。この再建労農党に対して、コミンテルンのテーゼを根拠とする解党論が党の内外から叫ばれた。最初再建に熱心だった河上肇も、まもなく解党論に転じた。その根拠とされたのはレーニン『何をなすべきか』である。二七年テーゼで福本が失脚した後、今度は河上が第二の福本として出現した格好だった。

山川は河上の態度を批判して言う。「レーニンの文章をよく暗誦する者が、レーニンを学んでいる者ではない。ただ自分自身で物を考える能力のある者のみが、レーニンによって教えられる権利がある」（「河上博士は『何を為すべきか』?·」⑩三八頁）。

3　二七年テーゼと日本型社会民主主義

日本共産党再建

話を少し前に戻そう。第一次日本共産党は、山川の強い意向もあって一九二四（大正一三）年三月頃に解党した。しかしコミンテルンの承認を得ないで解党したことは、モスクワの片山潜を激怒させ、コミンテルン執行委員会は党再建の決定をして、その具体的方針として「上海テーゼ」（一九二五年一月）が採択された（『資料集コミンテルンと日本共産党』解題、一〇頁）。このテーゼでは、解党の原因となった、運動の「自然発生的な成長」に頼ったり、日本の現状では非合法政党は不要だとする議論を、日和見主義として排斥している（『資料集初期日本共産党とコミンテルン』六頁以下）。明らかに山川を念頭に置いたものである。

じつはコミンテルンでは、合法的運動を「解党主義」と非難するのは誤りとし、「日和見主義」を忌避してはならないという議論もあった（「コミンテルン執行委員会幹部会におけるジノヴィエフの日本問題に関する発言」『資料集コミンテルンと日本共産党』一三三頁以下）。しかし一九二五年九月一三日に「上海テーゼ」を具体化するための「日本共産主義者会議」が開催され、党再建ビューローが選出された。

山川は出席していないが、翌日の新ビューロー第一回会議では「レーニン選集翻訳委員会」の委員の筆頭にその名が挙げられている。党再建に距離を置いていた山川を引き込むためだったのだろう。事実、福本は後の「予審尋問調書」（一九三〇年）で、「宣言綱領ノ起草ハ委員長ヲ山川均君」としたと述べている（『資料集初期日本共産党とコミンテルン』二五七頁）。「一度モ出席サレテ居ラヌ」山川が委員長だったというのも奇妙であるが、再建派には、山川の名前や権威が必要だったのだろう。

山川の立場

皮肉なことに、新ビューロー選出と軌を一にして、福本の山川批判が始まった。それはまったくの偶然とは言えないだろうが、結果として山川は党再建の議論から完全にシャットアウトされた。その事情は、荒畑寒村がコミンテルンの日本駐在員ヤンソンに宛てた書簡で暴露されている。「党の政策方針を決定する重大な問題に就て、反対の意見を充分に討論するデモクラチックな方法がとられなかったのみでなく、セクト的な方法に依て決定された。山川〔均〕氏の意見と福本〔和夫〕氏等の意見との間に、重大な差異のある事は明白であるにも拘はらず、山川氏の意見を充分に大会の討議に附する、如何なる手数も講ぜられなかった。山川氏は大会そのもの、何時、如何にして開催せられたかすらも判ってゐない。従って山川氏はその反対の意見を大会に提出すべき機会を、全然奪はれてゐたのである」（「小澤〔荒畑寒村〕の意見」『資料集コミンテルンと日本共産党』一七六頁）。同じ文書によれば、山川は一九二五（大正一四）年一二月の会議で「推薦」されてビューローのメンバーになったが、「党出立の大会」（一九二六年一二月四日の五色温泉での会議のことであろう）について「何等関知してゐな」かったという。荒畑が「党の責任者の故意的なブロッケード〔妨害〕である」と非難したのももっともだった（同上）。

コミンテルンから派遣されていたヤンソンが福本イズムに反対だったので、徳田球一や福本和夫ら党指導部数名がモスクワに乗り込んだ。その際に同席したヤンソンは、事前に荒畑寒村と山川の意見を求めており、先の荒畑の意見書はその時のものである。山川の長い意見書も現在公刊されているが、その内容は、おおむね彼が機会あるごとに述べた意見と重なっている（『資料集初期日本共産党とコミンテルン』所収）。

コミンテルン執行委員会では、福本イズムが激しく批判された。七月にはブハーリンを中心にして「日本に関するテーゼ」（いわゆる二七年テーゼ）が作成されて幹部会で承認、さらに一二月に決定稿が作成された。福本イズムだけでなく、後半では「共産党の役割の無理解と過小評価」などの点で山川も「星同志」という名で名ざしで批判され、「社会民主主義」（具体的には社会民衆党）との闘いの重要性が強調されている。七月のブハーリン報告は、日本でも翌年一〇月に雑誌『大衆』などで翻訳・発表された。当初、多くの人はそれを福本だけを批判したものと受け取ったという（石河康国『マルクスを日本で育てた人』（二）一六九頁）。しかしこの文書でも「分派的教理」とともに「経済主義的」「清算主義的傾向」が批判されているので、二つの方向性がともに批判されたことは明らかだった。

雑誌『労農』発刊

こうしてコミンテルンに抗すべく雑誌『労農』が、一九二七（昭和二）年一二月に創刊された。創刊号に掲載された「政治的統一戦線へ！――無産政党合同論の根拠」は、山川が展開してきた単一無産政党論の総まとめであり、いわゆる労農派の綱領的文書と言ってよい。それは当代の政府を帝国主義的ブルジョアジーの政権と規定し、労働者・農民・小ブルジョア下層による共同戦線党の目標を、社会主義の実現ではなく民主主義の獲得、すなわちそれは「ブルジョアジーの反動的支配に対する政治的自由獲得の闘争」だとする（⑧一四三頁）。この共同戦線の構成要素となるのは、労働者・小作農・小自作農・その他の小ブルジョア下層で、無産政党のレベルでは労働農民党・日本労農党・社会民衆党を挙げ、さらに日本農民党も「反ブルジョア共同戦線に立つ」のは不可能ではないと述べている（⑧一五三頁）。ちょうど一年前に労農党から分裂して社会民衆党が結党されたとき、山川はそれを典型的なプチブル政党とし、共同戦線には含めていなかったのだが、ここではこの三党を「だいたいにおいて、共同戦線党としての単一無産政党に包容せらるべき社会的要素」だと評価している（⑧一五四頁）。

山川と労農派はこの方針で無産政党合同に邁進することになる。一九二八（昭和三）年一二月に、日本労農党を中心に、無産政党左派の旧労農党の一部、右派の平野力三が率いる日本農民党の三派と、地方政党を加えた七派合同による日本大衆党が成立した（石河康国『マルクスを日本で育てた人』（一）二〇四頁以下参照）。しかしこれに対して、猪俣津南雄など労農派のなかに平野排斥の「清党運動」に動くものがあった。山川自身は、無産大衆の政治意識は「共産主義、社会民主主義、等々に分化せぬ以前の状態」だと捉え、左派は「弾力性のある強靭な紐帯として働くべき任務」があると考えていた（「日本大衆党の成立とその任務」⑨六三〜六五頁）。だから成立直後の日本大衆党の再分裂を起こす行動には反対で、慰留を振りきって一時期『労農』同人を退くことになる。労農派は一枚岩ではなく、具体的な政策では重要な点で見解の相違があったのである。

三・一五事件後の無産政党

一九二八年三月に共産党への大弾圧（三・一五事件）が行われると、その影響下にあった労働農民党も禁止されたので、一九二九（昭和四）年一一月に労農党（「新労農党」と呼ばれる）が結党された。だが翌年二月の第二回普選の総選挙では、無産政党は「七花八裂の戦線」（⑨三七五頁）という状態で、当選者は合計五名にすぎなかった。このため無産勢力内部では合同への下からの動きがあったが、他方でコミンテルンやその影響下の共産党は合法無産政党には徹底して反対した。

一九三〇（昭和五）年七月に労農党を除いた全国大衆党が、さらに一年後には労農党も加えた全国労農大衆党が結成された。しかし党内には、国家社会主義や軍部との連携を目指す勢力が顕在化してきて、やがて山川の構想とは似て非なるものに変質していった。「上向的な資本主義を背後にもち、気力のなお旺盛なブルジョアジー、独占的な金融資本の飛躍的な発展と帝国主義的な進出、反動的帝国主義的政治勢力の急速な結成の進行と小ブルジョア層への急激な影響力の拡大」というのが、当時の状況に対する山川の認識だった（⑧一五五～一五六頁）。だからさまざまな社会層の「眠っている反ブルジョア作用」を掘り起こして、統一戦線をつくる努力が必要だという（⑨八四頁）。

山川の革命観

この山川の信念は、不利な客観的状況でも変わらない。彼の革命観が変化しつつあったからである。山川は言う。「資本主義の社会形態」は、他の社会形態と同様に、「いかなる奇蹟的勢力によっても、ただ一押しで倒れることはない」（「無産政党問題の再吟味」⑨八九頁)。ここにはロシア革命を熱烈に支持した一九二〇年代初頭の山川の姿はない。前衛党による一気呵成の権力掌握では、革命後の権力維持に大きなコストが必要になるとの直感が、山川の思考のなかに生まれつつあった。「資本主義の消滅」は「同時にまたはつぎつぎに作用するすべての反ブルジョア社会勢力の作用の総効果」(同上)だと、山川は説明する。革命はブルジョア権力に反対する種々の社会層の闘争の総和だと考えるのである。だからそれは無意識的にせよ、統一戦線たらざるをえない。つまりプロレタリア以外の階層にも、反資本主義の契機が存在することを認め、それを積極的に評価すべきである。さもないと、革命勢力を糾合できないだけではなく、権力掌握後にプロレタリアが(革命に協力した)他の階層を抑圧する事態になる。それは社会不安と抑圧的権力の出現という不幸な結果を生むだろう。ソヴィエト・ロシアの状況から、彼はそうした危険性を感じとっていた。

他方で、日本の現状は、ブルジョア権力に対抗する全勢力を戦線に統一しなければならないという山川の認識とは逆に、ブルジョアジーに対抗すべき勢力は相互に対立し、「分裂主義者の宗派心」の餌食になってしまっていた(⑧一五六頁)。本来は共同戦線を実現するのが目的なのに、それを妨害する共産党との望まない闘争をするしかない。これが労農派対共産党(あるいは講座派)という周知の対立図式だった。言うまでもなく結果は、戦線統一という労農派の主張はついに実現せず、「戦線の分裂状態を持続することに成功した」点では、「共産党が勝った」という苦いものになってしまうのである(『自伝』四三八頁)。

わたしは本章のタイトルを「福本イズムとの闘い」とした。しかしここまで論じたことでわかるように、山川が闘ったのはたんなる福本イズムに限るものではない。それはロシア革命に発するソヴィエト型マルクス主義に対する闘いに発展した。ここでは個別の論点ではなく、山川の論じ方や考え方に着目して、相互の対立を考察しよう。

政治的思考の条件性

まず第一に、政治的思考の条件性あるいはプラグマティズムについて。すでに福本批判の箇所で指摘したように、山川は「すべての場合に、絶対的に無条件に」正しい政治的行動などありえないと述べていた。これはさまざまな局面で彼が強調したことである。たとえば無産政党について言えば、「実際を離れて、純粋に理論の上から」最善の組織形態はどんなものかと考えるのは「全然無意味な問い」である（⑥一〇頁）。組織の良い悪いは「或る状況と或る条件」との関係でのみ決まる（同上）。また共同戦線の実現のために、無産政党は「行動綱領」のみで出発すべきで、「原則綱領」を精密に確定する必要はないと、山川は強調する（⑥二一〇頁～）。なぜなら政治行動は原則の応用だが、原則と応用は絶対的区別ではない。原則と応用の間には無限の段階があるので、両者は相対的で、小なる原則はじつは大なる原則の応用にほかならない。だから行動綱領といえども原則と応用の無限の連鎖からなっているという。

別の例を挙げよう。プロレタリア革命に合致しない要求は「特殊な」要求だとして排斥するのは「小児病的左翼主義」にすぎない（⑥二六二頁）。「いかなる場合、いかなる条件」下でもプロレタリア的であることを要求するのは、「或る病症の或る経過の段階」で有効な対症療法を否定して、万病に効く万能薬を求めるようなものである（同上）。当面の闘争目標が発展性をもつか否かは、目標それ自体の本質からではなく、「一定の形勢との関係」からのみ決定できる（⑥二六四頁）。

「現実」の多面性と意見の多様性

第二は「現実」の多面性という指摘である。山川の共同戦線論は、無産勢力内での左右対立という「現実」と闘わねばならなかった。それは「理論」はわかった、しかし「刮目して現実を見よ」という立場との闘いである。山川は言う。闘争も犠牲も出さずに、要求してすぐに実現するものに自足するのは「『現実』への屈従」にすぎない（⑦八七頁）。農民と労働者の統一戦線は「空論」だとか、左右両翼を包容した単一政党は、「理論的」には正しいが「現実的」でないなどの主張に対して、山川は「現実」のなかには「ただ一つの可能」ではなく「同時にいくつもの可能」があると反論する（⑦八九頁）。複数の「可能」のなかで、どれが実現するかは人間の側の実践によって左右される。階級闘争のある段階での敗北は、そこから学ぶことによって他の可能性を切り開くという。

第三は、多元的な議論が存在する状態を積極的に評価する態度である。山川の説く無産政党が「包容的」なものである以上、意見や政策の相違は相互に認めあうしかない。彼は大衆団体の内部にさまざまな流派が生ずるのは避けがたいとし、そうした傾向を忌避したり阻止しようとする「愚な努力」を棄て、異なった意見から単一の戦線を築く方法を学ぶべきだと説く（⑥三七頁）。そのためには、異なった傾向や要素に対して「自由な表明の機会」を与え、「公然の討議」をして、党の機関・構成・政策に反映させるべきだという（同上）。労働組合についても、評議会が幹部派と革新派に分裂したことを受けて、「言論を無用とし、討論を避ける旧い精神」がこうした分裂を引き起こしたとし、「討議の精神と討論の習慣」を養わねばならないと主張する（⑥一七一頁）。別の論文では、異なった意見が争いながら結束を維持できるような「団体的訓練」を積まねばならないとし、政党内部でも「フラクション」を抑圧するのではなく、むしろ「公認」して結束力に「弾力性」をもたせるべきだと説いている（⑥一九九頁）。

このような思考態度は、以後の山川に一貫してみられるものである。たとえば戦後すぐに山川が唱えた民主主義のための人民戦線論は、見るべき成果もなく失敗に終わったが、運営の仕方が民主的でなければならないことを強調していた。また労働組合の運営でも、「大衆討議の訓練」と「多数決に服従する訓練」の必要性を指摘し、左翼の「陰謀的な方法」による組織乗っ取りを厳しく糾弾している（「労働組合と民主主義」⑮二三頁）。さらに山川はこの時期に盛り上がっていた労働組合の「ゼネスト戦術」を「未熟な左翼主義」と繰り返し批判しているが、そこに共産党批判の党派性を読むのは皮相な見方である。「人間の世界には絶対に正しいものも絶対に正しくないものもない。一定の条件のもとでは正しい戦術もほかの条件のもとでは完全な誤謬となり、ある情勢のもとでは進歩的な行動方法も、別の情勢のもとでは反動主義以外のなにものでもない行動となる」（⑮五〇頁）。戦術は命題やドグマから出発するのではなく、具体的状況に対する冷静な判断から導き出されねばならない。これが山川の思考態度であり、本書のいう「日本型社会民主主義」の特徴だった。

「マルキシズムくさいマルキシストの域を脱したい」

この態度が、共産党の無謬性という考え方と対極的であることは明らかだろう。無産政党は「ひとにぎりの職業政治家と党官僚」によって支配される組織であってはならない（⑧一九一頁）。それは「民主主義的集中の原則」に基づかねばならないと同時に、「絶対に誤謬がないという自己欺瞞」ではなく、「大胆に誤謬を承認」して「公然」と「清算」する政党でなければならないという（⑧一九〇頁）。

マルクス主義は、資本主義社会の矛盾の分析によって、社会主義という理念への歴史的移行の必然性を説明した。つまりここでは、社会科学的な分析と社会主義という理念（あるいはドグマ）が結合している。しかもレーニン主義では、社会主義を実現する主体は労働者階級の前衛で、革命後は資本主義への逆転を防ぐためにプロレタリア（すなわち前衛党）の独裁が不可欠だとされる。つまり徹頭徹尾、エリートによる支配が正当化されているので、異論の存在や討議の自由は軽視され、党の無謬性という結論を導きやすい。

山川は、レーニン主義のこうした欠点を洞察したうえで共同戦線党を主張したわけではないだろう。しかし前衛党による革命というモデルが、体制変革後にどのような致命的欠陥を生じやすいかは、すでに感じとっていた。後のことになるが、一九三七（昭和一二）年一二月に人民戦線事件で逮捕され、特高第一課に提出された『山川均手記』の「共産主義理論の成敗について」で、山川は以下のように述べる。ボリシェヴィズムは政権獲得において成功した理論だが、社会主義経済建設や政権維持で成功したかどうか疑わしい。「国民多数の同意に基づかないで謂ゆる奇襲的な方法によって奪取せられた政権の維持が如何に困難であるか、そしてかかる政権を無理矢理に維持しようとする努力から来る惨禍が如何に大なるかを痛切に感ぜしめるものがある」。山川はこの手記のなかで、ロシアの共産主義はロシアという「特殊な事情の下」で作り出されたものであることを何度も強調し、コミンテルンはロシア革命とその成果としてのソ連を擁護することに意義があったが、画一的に各国の革命に介入した点で「創立自体が一つの根本的な誤謬」だったと糾弾している。また「第一次共産党の教訓」という項では、「秘密運動」の結果、派閥対立を生じやすいこと、関連団体との間で疑心暗鬼を生んだことなど、縷々その弊害を列挙している。

山川は、前衛党ではなく無産勢力の共同戦線による社会主義への道を模索した。政治的判断における無条件の正当性を否定し、状況的思考の必要性を説く態度は、そうした構想のなかから生まれた。また前衛党の革命論が陥りやすい党の無謬性という考え方からは、官僚主義・創造的思考の排除・決まり文句（cliché）の支配という事態が生じやすい。山川は「マルキシズムくさいマルキシストの域を脱したい」と述べた（⑥二四〇頁）。別言すれば、「常識的に判断さえすれば、おのずからマルキシズムの則を越えない」のが、マルクス主義者の理想だという。常套句だけでコミュニケーションができるような世界を、彼は拒否した。ここには前衛党によるエリート主義的革命論とはまったく異なった変革の構想がある。

中間層に着目

最後に、共同戦線論における中間層の位置づけについて述べておきたい。何度も言うように、反ブルジョアの全社会勢力を結合するのが山川の単一無産政党論で、その中心は労働者と小作人である。問題はブルジョアと無産階級の間に位置する、社会的にも心理的にも不安定な中間階級である。山川によれば、この階級の「相当に沢山の分量が、無産階級の政治運動に参加する可能性」があるばかりか、社会的危機が迫った場合には「この階級の多数は、無産階級の旗下に集まる可能性」をもつという（⑤四一〇頁）。この中間階級の典型は都市の小商人、手工業者、知識分子、俸給生活者、教員、農村の小自作農で、彼らがブルジョアジーの影響下にある限り、無産階級の勝利はありえない。だから少なくとも彼らを「中立的」にしておく必要がある。もし無産階級の側からアプローチしなければ、彼らはブルジョアジーの勢力下に入ってしまい、危機が深まるとブルジョア民主主義に反発するファシズムの温床になると、山川は早くから警戒していた（⑦五八頁、⑪七三頁など）。

山川が中間層を重視して共同戦線党という反ブルジョア統一戦線の必要を説いた背景には、おそらく彼の日本資本主義の特質についての理解があった。日本資本主義は国際的な帝国主義体制の一環であり、政治的には金融資本が支配している。しかし日本社会のさまざまな要素は不均等に発展したので、農村には半封建的な要素が強く残存しており、しかもその状態は今後も続く。つまり中間層が分解して、社会が資本家と労働者の二階級に二分されるという状態にはならないと、山川は考えていた。

それだけではない。「若きサラリーマンはなにを用意すべきか?」（一九三一年一月）は、三一〇万人を超える「サラリーマン」と呼ばれる新たな中間層が生まれ、成長しつつあると指摘している。この社会層は「分量において工場労働者をも凌駕」しており、生産手段から切り離されている点では労働者と同じであるが、その上層は「支配階級の尻尾たる性質」をもっている（⑩一七五頁、一七八頁）。しかしその「尻尾」部分はますます縮小し、大部分は「資本階級と労働階級の中間よりもはるかに労働階級に接近」した存在となっている（⑩一七六頁）。だから資本と労働の階級闘争において、「サラリーマン層の去就と向背」はきわめて重要な意味をもつ。山川は中間層の没落という命題を明確なかたちで否定しているわけではない。おそらく「修正主義」という非難を警戒したのだろう。しかし日本の資本主義が中間層の消滅という方向には進まないことを、山川は確信していたと思う。

丸山眞男の日本マルクス主義論

山川が警告したように、社会的中間層が日本ファシズムの温床になったことについては、多くの研究がある。ここで想起されるのは丸山眞男《まるやままさお》の論文「忠誠と反逆」である。丸山はこの論文で、封建的な「武士の魂」が近代化のなかでどのように変容したかを論じている。明治中期以後の資本主義化によって戦闘者的なエートスの担い手だった中間層が分解し、残存した限りでの中間層は上意下達の機関になってしまって、忠誠と反逆の社会的エネルギーも失われていったというのが、丸山が描いたストーリーである。その一節で丸山は次のように述べている。「大正以後の「革命」の思想と運動が底辺の人民＝プロレタリアートの「反逆」の直接的な集中の意義を過信し続け、「中間層の両極分解」の神話に立って、ついに政治的ダイナミックスにおける中間層の意味づけに成功しなかったことも、また争い難い事実である」（『丸山眞男集』第八巻、二六五～二六六頁）。

丸山眞男は生涯を通じてマルクス主義や社会主義への関心を失わなかった思想史家である（米原謙

「丸山眞男と社会主義」参照）。「近代日本の思想と文学」に代表される優れた日本マルクス主義論も書いた。しかし丸山の日本マルクス主義理解は、講座派的なマルクス主義にあまりに偏っている。山川均や労農派は明らかに丸山の視野の外にあった（『丸山眞男集』別巻の人名索引によれば、山川均の名は『自伝』の引用による一回きりである）。山川の思想が大きな影響力をもたなかったのには、いくつもの理由がある。コミンテルンや共産党の権威とは無縁で、むしろ激しく批判されたこと、天皇制と正面から対決せず、日本社会の特殊性の分析が弱かったことなど。しかし戦後の高度経済成長以後の目をもってみれば、資本主義論争にせよ、日本社会の実証分析にせよ、講座派より労農派の方が的確だったことは、誰も否定できないだろう（高畠通敏「解説」参照）。丸山眞男が抉りとった日本マルクス主義の特質（弱点）も、山川自身が共同戦線論の実践を通じて克服しようとした点と重なる点がある。山川の思想やマルクス主義理解には、「山川イズム」という言葉で表現される一般的イメージを超えた思想史的意味があることを強調したい。

第七章　東アジアの「山川主義」——侵略戦争に抗して

1　施復亮と日本

侵略戦争の時代へ

山川は一九二二（大正一一）年八月に「無産階級の『協同戦線』」を発表し、その後一九三〇年代初頭まで、中間階級を含めた反ブルジョア勢力を無産政党に糾合する必要を倦まず説き続けた。しかし状況は彼が期待した方向には向かわなかった。コミンテルンとの対立という事情もあるが、なにより日本をめぐる内外の政治状況の急速な変化が大きかった。一つのインパクトは、中国の国民革命の進展だった。一九二四年一月、国民党一全大会は国共合作を決定し、反帝国主義・反軍閥の国民的運動が展開し始める。孫文の死、国民党内の主導権争い、蔣《しょう》介石《かいせき》の反共クーデタなどのために一直線には進まなかったが、下からの国家統一の要求に支持された国民党は一九二八年に北伐《ほくばつ》を完遂した。

他方、中国の「抗日」ナショナリズムの標的になった日本では、一九二七（昭和二）年に幣原《しではら》外交から田中義一《たなかぎいち》内閣の強硬外交に変わり、徐々に軍部が満蒙《まんもう》政策を主導するようになる。そして一九二八年の張作霖《ちょうさくりん》爆殺事件から三一年の満州事変を契機に、「満蒙権益」を口実にした中国への侵略が始まり、国内では三二年の五・一五事件を契機に「非常時」が叫ばれるようになる。こうしたファッショ化の動きに呼応して、無産勢力内部には国家社会主義（赤松克麿《あかまつかつまろ》ら）や軍部・革新官僚に迎合する勢力（麻生久《あそうひさし》ら）が出てきて、山川は影響力を失っていく。

共同戦線論は、日本社会のファッショ化と対外侵略に対する有力な抵抗にはなりえなかった。山川理論は現実の前に敗れたと言うしかない。しかし山川の思想は、かれ自身が関知しないところで、意外な方向に波及していた。その一端をここに示したい。

日本社会主義と中国

日清戦争後、中国では清朝に対する革命運動が本格化し、日本は中国人革命家たちの避難所の役割を果たすことになる。山川は『自伝』で次のように語っている。「そのころの神田の神保町あたりを歩くと、日本の学生よりもシナの学生の方が多いくらいだったが、四十年の後半になると、これらのシナ人留学生のあいだに社会主義の研究が盛んになり、八月には章炳麟や張継などが発起人となって、社会主義講習会が組織され、日本の社会主義者とのあいだに、緊密な関係を持っていた」（三〇九頁）。これは日刊『平民新聞』が刊行されていた一九〇七（明治四〇）年頃の状況を回顧したものである。この記述の通り、この年の四月に「亜洲和親会」が結成され、「中国人・インド人・ベトナム人・フィリピン人と堺利彦・山川均・大杉栄ら日本人社会主義者が参加」したという（『民族と国家』第三巻、九一頁。永井算巳「社会主義講習会と政聞社」、富田昇「社会主義講習会と亜洲和親会」など参照）。

この時期の日本の社会主義思想はまだアナキズムやサンディカリズムの影響が強かったが、その後、一九一〇年代末になって、マルクス主義の著作が本格的に発表されるようになる。それは時を経ずに中国に伝わった。一九二〇～三〇年代の中国における社会主義思想の形成・伝播において、日本の社会主義者の著作が大きな役割を果たしたことは、すでに指摘がある（とくに石川禎浩と三田剛史の研究を参照）。石川禎浩によれば、山川の著作の中国語訳は単行本で刊行されただけではなく、『覚悟』（新聞『民国日報』副刊）などに掲載されたものも多い。石川・三田の研究成果を参考にしながら、わたし自身が確認し得たものを追加して翻訳リストを掲げておこう（表4、表5。可能な限り原著と翻訳を対照したが、翻訳の表題から原著名を推測したものも多い。また重版が出されているものもあるが、初版の発行年を記す。なお刊行されて間もない何民勝『施復亮全伝』には施の詳細な著訳目録が付されているが、本書にはそれを組み込む余裕がなかった。他日を期したい）。

施復亮の故居を訪ねて

以上のリストを一覧すると、訳者として施復亮（施存統・施伏量は同一人物、ここでは研究者が多く使っている施復亮で統一する）という名前が目につく。単行本が六点、雑誌掲載論文が四点あり、他の訳者に比べて圧倒的に多い。まず施復亮の人物と思想について説明することから始めよう。

施復亮（一八九九～一九七〇）は中国で広く知られた人物とは言いがたい。知り合いの中国人たちに

表4　山川均の著作の中国語訳（単行本による発行）

発行年	書名	訳者名	出版社名	山川の原著名
一九二〇	労働総同盟研究	鄒敬芳	泰東図書局	フランス総同盟の研究、改造、一九二〇・四〜五
一九二一	蘇維埃研究	王文俊	新知書社	ソヴィエトの研究、改造、一九二一・五
一九二二	社会経済叢刊	施存統編訳	泰東図書局	
一九二二	列寧伝	張亮	広州人民出版社	レーニンの生涯と事業、社会主義研究、一九二一・四、のち『レーニンとトロツキー』改造社、一九二一、所収
一九二二	労農俄国研究	李達編訳	商務印書館	労農露西亜の研究、アルス、一九二一
一九二二	馬克斯経済学原理	周仏海	商務印書館	E・ウンターマン著・山川訳、マルクス経済学、白揚社、一九二一
一九二七	資本主義玄妙	呂一鳴	北新書局	資本主義のからくり、僚友社、一九二三
一九二七	資本主義社会的解剖	張我軍	青年書店	
一九二八	資本主義批判	高希聖	上海励群書店	資本主義批判、社会経済体系第一五巻掲載、日本評論社、一九二八
一九二八	資本制度浅説	施存統	国光書店	資本主義のからくり、僚友社、一九二三
一九二八	増訂資本制度解説	施存統	新東方出版社	同右
一九二八	弁証法浅説	劉若詩等	現代中国社	弁証法的唯物論とは何か？　無産社、一九二八

一九二九	弁証法與資本制度	施伏量	新生命書局	同右、資本主義のからくり（前掲）
一九二九	蘇俄之現勢	温盛光	啓智書局	社会主義サヴェート共和国同盟の現勢、日本評論社、一九二八
一九二九	俄国革命與農民	高希聖	平凡書局	
一九二九	現代経済学	巴克	啓智書局	
一九二九	唯物史観経済史　上 資本主義以前経済史	熊得山	崑崙書店	唯物史観経済史（経済学全集第三二巻）、改造社、一九二九
一九三〇	馬克斯資本論大綱	陸志青	未明社	マルクス資本論大綱、三田書房、一九一九
一九三〇	工会運動底理論與実際	施復亮、鐘復光	大江書鋪	労働組合の理論と実際、一九二九
一九三〇	現代社会講話	楊沖嶼	新新書店	無産者講話、プレブス出版社、一九二六
一九三〇	台湾民衆的悲哀	宋蕉農	新亜洲書局	殖民政策下の台湾、ブレブス出版社、一九二六
一九三〇	資本論大綱	傅烈	辛墾書店	マルクス資本論大綱、三田書店、一九一九
一九三三	転形期底経済理論	施復亮、鐘復光	新生命書局	
一九三三	社会主義講話	徐懋庸	上海生活書店	社会主義講話、一九二九
一九五一	資本論大綱	傅琛	棠棣出版社	マルクス資本論大綱、三田書店、一九一九

出所：筆者作成。

表5　山川均の著作の中国語訳（雑誌掲載）

発行年	論文名	訳者名	掲載誌	山川の論文名と掲載誌紙
一九二〇	「薩波達挙」的研究	戴季陶	星期評論　三四	労働運動の戦術としてのサボタージュ、改造、一九一九・九
一九二一	現代文明底経済的基礎	施存統	覚悟、二月二三〜二四日	現代文明の経済的基礎、文明批評、一九一八・一
一九二一	蘇維埃俄国底経済組織	陳国榘	国民　二—四	ソヴェト露国の経済組織、社会主義研究、一九二〇・九
一九二一	蘇維埃俄国底新農制度	陳国榘	国民　二—四	
一九二一	労農俄国底労働連合	陳望道	新青年　八—五	労農露国の労働組合、労働運動、一九二一・三・七
一九二一	労農俄国的農業制度	周仏海	新青年　八—五	ソヴィエト露国の農業制度、社会主義研究、一九二一・一
一九二一	考茨基労農政治反対論	施存統	覚悟、四月二二〜二九日	カウツキーの労農政治反対論、社会主義研究、一九二一・三
一九二一	由英帰俄後的克魯泡特金	鳴田抄	覚悟	労農治下のクロポトキン、社会主義研究、一九二一・三
一九二一	労農俄国底安那其主義者	施存統	覚悟、六月一日	労農ロ国無政府主義の人々、社会主義研究、一九二一・五
一九二一	労働組合運動和階級闘争	光亮（施存統）	覚悟、八月一九日	社会主義国家と労働組合、改造、一九二一・四
一九二一	労農制度研究	均（李漢俊）	共産党五	
一九二一	梅雨節的日本	羅谿	覚悟	梅雨期の日本、改造、一九二一・七
一九二一	農民為什麼苦呢	Y・D	覚悟	農民はなぜ苦しいか、労働者、一九〇八・五

一九二一	奴隷和鉄鎖	晋青（謝晋青）	覚悟	
一九二一	従科学的社会主義到行動的社会主義		新青年、九—一	
一九二一	社会主義国家与労働組合	周仏海	新青年、九—二	社会主義国家と労働組合、改造、一九二一・四
一九二一	対於太平洋会議的我見		新青年、九—五	
一九二二	生育節制和新馬爾塞斯主義	平沙（陳望道）	婦女評論	産児調節と新マルサス主義、改造、一九二〇・一〇
一九二二	水槽底水	長庚	覚悟	タンクの水、新社会、一九一六・六
一九二二	労農俄国底建設事業	象予	晨報副鐫	
一九二二	国際労働同盟的歴史	熊得山	今日　二—三	インタナショナルの歴史、社会主義研究、一九二一・九～二二・三
一九二三	資本制度解説		覚悟、三月一～二〇日	
一九二三	「新経済政策」與俄国之将来		覚悟、五月二〇日	新経済政策とロ国の将来、改造、一九二三・四
一九二六	弱少民族的悲哀	張我軍	台湾民報、一〇五～一一五号	弱小民族の悲哀、改造、一九二六・五
一九三〇	日本帝国主義鉄蹄下的台湾	宋蕉農	新東方、一九三〇・四～	単行本『台湾民衆的悲哀』に同じ
一九三〇	資本主義社会的批判	法学院、張逸美	社会改造第七期	
一九三一	労働組合的各種形態	北大政治学会、劉安常	政治学論叢、創刊号	

出所：筆者作成。

施のことを話したら、誰も名前を聞いたことがないという。息子の施光南という人は「人民音楽家」として有名だそうだが……と、インターネットで知りえたことを紹介すると、「えーっ、施光南のお父さん！」と、皆が声を上げげた。作曲家・施光南（一九四〇〜九〇）を大衆的に有名にしたのは、「在希望的田野上」（希望の田野で）という一九八〇年代に大流行した歌らしい。陳暁光作詞・施光南作曲で、最初一九八一年に楊淑清という歌手が歌い、翌年、中央テレビの春節の番組で彭麗媛（一九六二〜）が歌ってヒットしたという。彭麗媛は一九八七年に結婚した。相手は後に国家主席となる習近平である。ネット上で、「在希望的田野上」を検索すると、何人もの歌手が歌っているのを聴くことができるが、わたしのような者にも彭麗媛の声が一番いいと感じられる。

二〇一八年九月二五日、わたしは杭州東駅から新幹線に乗って金華市に向かった。万端の準備をして通訳を引き受けてくれたのは、浙江大学の周妍さん（大阪大学国際公共政策博士）である。前年、インターネットの検索で、偶然、浙江省金華市にある浙江師範大学に施復亮政治思想研究所が設置されていると知った。さっそく周さんに事情を調べてもらったら、まだできたばかりで看板以外に何もないという。一年経ったから少しは成果が出たかと思い、コンタクトを取ってもらった。主任の張嘯尘教授によれば、事情はたいして変わらないが、近くにある施復亮故居に案内してくださるという。

金華駅には一時間足らずで着いた。改札口を出たところで張教授の指導学生たちが待っていて、教授の車まで案内してくれた。施復亮故居まで四〇キロ足らず、一時間ほどで着いた故居の住所は金華市金東区源東郷東葉村。一帯は比較的豊かな農村地帯に思えた。広場のすぐ傍らに、古いが堅固な外観の二階建ての建物があり、道を隔てて新築の人民音楽家施光南記念館が建っている。故居の東側入口上部に「半耕半読」という文字が掲げられている。施復亮の筆跡だという。

南側が正式の入口で、門の上に「施復亮施光南故居」という横書きの金色で書かれた額が掲げてある。真新しい感じだ。浙江省政府がこの建物を「文物保護単位」に指定したのは二〇〇五年で、それを示す石碑が建てられたのは二〇一五年である。今世紀になってやっと施の活動を息子とセットにして再評価する機運になったようだ。門を入ると左右に横長の庭が広がっており、庭を突っ切ると玄関になる。いかにも質素で田舎家風だが、どっしりと堅固な感じを受ける。施復亮政治思想研究所特聘研究員の何民勝の著書『施復亮全伝』によれば、中国共産党からの脱党宣言（後述参照）を発表して後、施は一家で郷里に一年半隠棲して著述に専念した。しかしそれは現在の故居ではないらしい。一九三三年に日本での二度目の滞在（半年）をした後に、再度郷里にもどって、多年の貯金をはたいて夫婦みずからレンガ運びをしてこの家を建てたという。まさかすべてを夫婦だけでやったわけではないだろうが、手造りと納得できるような簡素な建物である。

施復亮故居の通用口にて

二階の三部屋が展示室になっていて、ガイドの項慧香さんがパネルに沿って順に説明してくれた。項さんは農家の出らしい日焼けした快活な中年女性だった。施はここで「半耕半読」の生活をするつもりだったのだろう。しかし実際に彼がここに住んでいたのは一年半ほどだったという。一九三五年春から馮玉祥《ふうぎょくしょう》（一八八二～一九四八）の支援で、妻とともに日本に行き、帰国後は上海で執筆活動をすることになる。亡国の淵に立たされた中国の状況は、施に平穏な生活を許さなかったのである。

故居の参観を終えて、浙江師範大に移動した。研究所特聘研究員の何民勝氏や中国民主建国会金華市委員会の陳琳さんも加わり、にぎやかな昼食になった。張教授からは、日本での施の活動についてさまざまな質問が発せられたが、この研究所の活動の主たる関心は、むしろ民主建国会の創設者としての施の思想を再評価することにあるのだろうと想像された。民主建国会は一九四五年一二月に創立された政党で、現在も共産党が認める八つの民主党派の一つとして活動している。施の民主建国会創設の意図がどんな点にあったのか、山川の思想との関わりでも興味深い論点になると考えながら、わたしたちは浙江師範大を後にした。

施復亮の半生

施については「中間路線」問題を中心に、日本でもかなりの研究蓄積がある。前掲の石川禎浩による研究以外の代表的なものを挙げると、平野正『中国革命と中間路線問題』、同『政論家施復亮の半生』、水羽信男「施復亮の「中間派」論とその批判をめぐって」、同「施復亮——抗日戦争勝利後の都市中間層と政治文化」、同「ある中国共産党員と大正期の東京——施存統における日本留学の思想的意味」、同『中国近代のリベラリズム』など。中国の研究者によるものとして、宋亜文『施復亮政治思想研究　一九一九―一九四九』のほか、前述の研究所特聘研究員・何民勝による評伝『施復亮全伝』も出版された。以下では主として前述の石川禎浩の一連の研究、宋亜文と何民勝の著作、それに施復亮故居のパネルなども参考にして、その生涯と思想について概観しよう。

施復亮（本名は存統）は一八九九年に浙江省金華県葉村に生まれた。杭州市の南西二〇〇キロほどの地である。施氏は裕福な大家族だったが、彼の父は長子だったにもかかわらず、祖父のえこひいきのために家産を分けてもらえず、半小作農になった。幼少時の施は伝統的な教育を受け、親孝行を第一の道徳と考えていた。しかし父から虐待を受けたので、母方の伯父の援助で一九一七年に浙江省立第一師範学校に入学し、そこで『新青年』など五四運動期の新文化運動の影響をもろに受けることになる。しかも父が重篤の母の看病や医療費を惜しむのを見て憤慨し、『浙江新潮』第二号に「非孝」という文章を発表した（一九一九年、なおこの雑誌は現存しない）。若き施が書いた告白録「一二年来の我を振り返る」（『民国日報』副刊『覚悟』一九二〇年九月二〇～二四日）によれば、この論文の本来の表題は「私は絶対に不孝な息子を作らない」だったという。つまり「孝」を単なる個人道徳の問題ではなく、社会制度のレヴェルで捉えて、家族制度や私有財産制度を根本的に改革しなければならないと訴えたのだった。「孝」は伝統的な家族制度の基本であり、新文化運動が否定した旧道徳の核心だった。「「孝」は人性を損なう一種の奴隷道徳である」と、施は極論しているが、個人的な家庭の事情をバネにして、新文化運動の思想を激烈な形で表明したものである。

「非孝」の反響はすさまじく、陳独秀《ちんどくしゅう》（一八七九～一九四二）は『新青年』誌上で「見かけだけの篤実紳士には言えない」率直な議論と評して称賛したが、他方で雑誌は禁止、校長と進歩派教員は退職という結果になった。施復亮自身も学校をやめて北京に行き、北京工読互助団に参加する。日本におけると同じく、中国でもアナキズムはマルクス主義受容以前の有力な社会主義思想で、工読互助団は「労働しながら勉強し、各人が能力を尽くして必要なものを得る」というアナキズム的な団体だった。しかし当然ながら、こうした現実から遊離した理想主義の運動はまもなく失敗に終わった。一九二〇年四月、施は上海に赴き、そこで陳独秀や戴季陶《たいきとう》（筆名は天仇、一八九〇～一九四九）の影響でマルクス主義の洗礼を受けたらしい（戴季陶は後に国民党右派の代表的政治家になるが、この時期は社会主義に関心を寄せていた）。そして戴季陶の援助で、その年の六月に日本に留学した。前述の告白録「二二年来の我を振り返る」は、自分の半生を赤裸々に語ったもので、来日後二カ月の九月一日に擱筆されている。内容はいかにも改革精神に燃えた青年らしく、末尾では「私は将来、偉人なんかになるのではなく、ただ幸福な社会作りに確実に役立つような一革命者となりたい」と書いている。日本留学に込めた意欲と抱負を述べたものだろう。

施復亮と日本

石川禎浩の研究によれば、日本で施復亮を受けいれて世話をしたのは、宮崎滔天《みやざきとうてん》・龍介《りゅうすけ》親子だったという。来日当時の施は日本語がまったくできなかったはずだが、猛勉強したらしい。翌一九二一（大正一〇）年一月から、『覚悟』誌上に、続々と日本のマルクス主義文献の翻訳を掲載し始める。とくに注意を引くのは山川の著作である。「現代文明の経済的基礎」（二月二三〜二四日、原著は『文明批評』一九一八年一月掲載）、「カウツキーの労農政治反対論」（四月二二〜二九日、原著は『社会主義研究』一九二一年三月掲載）、「労農ロ国無政府主義の人々」（六月一日、原著は『社会主義』一九二一年五月掲載）、「労働組合運動と階級闘争」（八月一九日、原著は「社会主義国家と労働組合」『改造』一九二一年四月号掲載）などである。

この他に「『社会主義研究』紹介」（九月二七日）という通信記事があり、一九二一年の二月号から九月号までの目次が紹介されている。『社会主義研究』は、山川が堺利彦や山川菊栄と協力して一九二〇年五月から二三年三月まで出していた月刊雑誌であるが、施復亮はここで山川夫妻について以下のように紹介している。「山川均先生は現在日本社会主義者中でもっとも研究を積んだ第一人者である。彼は各派社会主義すべてに、とくに共産主義についてはとくに深く研究している。彼は最近の日本の社会主義論壇でほぼ継続して活動している唯一の人で、病中であるにもかかわらず奮闘しており、実に人を敬服させる。（原文改行）山川菊栄先生は単に日本のずば抜けた女性社会主義者であるばかりか、おそらく世界でも稀有の女性社会主義者である。彼女の終始一貫した豊かな研究は、一般の人に敬服され、とくに広く社会主義者青年に敬慕されている」。文末で『改造』や『解放』を買うよりはるかにいいと絶賛しており、山川への傾倒ぶりがよくわかる。

山川は「ソヴィエト政治の特質とその批判」（『社会主義研究』一九二〇年六月）以来、当時の日本でロシア革命と労農ソヴィエトについて、最先端のまとまった研究を発表し始めていた。施はいち早くそこに目をつけたのである。前記の翻訳のなかでは、とくに「カウツキーの労農政治反対論」が注目される。すでに第五章で詳しく紹介した通り、カウツキーによるプロレタリアート独裁批判の書『プロレタリアートの独裁』の一部分を翻訳して、それに山川が批判的な注釈を付けたものである。注の大半はレーニン『プロレタリア革命と背教者カウツキー』に依拠しており、プロレタリア独裁を擁護してカウツキーを批判する内容だった。施は山川らの研究を通じてロシア革命とマルクス主義の知識を深め、中国での社会主義革命の可能性について考察していた。彼が『覚悟』に掲載した「唯物史観の中国での応用」(九月八日)、「マルクス主義の特色」(九月二三日)、「マルクス主義に関するひとつの誤解」(九月二六日)などはいずれもけっして高度な内容ではないが、彼の思考の跡を示すものである。

一九二一年当時の山川はすでに日本におけるマルクス主義研究の第一人者だったが、アナキズムへの共感を失っていなかった。施復亮もすでに来日以前からマルクス主義への傾斜を強めていたが、アナキズムとの関係が切れていたわけではなかったらしい。上海のアナキズム雑誌『自由』に日本通信所として「存統」の名前が挙げられていたことから、日本の公安当局が施復亮の存在を知り、彼の動向を逐一把握していたことは、石川禎浩が外交史料館所蔵資料などに基づいて詳細に追跡している(「若き日の施存統」「施存統と中国共産党」『中国共産党成立史』を参照)。そのごく一部分をここに摘記してみよう。

公安当局の動き

警察庁が施の存在を察知したのは一九二一年一月だったらしい。一月一〇日付の「無政府主義者宣伝雑誌「自由」ノ通信者ニ関スル件」と題された書類には、前記の雑誌『自由』の日本通信所として「東京府高田村一五五六、三崎館存統」と明記された人物は、

「東京同文書院ニ在学傍常ニ宮崎滔天方ニ出入シ」ている施存統に違いないとしたうえで、以下のように報告している（以下の叙述は、石川「施存統と中国共産党」収録の外交史料館所蔵資料による）。「存統ハ「非孝」ト題スル出版物ニ孝ハ一種ノ奴隷道徳ニシテ孝子ハ奴隷ノ別名ナリ、忠ハ専制君主ガ政策上利用シタルモノニ過キサルモノナリトノ極端ナル儒教排斥忠孝否認論ヲ掲ケ、以テ之ガ宣伝ニ努メツ、アルモノナリ」。さらに四月二三日付の報告では、施が李漢俊（東京帝大出身で当時は中国共産党員）とともに「我国社会主義者堺利彦、高津正道、山崎今朝彌ト交通シ、彼等ノ著述ニ係ル同主義宣伝雑誌其ノ他ノ印刷物等ヲ翻訳ノ上、支那内地人ニ紹介シ居ル疑ヒ」があると指摘している。堺利彦と高津《たかつ》正道《まさみち》は山川とともに、間もなく結成される日本共産党準備委員会のメンバーであり、山崎今朝《やまざきけさ》彌《や》は前述の雑誌『社会主義研究』の編集人もしていた弁護士で、山川均と近い関係にあった。

施復亮の書簡は公安当局によって開封されていた。五月二〇日付の報告では、前月二八日鹿児島局消印の周仏海《しゅうふつかい》から施あての書簡が翻訳されている。そこには「（前略）四月ノ改造ハ発売禁止トナレルモ僕ハ彼皆得タリ。中ニ山川均ノ社会主義国家ト労働組合アリ、僕ハ之ヲ翻訳シテ新青年ニ登載セリ（下略）」とある。周仏海は後に国民党右派に属し、最後は汪兆銘《おうちょうめい》政権の中枢を担って「漢奸《かんかん》」として獄死することになるが、この頃は施とともに中国共産党創設期の「日本グループ」を構成していた（石川『中国共産党成立史』三一九頁以下など参照）。この書簡の通り、山川の「社会主義国家と労働組合」は『新青年』九巻二号（一九二一年六月）に掲載されている。

施復亮はすでに六月の段階で、公安当局の尋問を受けていた。六月一八日付の報告によると、彼は

「当地日本人中ニテ宮崎龍介以外一人ノ交友ナシ（中略）日本社会主義者トハ交通セシコト一回モナシ」と答えたらしい。日本の社会主義者に累が及ぶことを恐れて、事実を隠したのだろう。どうやら、日本の公安当局が自分の送受信する書簡をすべて開封しているとは、思いもよらなかったらしい。「最近警察ハ余ニ追尾シ、余ノ一挙一動ヲ束縛スルコト甚タシ。奇怪ニ堪ヘス（後略）」として、宮崎龍介に警察への陳弁を願い出たようだ。

施復亮の日本での活動は、たんに社会主義思想の研究や中国への紹介にとどまるものではなかった。中国共産党が正式に結成（第一次全国代表大会開催）されたのは、滞日中の一九二一年七月のことで、彼はその動きをつぶさに承知していて、相談のうえで周仏海が日本からの代表として出席した。共産党結成の背景には、当然ながらコミンテルンの支援があり、日本における共産党結成の動きとも連動していた。日本にいた施復亮は、コミンテルン・中国共産党・日本共産党（四月に準備委員会が成立）の三つの動きが交差した点に位置していた以上、彼が公安当局の摘発を免れるのは難しかっただろう。

施復亮追放

施復亮が逮捕されたのはこの年（一九二一年）一二月二〇日である。警視庁の取り調べで、施は以下のように供述している。「余が今日迄交通したる日本社会主義者は堺利彦、高津正道、井伊敬（近藤栄蔵の別号にして羅馬綴の頭文字E・Kより転訛したるもの）、宮崎龍介、山川均、高瀬清等なり。（中略）山川均とは昨年（一九二一年）九月頃、友人唐伯焜と同道彼の私宅を訪ひ、後雑誌『改造』に搭載せられし同人の論文中の抹殺されたる〇〇に就き訪〔質？〕問、最後は十一月か十二月初旬頃、鹿児島に在る周仏海が上海に行きたる際、同地露国過激派の袖領Sより山川宛に信書を預り来りたるも、周の都合に依り上京し得ざる関係上、其交付を余に依頼し来りたるを以て、該書簡を山川方に持参せり。（原文改行）其時山川は余に『君も承知の通り今回多くの日本社会主義者が起訴せられイルクーツクより来たれる日本人代表も亦起訴せられたるを以て此事を上海の君の友人より目下上海に在るイルクーツク代表日本人に通知し、帰国せぬ様御配慮を煩はし度し』と謂へり。其日本人は当時は記憶し居たるも、今は失念せり」（石川『中国共産党成立史』の付録3、同書四八五頁以下による。なおこの調書は一九二二年の日付なので、二一年時点のことが「昨年」とされている）。

一二月二七日、施復亮に対して日本からの追放処分という内務大臣命令が出された。翌日の各新聞は施の国外追放について報じている。やや詳細な『都新聞』から引用してみよう。「（前略）社会主義者施存統は、警視庁武藤係長が十日間に亘り取調べの結果、過般退去命令を受けたグレーと間接に関係を持ち、我が安寧秩序を乱す惧れありとして、日比谷署に拘留中だったが、二十七日内務大臣は退去命令を発したれば、二十九日横浜港出帆の大阪商船アリゾナ丸で上海へ向け退去の筈である。同人は（中略）支那に於ける社会主義者の首領株にて上海共産党の陳独秀一味に属し、同時に上海の社会主義大学の代表者として日本に渡来し、社会主義の研究調査に努め、仏米等に散在せる党員と通信し、社会主義者近藤栄蔵、高瀬清、高津正道等と連絡を取り、堺利彦、山川

若き施復亮

均諸氏等と交際し、モスコー政府より資金を受けて、宣伝に着手せんとした者で（下略）」。

この報道の通り、施は二九日横浜発で、神戸・門司に寄港して上海に帰国した。一月五日に門司に寄港した際に臨検した刑事は以下のように報告している。「本人ハ船室ニアリテハ（労働ノ未来ト現在）ト題スル書籍ヲ繙読シ時ニ甲板ヲ逍遙スル事アルモ何等異状ノ言動ナク翌六日正午同船ニテ上海ニ向ケ」出発した（石川禎浩「施存統と中国共産党」参照）。

コミンテルンと「暁民共産党」

ところで先に引用した『都新聞』では、「グレーと間接に関係」を持ったことが施の国外退去の理由とされている。石川『中国共産党成立史』によれば、「グレー」とはボリス・グレイ（Boris P. Gray）で、日本の共産主義運動の資金を持って上海から横浜に渡来したが、警視庁にいち早く察知されて国外退去になったものである。「特別要視察人状勢調」（大正十年度）は、その事情を以下のように記述している。「甲号近藤栄蔵ヲ首領トスル日本共産党ニ於テハ十一月十二日、要注意人物重田要一ニ報告書及赤化宣言費予算書ヲ携帯セシメ、在上海露国労農政府宣伝部支局ニ派遣シタル事実アルヲ察知シタルガ、更ニ越ヘテ同月二十四日、重田ハ其ノ使命ヲ果シ同宣伝部員「ビー、グレー」ト相携ヘテ帰国シ、「グレー」横浜ニ滞在シ携帯シ来リタル宣伝費ヲ日本共産党員ニ交付スベク先ヅ甲号山川均等ト会見スベキ手筈トナリ居ルヲ探知シタルヨリ、彼等ノ会見ニ先チ翌二十五日早朝神奈川県警察部ニ通報スルト共ニ庁員ヲ急派シ協力シテ「グレー」ヲ取調タルニ、彼ハ約金七千円（五千円ハ台湾銀行小切手、其他ハ現金）ヲ所持シ「チタ」ヨリ上海ニ来リ、（中略）「グレー」ハ労農政府ノ密使トシテ日本共産党ト連絡ヲ執ランガ為メニ渡日シタルコト明瞭

（後略）」（『社会主義沿革2』〈続・現代史資料2〉九一頁）。

「特別要視察人」は甲乙の二種類に分類され、主要人物は「甲号」とされていた。この文書で「日本共産党」の「首領」とされた近藤栄蔵（一八八三〜一九六五）は、第五章でも言及したように、米国帰りの社会主義者で、第一次日本共産党の主要メンバーとしてコミンテルンとの連絡などで活躍した人物である。一九二一年六月から七月にかけてモスクワで開催されたコミンテルン第三回世界大会には、日本から誰も出席しなかったが、同年一一月にイルクーツクで極東諸民族大会が開催されることになって、その連絡のために中国人の張太雷《ちょうたいらい》が一〇月に来日した（実際はモスクワで二二年一月開催）。張がこの任務のために頼ったのは施復亮で、石川が紹介している東京地裁での供述によれば、施は張を堺利彦に紹介し、堺が近藤を呼んで協議したという（石川「施存統と中国共産党」三四九頁以下参照）。先に引用した施の供述書で、一一月末から一二月初旬に最後に山川に会ったとき、イルクーツクに行った日本人が帰国しないように伝言してほしいと言われたとあるが、これはこの極東諸民族大会に出席するために出国していた日本人のことであろう。グレーの事件や後述の「暁民共産党」事件で、多数の活動家が逮捕されていたので、帰国すれば連累をまぬかれないと警告したものである。

ところで先に引用した『都新聞』の記事に、「社会主義者近藤栄蔵、高瀬清、高津正道等と連絡」をとったとされているが、彼らは暁民会（あるいは暁民共産主義団）という組織のメンバーだった（『近藤栄蔵自伝』二一五頁以下、高瀬清『日本共産党創立史話』四頁以下など参照）。犬丸義一によれば、暁民会は「日本共産党準備委員会の細胞的役割」を持つ組織で、結成されたのは一九二〇年五月だったという（『第一次共産党史の研究』一一七頁以下）。この暁民会は翌年一一月、陸軍特別大演習に参加する部隊の宿舎に「軍人諸君！　兄弟よ！」と「軍人諸君！」と題する二種類のビラを郵送・配布して、近藤・高瀬・高津などのメンバーが逮捕された。「日本は幾度か戦争をした。そして、いつも君等の「忠君愛国」によって、君等の仲間の貴い命と、君等の親兄弟姉妹妻子の幸福とを犠牲に供して、大勝利を得た」などと反戦反軍的な考えを説いたものである（『社会主義沿革2』〈続・現代史資料2〉九〇～九一頁、一〇九頁、一一八～一二〇頁参照）。ビラの末尾に「共産党本部」と記されていたこともあってか、一般に「暁民共産党」事件と呼ばれている。以上のように、中国共産党結成と密接な結び付きがあった施の日本滞在は、日本共産党結成の準備期とも重なり、必然的にこうした動きの渦中に置かれた。

2　帰国後の施復亮

中国共産党での活動

こうして施復亮の日本滞在は、彼の意に反して一年六カ月で終わった。帰国した施は、当時活動停止状態だった社会主義青年団の再建にかかわった。一九二〇（大正九）年に成立した社会主義青年団はマルクス主義者・アナキスト・ギルド社会主義者・サンディカリストなどの雑多な集団だったが、徐々にマルクス主義に統一されていった。一九二二年五月、団の第一回全国代表大会で、施は中央書記に就任した。しかし病弱だった施は、翌二三年秋に上海大学で教鞭をとることになる。上海大学は、名義上は国共合作での運営だったが、実質は共産党が主導した幹部養成学校だったという（石川禎浩「施存統と中国共産党」、宋亞文『施復亮政治思想研究』六九頁など参照）。初期の中国共産党で、「上大」派は大きな影響をもつことになる。

施が上海にいた一九二五年二月、日系紡績企業における労働者ストの弾圧を契機にストライキが広がり、武力弾圧に発展する五・三〇事件が起こった。中国の反帝国主義運動の画期となる事件である。施はこのとき「労働組合の組織とストライキの自由」を発表して、ストライキは権利であり、労働階級こそが国民革命の「主力軍」で「先鋒」であると論じた。そして戴季陶ら国民党右派が孫文主義学会を創立すると、それに対抗して中山主義研究会を結成し、「中山主義研究の方法」「西山会議に反対する」などを書いて、国民党右派を批判した。

離党　一九二六年九月、施は上海大学を離れて広州に行き、中山大学や黄埔《こうほ》軍官学校で教鞭をとった。そして国民革命軍の移動とともに、翌二七年二月には武漢の中央軍事政治学校の教官となり、まもなく政治部主任となった（石川禎浩「施存統と中国共産党」参照）。このような経歴からすれば、施が共産党内で着実に活動を続けていたようにみえる。しかし施は共産党の中枢部分に身を置きながら、他方で一九二二年後半に戴季陶・胡漢民・陳樹人の紹介で国民党にも加入して、国共合作が実現する前から「跨党党員」になっており、二七年八月に共産党を離党するとの声明を発表する。

施復亮の唐突な行動の契機になったのは、上海における蔣介石の反共クーデタ（二七年四月）である。武漢国民政府はクーデタに対抗して、蔣介石を罷免し討伐を宣言したが、他方、蔣介石は南京に新たに国民政府を樹立したので、国共合作は崩壊した（七月）。その間に共産党は急進化の度合を強め、農村で土地革命を実行して、江西に根拠地を作ることになる。施は五月から武漢を防衛する軍事行動のために農村に行き、そうした動きをつぶさに見聞することになった。八月三〇日付の『中央日報』副刊に発表された「悲痛な中での自白」は、共産党の看板では「どうしても大衆の中に深く入ることができない」とし、当面の課題である国民革命の遂行のためには国民党左派によって革命の指導権を統一する必要があると述べている（平野正『政論家施復亮の半生』資料編一四四頁以下を参照）。つまり国民革命は、無産階級という単一の階級ではなく、労働者・農民・小ブルジョアジーを代表し、「国際的平等」「政治的平等」「経済的平等」という「非資本主義的三民主義」の実現を目指す国民党によってのみ実現できると、彼は考えた。そこにはコミンテルンの支部である共産党よりも、中国人の独立した組織である国民党の方が、中国の自由と独立を実現するのに適切だとの判断もあっただろう（宋亞文『施復亮政治思想研究』八九頁以下参照）。

施「非資本主義的三民主義」と山川「共同戦線党」

以上のような施の言動は、山川と不思議な照応関係がある。山川が有名な「無産階級運動の方向転換」を発表したのは『前衛』一九二二年七・八月号であり、あたかも施が戴季陶から国民党加入を勧められた時だった。前述のように、山川の主張は明らかにコミンテルン第三回大会の「テーゼ」を受けたものだが、一九二四年に公然と唱えられることになる単一無産政党論の始まりを予告するものだった。山川の構想はその後さらに明確にされ、資本主義的な秩序に反対するすべての要素を結合し、小ブルジョアの利害をも包含するような

「共同戦線党」を提唱する。山川がこうした主張を明確に前面にうち出すのは『労農』創刊号（一九二七年一二月）に発表された「政治的統一戦線へ！」だが、それは一九二六年末に再建された日本共産党との対決を明示したものといえる。

前述のように、施は一九二七年八月に共産党離脱を告白するが、国民党の党員資格は保留したままだった。それは共産党の暴力路線を批判する一方で、「少数軍人の私有品」に成り下がった国民党を改革するという主張に基づくものである（施存統「回復十三年国民党改組的精神」『目前中国革命問題』二九頁）。そこには、中国は帝国主義下の半植民地であり、ブルジョア階級も無産階級も十分に発達する余地はないこと、したがって中国革命はフランス革命ともロシア革命とも異なった道を歩み、労働者・農民・都市小ブルジョアによる「全中国の一切の被圧迫民衆共同の党」による民権革命を遂行すべきだとの認識がある（施存統「対於今後革命的意見」、同上書七頁）。民権革命（ブルジョア民主主義）を実現していく過程が、結果的に民族・民権・民生（社会主義）の三つの革命を並行的に実現することに繋がると考えたのである。

同じころ山川は、ロシア革命はロシア独特の革命方式であり、日本では労働者・農民・小ブルジョア下層による「共同戦線党」によって政治的自由を拡大していくことが、社会主義革命への道を切り拓くことになると考えていた。山川と施は、一九二七年頃に酷似した観点に到達していたのである（ただし施は一九三〇年に入ると、労働者・農民・都市小ブルジョアの統一戦線という構想は、階級性を無視した議論で誤りだったと自己批判する。「一つの誠実な声明」（平野正『政論家施復亮の半生』資料編一五三頁以下）

を参照)。施は、あるいは山川の議論の展開をある程度知っていたかもしれない。しかしそれはせいぜい山川から示唆を受けたという程度であり、蔣介石による自由の剝奪やテロ、共産党の暴力革命論の両端から挟撃される形だった施が、孫文の三民主義を基礎に独自に考え出した構想だったのだろう。

なお「施復亮の故居を訪ねて」の項で述べたように、施は一九三三年と三五年に半年ずつ日本に滞在する機会があったらしい。この際にも山川らとの接触があったのではないかと想像されるが、目下のところ、この二度の日本滞在の内容については未解明のままである。

3　山川均と台湾——連温卿と山口小静

山川「弱小民族の悲哀」の中国語訳

山川均は植民地について語ることがほとんどなかった。関心がなかったのではなく、十分な情報を持っていなかったせいだろう。一度も海外に出たことはなく、病弱のため国内旅行さえまれだった。植民地の特殊な状況は、現地に足を運んだことのない人には叙述できない面があった。唯一の例外は「弱小民族の悲哀——「一視同仁」「内地延長主義」「醇化融合政策」の下に於ける台湾」である。『改造』一九二六年五月号に発表され、増補改訂のうえ、同年一二月に『植民政策下の台湾』のタイトルで単行本として刊行された。経済・政治・文化の三つの面から台湾支配を分析したもので、経済面では『台湾年鑑』の統計などを用いて、台湾の農業・製糖業などの状況を分析し、原始的蓄積が進行している状況を示した。台湾での土地集積や階級分化は、日本本土ほどには進行しておらず、したがって本格的な階級対立は必然的だが「今日以後」のことだと述べている（⑦二六四頁）。また政治面では、総督府評議会などの設置による「自治」制度の欺瞞性、警察制度・匪徒刑罰令・保甲制度などについて言及し、文化面では教育・新聞発行などの差別を指摘している。

『改造』掲載の論文に対して、『台湾民報』（台湾人による唯一の言論機関、週刊）がすぐに「弱小民族的悲哀」との題でその中国語訳を掲載した。第一〇五号（一九二六年五月一六日）から第一一五号（同年七月二五日）までの一〇回連載である（第一〇九号は不掲載）。翻訳者は台湾での白話文学を唱えたことで知られる張我軍という人物で、連載最終回の末尾の「訳者附記」で以下のように述べている。「（前略）翻訳しているあいだ、何回となく悲哀、慚愧、痛快の感がぐるぐると心頭を駆け巡った！多くは自分の知らないことであり、あるいは知っていても詳しくないこと――しかも我々全島民の死活に大いに関係することだ。山川先生はそれを詳細に日本の一大雑誌『改造』に発表された。多くは自ら敢えて言わないか言えないこと、あるいは言ったとしても痛快には言えないことを、山川先生は我々にかわって日本第一の権威ある雑誌『改造』誌上に痛快に吐露された。ただしある部分は用意周到な官吏によって削除されたけれども。読者がこの論文を読み終えた後、悲哀、慚愧、痛快を感じるか否か、わたしはわからない」。

もう一つの中国語訳　山川の台湾論にはもう一つ別の中国語訳が出版されている。わたしが台湾大学図書館で偶然見つけたものは、『新東方』という雑誌の第一巻第四号（一九三〇年四月一日発行）の表紙をつけた複写物である。タイトルは「日本帝国主義鉄蹄下的台湾」で、『改造』掲載論文ではなく単行本『殖民政策下の台湾――弱少《ママ》民族の悲哀』を底本にしており、前記の雑誌に二回で分載されたらしい（わたしが見たのは前半のみ）。「訳者自序」には「一九三〇年一月廿八日蕉農於日本京都」と記されており、許華生という人物の短い序文がついている。後述のように、この雑誌は中国本土で出版されていたので、訳者は京都に留学していた中国人の可能性が高い。訳文には、台湾人は異民族の支配下に置かれた「中国同胞」だという観点が強く出ている。たとえば冒頭に近い部分の「台湾には、日本国民の全体の名によって政治的にも経済的にも支配せられている三五〇万の民族がある」（⑦二五八～二五九頁）という山川の文章は、以下のように翻訳されている。「台湾には一部分の漢族が住んでおり、人口約三百七十万余り、この一部分の漢族は政治上すでに中国本部との関係を断絶し、表面上、日本国民の名義で政治上経済上の支配を受けている」。明らかに台湾人が「漢族」であることが強調されている。

この雑誌掲載の訳文は、その半年後の一九三〇年九月一日付で、「東方問題研究会編輯」という形で北京（当時の地名は北平）の新亜洲書局から単行本として発行されている。本のタイトルは『台湾民衆的悲哀』で、訳者は宋蕉農、校閲者は沈底とされている（蕉農はバナナ農家に仮託したもので、彰生「日据時期台湾的社会民主主義者――連温卿」は、宋蕉農は宋斐如（文瑞）、序文を書いた許華生は許地山だろうと推測している）。巻末の宣伝によると、『新東方』は東方問題研究会という団体が出していた定期刊行物で、「東方民族の解放」と「世界人類の平等を促進する」をスローガンとしていた。単行本『台湾民衆的悲哀』には、本文の後に五七ページにわたって「書後」と題する文章が掲載されている。執筆者は沈底で、山川が述べていない台湾の略史や漢民族が台湾住民になった来歴、そして日本による植民地支配下での「台湾民族解放運動の経過と現状」を解説したものである。著者の沈底はマルクス主義に親近感を持っていた人物だと想定されるが、台湾の社会運動やそれに対する総督府の弾圧などの叙述は歴史上の事実を的確に紹介したものである。中国本土の知識人や民衆の台湾に対する無関心を啓蒙するという意図がよく出ている。

台湾の社会運動

『山川均全集』の編者によれば、山川の台湾論は「山口小静氏の台湾におけるエスペランティストとしての同志連温卿氏の厚意によって入手した資料にもとづく部分が少なくない」という（⑦二五八頁）。連温卿《れんおんきょう》（一八九五～一九五七）は『台湾政治運動史』の著者として知られる日本統治下の台湾の社会主義者である。連について述べる前に、まず台湾の社会運動について概略を記しておこう。

台湾の社会運動の核となったのは台湾議会設置請願運動だった。台湾議会とは、台湾住民の民選による議会を台湾に設置して、「台湾ニ施行スベキ特別法律及台湾予算ノ協賛権」を行使するという趣旨である。台湾統治では、当初から総督の独裁的な権限が認められており、留日台湾知識人の間では自治を要求する声が高かった。しかし自治要求は日本政府と総督府をいたずらに刺激するとの慎重論もあった。そこで案出されたのが台湾議会設置の請願で、運動を象徴する中心人物が台中霧峰の地主の林献堂《りんけんどう》である。請願運動は一九二一年の第一回の請願書提出から一九三四年まで、一五回にわたっ

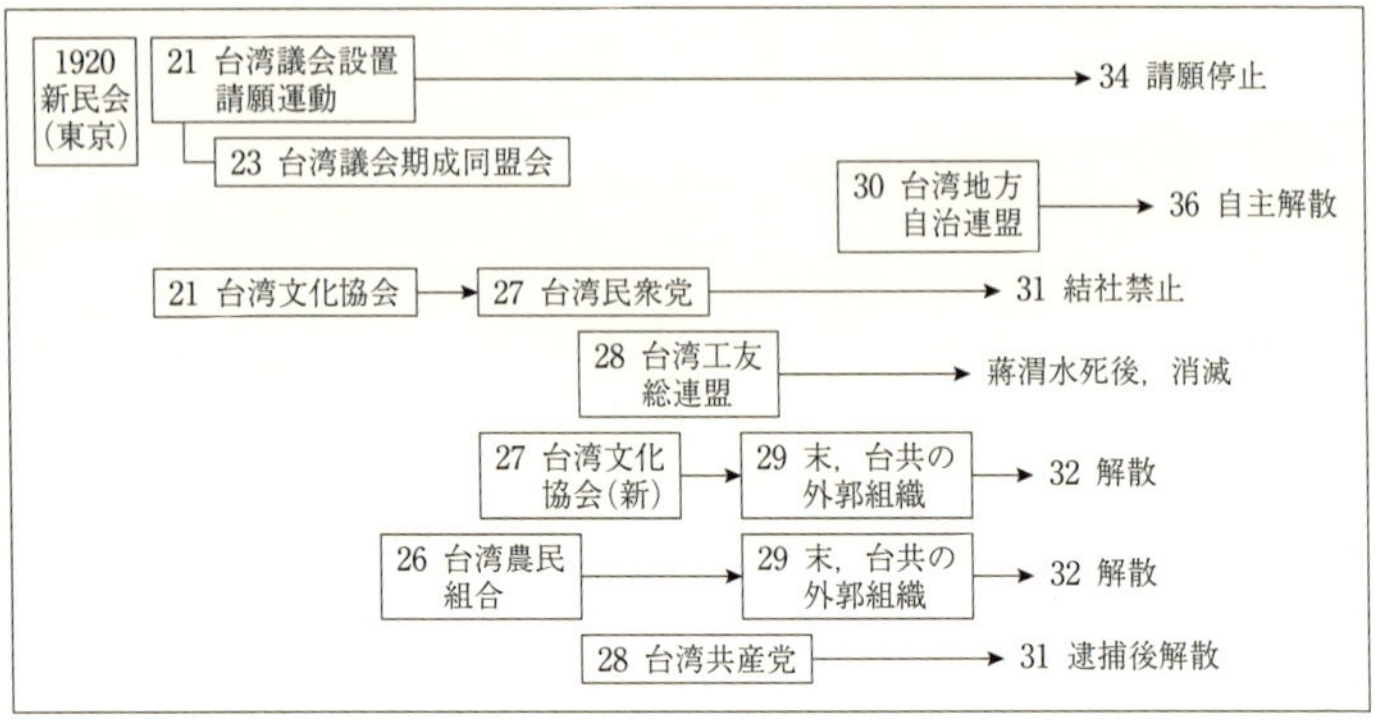

図2　台湾の社会運動の変遷

出所：黄煌雄『両個太陽的台湾——非武装抗日運動史論』時報出版，2006年，巻末図に若干加筆した。

て毎年粘り強く続けられたが、帝国議会で一度もまともに審議されることなく終わった。

請願運動と並行して行われたのが台湾文化協会（一九二一年一〇月結成、以下「文協」と略す）による啓蒙運動で、中心メンバーは林献堂の側近である蔡培火《さいばいか》や台北の医者の蔣渭水《しょういすい》など、多くは請願運動の活動家と重なっていた。他方、請願運動の中心組織として、一九二三年二月に台湾議会期成同盟会が東京に結成されたが、同年末に総督府は強硬手段に訴えて、請願運動の中心的活動家たちを治安警察法違反で逮捕した。運動が行きづまった結果、総督府の強圧的態度への反発、請願運動の無力と軟弱さへの失望、そして社会主義思想の影響から、文協の改革を求める声が強くなり、激しい内部対立が生じる（図2）。

連温卿

対立が顕在化したのは一九二六年に入ってからで、本節の主人公である連温卿が台湾近代史上に頭角を現すのはこの頃のことである。陳翠蓮『百年追求――台湾民主運動的故事』（巻一）によってその推移をまとめよう（その他に、黄頌顕『台湾文化協会的思想與運動』、連温卿『台湾政治運動史』、林国章『民族主義與台湾抗日運動』、台湾総督府警務局編『台湾社会運動史』など参照）。この年の五月に霧峰の林献堂宅で開催された文協理事会の席上、政治結社組織の動議が提出された。議論は紛糾したが、大勢は政治結社組織の方向に向かった。一〇月の総会では、連温卿が政治結社案を提出し、その必要性が決議されて、蔡培火・蔣渭水・連温卿など八名が改組の起草委員に指名される。一一月の起草委員会では、連温卿が文協を労働・農民運動の総合的団体とするとともに、理事制を委員制とし、総理を廃止して委員長とするとの提案を行った。名望家の林献堂を総理とし、その側近である蔡培火を専務理事として、蔡の地元である台南に本部を置く文協の体制は、連に言わせれば「土着大資産階級代表者の倶楽部」にすぎない（連温卿『台湾政治運動史』一二六頁）。総理を委員長にする改組は、文協の性格を根本的に改変し、一気に主導権を握ろうと意図したものだった。蔡培火と蔣渭水も改組案を提出したが、決着は翌年一月の臨時理事会に持ち越された。しかしここでも議事は紛糾し、蔡が退場する事態になって、連の提案が採用された。さらに翌日の臨時総会でも、連派の人物が委員の多数を占めたので、蔡培火・蔣渭水らは文協を脱退して台湾民衆党を結成し、文協の左右は完全に分裂する。

連温卿とエスペラント　ここで文協の主導権を握った連温卿の経歴について述べておこう。前述した連温卿の著書『台湾政治運動史』は、「台北市志初稿：社会志――政治運動篇」と題された未発表原稿が刊行されたもので、もとは台北市文献委員会のシリーズ「台北市志稿」の一冊として執筆された（一九五四〜五五年）。しかし筆禍を恐れて同僚（王詩琅）の手元に残されていたという。以下、巻末の張炎憲「社会民主主義者――連温卿」などによって連の生涯を摘記してみよう（他に戴国煇「台湾抗日左派指導者連温卿とその稿本」、彰生「日据時期台湾的社会民主主義者――連温卿」なども参照）。

　連温卿は一八九五年四月台北に生まれた。幼年時の事蹟は不明。学歴は公学校（日本語ができない台湾人児童のための小学校）を卒業しただけである。連は日本の台湾支配が始まった年に生まれ、学校教育で日本語を学んだわけだが、彼の書いた日本語にはやや不自然なところがある。他方、前記の本の原稿は中国語で執筆されたが、日本語化した中国語で意味不明の箇所もあったと、編者は告白している。植民地支配の負の遺産を一身に背負った世代といえよう。

　連がエスペラントに関心を持つようになったのは、言語をめぐるこうした葛藤が影響した。連には「言語之社会的性質」「将来之台湾語」などの論文（『台湾民報』所載）があり、台湾で通用しているさまざまな言語を改良して民族の言語を作る必要を説いている。エスペラントへの着目も、植民地国が自国語を被植民地に押し付けるのではなく、両者が共通の言語をもつことを理想としたためだった。

　台湾でのエスペラント運動は、三井物産の社員・児玉四郎が台湾に赴任して、一九一三年九月に日本エスペラント協会台湾支部を設立したことに始まる（松田はるひ「緑の陰で――植民地台湾エスペラント運動史」（一）〜（四）を参照）。連の「台湾エスペラント運動の回顧」によれば、『台湾日日新報』の記事でエスペラントの講習会のことを知り、九月一日に艋舺《もうこう》の龍山寺で行われた第一回講習会から参加した。しかし二年目に入ると、講習会はすっかり低調になり、連の学習意欲も殺がれてしまったらしい。ところが一九一六年に戦争中のロシアから文通したいとの絵葉書を受け取って、再度取り組むようになり、一九一九年に台湾最初のエスペランチスト蘇壁輝と協力して、有名無実になっていた日本エスペラント協会を改組して台湾エスペラント学会を設立し、こんにゃく版の雑誌『緑陰』（Verda Ombro）を刊行した。

台湾版資本主義論争

一九二三（大正一二）年、連は蔣渭水・謝文達らとともに社会問題研究会を結成し、さらに蔣渭水・王敏川とともに台湾文化協会の下に台北青年読書会を組織した。この時期、連は台北の女子学校（静修女学校）で教員をしていた山口《やまぐち》小静《こしず》と知り合い、小静の紹介で山川均・菊栄夫妻と通信するようになった。そして一九二四年五月に世界エスペラント大会に出席するために東京に行き、山川宅を訪問したので、両者の緊密な関係ができあがった。なお連『台湾政治運動史』（一二一〜一二二頁）によれば、彼らが一九二三年七月二三日に結成した社会問題研究会の当初の同人は、連のほか蔣渭水・謝文達・石煥長・山口小静だったという。しかし後述のように、小静は一九二三年三月に死去しているので、連の記憶には混乱がある。

一九二七年の文協分裂については前述したが、これに先立って『台湾民報』誌上では、陳逢源「我的中国改造論」（一九二六年八月）をきっかけに台湾版資本主義論争ともいうべき激しい論争があった（黄頌顕『台湾文化協会的思想與運動』一二三〜一三六頁参照）。陳は蔡培火と同じく台南出身で、文協の分裂では蔡と行動を共にすることになる人物である。彼はこの論文で、台湾がまだ農業社会の段階にあり、日本帝国主義に対抗する民族資本を育成する必要があると説いた。これに反対する許乃昌は、台湾にはすでに日本の帝国主義資本が根を張っており、台湾の資本家階級と日本帝国主義とは利害が一致していると主張した。

文協の分裂はこの論争を背景にしたものである。新文協の機関誌ともいうべき雑誌『台湾大衆時報』創刊号に掲載した「台湾社会運動外観」で、連温卿は陳らの主張は「当局の標榜する「内地延長主義」と一致することができ、その限界は政治上の独立を獲得するにとどまる。換言すれば、かれらの主張する台湾議会設立がその極限である」と批判した。こうして「方向転換」後の文協は第一回全島代表大会（一九二七年一〇月一四日）で、協会は台湾民衆のための「農、工、小商人、小資産階級」の「後盾的戦闘団体」と規定するのである（一九二七年の分裂を「方向転換」と呼称するのは台湾総督府警務局『台湾社会運動史』である）。

台湾の「山川主義者」と台湾共産党

しかし連たちの主導権は長くは続かなかった。コミンテルンの指導下に台湾共産党が結成され、台湾での活動を始めたからである（盧修一『日拠時代台湾共産党史』参照）。中心になったのは上海大学（中国共産党の影響下にある）で学んだ後、モスクワに派遣されていた謝雪紅《しゃせっこう》と林木順らで、二人は一九二七年一二月、東京で日本共産党中央委員の佐野学らと会い、翌年四月一五日に上海で日本共産党台湾民族支部を結成した。台共は文協および、文協と密接な協力関係にあった農民組合に浸透をはかっていく。そしてまず農民組合で、六月に反幹部派の楊貴らを、九月にはアナキスト系の陳崁を除名し、二九年一一月には文協で、台北支部を根拠とする連温卿らを除名した（文協本部は台中にあった）。その時の除名理由は、連は山川主義者で右派社会民主主義者の民衆党と結託して左翼陣営の分裂を企図したというものだった。農民組合が文協第三次大会（二九年一一月）に際して発表した「左翼社会民主主義者――連温卿一派排撃に関し代表諸君に檄す」の一節は次のように述べている（『台湾1』〈現代史資料21〉三一〇～三一一頁）。

「（前略）狡猾な而も瀕死の瀬戸際に立つ帝国主義は、革命的な労働者或は一般の無産大衆の正しき進路の前進を喰い止め腐敗せしめんが為に、彼等は別の方法を案出した。即ち空虚な革命的言辞を弄する専門家として左翼社会民主々義を彼等は製造したのだ。日本で有名な山川均一派はそれであり、台湾では其の子分たる連温卿一派がこれである。此の台湾左翼社会民主主義の元兇たる連先生とは一体如何なるものか？　彼らの存立する社会根拠は果して何処にあるか？　彼等は徹頭徹尾地盤主義者であり、分裂主義者である」。「今や我々が非常の注意を傾けなければならないことは、単に資本主義と戦ふのみでなく、これらの左右社会民主主義者とも亦、徹底的に戦はねばならないことだ。そして最も陰険な、憎むべき左翼社会民主主義者……連一派……と最も徹底的に戦はねばならないのだ」。

社会民主主義を主敵とする台共の方針が、コミンテルンの指令に基づいたものだったことは明らかだろう。農民組合は二九年二月一二日に全島的な大弾圧を受け、台共も三一年六月二六日に謝雪紅など一〇七名が逮捕されて壊滅状態になった。日本本土における二八年三月と二九年四月の共産党弾圧と軌を同じくするものである。

文協から除名された後の連は、政治運動から退隠して民俗学の研究に専心し『民俗台湾』に論文を発表している。生涯、社会主義の信念を失わなかったが、幸い一九四七年の二・二八事件の連累をまぬかれた。晩年は困窮していたという。連は一九五七年一一月に死去したが、それは山川の死に先立つこと約四カ月だった。

連温卿を台湾の「山川主義者」とするのは、台湾の研究者の一致した見解である。たしかに連温卿が山川から思想的影響を受けたのは確かだと思われる。しかし連温卿＝山川主義者というレッテルで連を運動から排斥したのは、コミンテルン＝日共＝台共が、各国の具体的事情と無関係に社会民主主義批判を展開した結果だったであろう。

「また一つ
蕾が落ちた」

山口小静（一九〇〇〜二三）は、山川均・菊栄とその周りにいた人々に鮮烈な印象を残して夭折した女性である。堺利彦は小静の遺著に以下のような弔辞を残している。「又一つ蕾《つぼみ》が落ちた／立ちどまり／振りかえり／いとほしむ暇もない／我々の道の歩み」。小静は台湾の社会運動と山川を結びつけた人物として歴史に名を刻んだ。その唯一の著書は『匈牙利《ハンガリー》の労農革命』で、山川を中心に開催されていた水曜会の研究会で発表したものが、吉田梅子のペンネームで『社会主義研究』（一九二一年三月号）に掲載され、死後にパンフレットとして出版されたものである。

小静については、山川菊栄がその早世を悼んで、いくつもの文章を書いている。まずその一節を引用しよう。「〔山口〕氏がはじめて私たちの家へ見えたのは、大正九年すなわち二十一歳の夏であった。

連温卿（右）と山口小静
（『山川均全集』第５巻，より）

小ブルジョア的家庭から出た同志はみなそうであるとはいえ、山口氏のように極端な反動的家庭に人となった人も珍しい。氏の父君は漢学者で、新聞記者として日清戦争に従軍し、北白川宮に従って台湾に入り、宮を祭った台湾神社の宮司となって今に至った人で、祖父君も漢学者で台北諸学校で倫理の先生、母君も聞えた国学者の娘で、長兄は神官、次兄は帝大法科出で、在学中は上杉博士の崇拝者で興国同志会員であった（下略）」（「山口小静」菊栄⑧六七頁）。

山口小静は一九一六年に台湾総督府高等女学校（後の台北第一高等女学校）を卒業後、東京女子高師範学校国文科に入学した。東京女子大の学生・貝原たい子の回想「山口小静さんの思出」（『囚牙利の労農革命』の「附録」所収）によれば、一九一九年秋に東京女子大で有島武郎の講演があったとき、聴衆のなかに挑発的な質問をした人がいて、学生たちを驚かせた。それが小静で、これをきっかけに貝原らと交流するようになり、社会主義に関心をもつに至ったらしい。その後、小静と貝原ら女子大のグループは、菊栄を中心とする山川家での研究会に参加するようになったが、小静は二〇年九月頃に以前に患っていた結核が再発して、一〇～一一月を病院で過ごした後、茅ヶ崎海岸、さらに翌二一年春には鵠沼で療養した（山川菊栄「山口小静さんをおもう」平凡社版『おんな二代の記』所収）。

小静は二一年には女高師を卒業するはずだったが、病気で休学中に社会主義者と接触したことが知れて退学処分になった。小静の療養先は山川の転地療養先と近く、二人は一緒に昼食を食べたり、天気の良い日には海岸に出て「砂の上にねころんで、第三インタナショナル第一回大会の宣言などを読みあった」という（「尊敬すべき同志山口小静」⑤二〇〇頁）。こうした経緯で、小静が水曜会の研究会でハンガリー革命の概要を報告し、前述の著書が彼女の死後に出版されることになった。貝原たい子によれば、一九二一年一〇月（山川菊栄によれば二二年春）、小静は台北に帰省し、エスペラントを通じて連温卿と知り合った。小静はすでに東京にいたときからエスペラントには相当な実力があったので、台北のエスペランティストの中心にいた連と交流ができたのは自然だった。

山口小静の著作

『匈牙利の労農革命』は、一九一九（大正八）年三月に成立し八月には崩壊したハンガリーのソヴィエト政権について論じたもので、アリス・ハント『共産匈牙利の実況』（原題、Alice Riggs Hunt, *Facts about Communist Hungary*, Workers' Socialist Federation, 1919）から摘記したものである。ハントの原著は表紙を含めて三〇ページのパンフレットにすぎないが、菊栄によれば小静の英語力は「基礎的な文法などの理解が未熟」だったというから、原文を読み通して発表したのは少し背伸びをしたものだったのかもしれない。もっとも原著を参照すると、小静の訳は概して適切で原著をきちんと読みこなしていたと推測される。

『匈牙利の労農革命』の後半には、ハントの著書とは無関係な四編の文章が収録されている。「独逸共産党と婦人」「一婦人の声」「赤化か緑化か」「人類解放の武器はエスペラント（ロマン・ローラン）」である。後の三編はエスペラントに関するもので、まず「一婦人の声」では、エスペラントが男性中心の言語であると指摘して、以下のように論じる。エスペラントは「理性と論理と平等との上に築かれた理想的人類語なることを固く信ずるから、而して汚されたる過去の人類史の汚辱をそそぎ、来るべき歴史を広き人類愛の上に建設すべき光栄ある使命を象徴するこのエスペラントの上に、唯一つと り残されたこの性問題の理論的解決を試みられん事を、権威ある世界の婦人エスペランチストに希望して止まない次第である」。末尾に、この文章は小静がエスペラントで書いたものを自ら日本語訳したものだとの「台北L」の附記がある。ハントの翻訳では女性活動家に関する叙述が目立つが、この文章でも小静が女性解放運動に強い関心を持っていたことが想像される。

二番目の「赤化か緑化か」は、社会主義革命とエスペラントの世界言語としての実現について、前者が先行すると論じたものだが、台湾でのエスペラント運動が日本語排斥だとの官憲の干渉を受けていることを指摘し、まずこの「不公平なる迫害」を打破しなければならないと訴えている。三番目の「人類解放の武器はエスペラント（ロマン・ローラン）」は、この年の八月にフランクフルトで開催された第二回世界エスペラント大会にSAT（国民性なき全世界協会）名誉会長のロマン・ローランが寄せた挨拶を、小静が翻訳したものである。

本書の末尾には水曜会編集部の名で「（前略）『匈牙利革命』以外の遺稿と写真とを探し出して送られた台湾同志諸君の厚意に深く謝意を表する」との附記がある。エスペラントに関する前記の三編の文章は、「台北L」すなわち連温卿がこの本のために送ったものであることがわかる。本書の開巻第一頁には椅子に座った小静の写真が、そして『山川均全集』第五巻の「尊敬すべき同志山口小静氏」の部分にはエスペラント旗をもった連と小静が並んだ写真が、掲載されている（二六五頁参照）。小静の特徴ある服装や背後の置物から、この二つの写真が同じ場所で同じ時に撮影されたものであることがわかる。ともに連が山川に送ったものであろう。台北に帰省した小静は、その一年半後には死去してしまった。養生のために帰省した台北で、小静は「地元の宗教女学校」で教えたり、ロシアの飢饉救済の募金活動に奔走したという。

父・山口透と裕仁皇太子の台湾行啓

「地元の宗教女学校」とは、大稲埕《だいとうてい》蓬莱町にあったカトリック系の静修高等女学校だろう。大稲埕は台湾人が主として居住し、文化協会など抗日運動の拠点があった地域で、連温卿の台湾エスペラント協会もこの地域にあったと推定して誤りない。台湾総督府警務局『台湾社会運動史』には、「台北市大宮町山口小静（大正十二年三月死亡）は東京女子高等師範学校在学中、山川均夫妻に接近し、共産主義研究を為し、大正十年十月諭旨退学となりて帰台した り」（一八三頁）という記述がある。大宮町とは台湾神社のあった地域の地名である。つまり小静は台湾神社の境内に住んで、抗日運動の拠点である大稲埕に通っていた。普通の日本人には考えられないことだった。日本人が台湾で「疑いの目をもって見られ」るなかで、小静だけは「口先ばかりでない真実の台湾人の友として、戦友として迎えられていたと、文化協会の連温卿氏はいっている」（山川菊栄『おんな二代の記』三五一頁）という言葉はけっして誇張ではない。もし夭折していなければ、独特の大輪の花を咲かせただろうに、小静は短い人生をまるで生き急ぐように走り去った。しかし小静をめぐるさまざまなエピソードは、彼女が台北で残した足跡が、予想されるほどには小さくなかったことを推測させ、読む者に一抹の救いを感じさせる。

小静が死去したのは一九二三年三月二七日のことだった。裕仁《ひろひと》皇太子が台湾行啓のために台北に到着したのは、その三週間後の四月一六日のことで、翌一七日に裕仁は台湾神社に参拝した。先導したのは、小静の父・透である。その様子を『台湾神社誌』（第九版、一九三五年）から引いてみよう。「大正十二年四月十七日、午前九時二十分、皇太子殿下御参拝在らせらる。当日午前八時宮司は、殿下御参拝の祝詞を奉告し、中門前に御出迎申上ぐ。御召自動車は二の鳥居前にて御下乗、禰宜御先導申上げ、御手水修祓後御参進、中門より宮司御先導、殿下には本殿階下に進ませ給ひ、幣帛料並に玉串を供へ御拝遊ばせらる。尋で中門の東側に油杉一株を植えさせられ、終りて御退出」。

このことについて菊栄は、以下のように書いている。「無産階級運動の闘士であった若い娘の遺骨を冷やかな納骨堂におき捨てた、世俗的な功名心ばかりに生きる父宮司が、一世一代の光栄に感激した得意の有様を私はひそかに想いやらずにはいられなかった」（「山口小静」菊栄⑧六八頁）。この叙述は、連温卿が菊栄に宛てた手紙（名前をふせて「台湾の同志より」として、『匃牙利の労農革命』の「附録」に収録されている）に基づいている。それによれば、小静は二七日夜九時四〇分に死去し、翌日荼毘にふされたが、遺骨は「三枚橋火葬場の納骨堂」に置かれたままで、死後一カ月の四月二七日の段階でも葬式は執行されていないという。裕仁が基隆《キールン》港を発ったのは四月二七日午前一一時だった。不浄を恐れて、葬式をその後に延期したのだろう。裕仁行啓の記録を調べると、山口透は四月一六日午後の拝謁で「列立拝謁」の光栄に浴し（約三五〇人のうちの一人にすぎないが）、四月二五日の「御賜茶」にも参列した。菊栄の憤っているのももっともである。

ところで裕仁の台湾行啓の新聞記事のなかには、「追憶の涙を新にし語る　山口台南神社宮司」と題して、いささか気になる内容の報道をしたものがある（『大阪毎日新聞』一九二三年四月二二日）。「台南神社の山口宮司は故北白川能久殿下が御発病から薨去遊ばされた時まで看護卒として御側にお附申した人で二十日台南神社々務所に訪問すると氏は語る。「私は殿下が御発病以来従卒として御傍に附き通し出来るだけの御看護を申上げたので当時を追懐して新しき涙が止度もなく湧きます（下略）」」。ここに記された宮司が山口透であることはほぼ間違いない。「台南神社」はまだ正式の神社になっておらず、当時は「北白川宮御遺跡所」と呼ばれていたので、台湾神社の宮司だった山口が台南でも先導したのだろう。菊栄は山口透が「従軍記者」だったと書いており、その後の研究も菊栄の記述に従っているが、実際は「看護卒」だった可能性が高い。

『匃牙利の労農革命』の「附録」に採録された連温卿の四月一九日付の菊栄宛書簡も紹介しておこう。連は台湾での運動が低調なことを嘆いた後に、以下のように書いている。「昨日の如きも□□□が□□の途中に文化協会の前を通るからとて、早朝から家宅大捜索を受け、出入の人は老若男女を問はず一々体格検査をやり、おまけに憲兵、正私服巡査百五六十名を以て其四囲を繞って警戒している。其前を通る人までも怪しいと思へば一々誰何《すいか》している」。これは四月一八日に裕仁が太平公学校に行啓したとき、順路にあった蔣渭水の大安医院が家宅捜索されたことを指している。蔣はこの機会を利用して、台湾議会設置請願のデモンストレーションを企図していた（詳細は米原謙『国体論はなぜ生まれたか』二五一頁以下を参照）。警察はそれを事前に抑え込んだのだった。

連温卿の日本訪問

連温卿は一九二四年と一九三〇年の少なくとも二度、日本を訪問した。二度の訪日について、連自身が書き残した日記が存在することは、戴国煇《たいこっき》が紹介した（戴国煇「台湾抗日左派指導者連温卿とその稿本」）。一九二四年の旅行記は中国語で書かれた「蠹魚的旅行日記――一九二四年」、一九三〇年の旅行については日本語で書かれ「旅行を了りたる人の日記――一九三〇年」と題されている。このうち、後者は戴によって校訂されたものが「連温卿日記――一九三〇年の三三日間」と題して発表された。しかし前者は、公表を期していたらしいが、戴自身の手では発表されないままに終わった（ただし台湾の研究者・邱士杰がインターネット上で発表した「〈連温卿研究〉一九二四年、我在東京的五一節――連温卿《蠹魚的旅行日記》（一～三）によってその概要を知ることができる）。

まず後者の内容を紹介する。連が台湾を出発したのは一九二四年四月二六日で、基隆で「亜米利加丸」に乗船した。船中で山川均の『井の底から見た日本』を読了し、山口小静のことを思い出したという。二九日門司港着、三〇日神戸港について下船した。尾行を従えて大阪から京都に行き、博覧会を見物し、五月一日に東京に着いて台湾雑誌社に行き、知人とともにメーデーのデモを見物した。東京は前年の関東大震災の爪痕が生々しく残っており、トタン屋根のバラックが多かったらしい。飛行家として有名になっていた謝文達や改造社にいた比嘉春潮などと親しく交流している（比嘉春潮『沖縄の歳月』一〇二〜一〇三頁参照）。一四日に慶應大学で開催された世界エスペラント学会（連の表現ではエスペラント宣伝講習会）に出席して「言語の社会的性質」との題で講演し、その日のうちに東京を発った（講演原稿は『台湾民報』第二巻第一九号（一九二四年一〇月一日）に再録）。神戸の垂水にいた山川夫妻を訪ねたのは一五日で、一泊したらしい。山川夫妻は自宅が被災したので、この時期、垂水海岸に住んでいたのである。残念ながら、この日の日記が欠けていて、連が夫妻に会ったという事実以外に、会合の詳しい内容は何もわからないらしい。連は二〇日に台湾に帰還した。なお「蠹魚的旅行日記」の「蠹魚」とは本などの「シミ」のことで、日本内地を資本主義という湿気で薄汚れた書庫と捉え、みずからをシミと揶揄したものである。

他方、一九三〇年の訪日では、二月四日に台北を発ち、七日に門司に着いて七年ぶりに町を見物、翌八日に神戸で下船した。前回同様、尾行の刑事が終始付きまとう状態だったが、一三日まで滞在した。運動資金（？）六〇〇〇円を着服したらしい人物に返金を迫るのが目的だったようだ。一四日夕方、長野に向かった。たんに雪景色を見るためだったらしい。一八日に神戸に戻り、一九日の夜行列車で東京に向かい、二〇日東京着。折から普通選挙による二回目の衆議院総選挙の投票日だった。二二日、鎌倉の稲村ヶ崎にJを訪ねている。JとはおそらくJ山川のことであろう。タクシーに乗ったが、一町位家を見つけるのに苦心したらしい。煙草屋が目印だったようだ。「煙草屋の前の道に沿ふて、一町位行ければすぐ見附かった。閑静なところだ。久闊を叙したるや、民衆党は如何なる団体であるか、と聞かされる。これが第一の話題であった。やがて、午餐の饗応を受けて、撮影して別れを告ぐ」。「民衆党」とは蔣渭水らの台湾民衆党のことだろう。それにしても、山川との会合は意外なほど短時間だったようにみえる。東京では弁護士の布施辰治のほかたくさんの人に会っているが、多くはイニシャルで記されているので用件はわからない。エスペラントの会合に出たり、芝居や映画を見に行ったりと多忙な時間を過ごしている。三月五日に東京を発ち、六日に神戸で乗船して帰台した。

矢内原忠雄の台湾論と連温卿

ところで連温卿は『台湾民報』にかなりの文章を発表している。連の思想を考えるうえでは重要な材料だが、ここではとりあえず戴国煇が公表した稿本のうち「一九三〇・八・一三」の日付がある「台湾に於る日本植民政策の実態」（原題は「実態」ではなく「展望」）をみておきたい。連は台湾の資本主義の現状について以下のように分析する。日本領台前の台湾は資本主義前夜で、台湾の商業資本は外国資本と対等に競合しながら農民を搾取していた。しかし日本帝国主義は重要産物への課税と専売制度によって外国資本を駆逐し、政府の保護助成のもとで土地を収奪して成長した日本産業資本が土着資本を抑圧しつつ、大量の賃金労働者を生み出した。政府の政策は、土地の騰貴と農産物価格の上昇によって大地主階級に利益を与えたが、彼らは産業資本家に転換できないまま、総督府の専制政治と妥協することになった。つまり「封建的地主は完全に、帝国主義に屈服させられたのに反して、新興ブルジョアは帝国主義と妥協を試みて、自己の発展に副ふべき道を開拓しやうとする」。しかし彼らの発展は、総督府や日本資本と戦うことではなく、人口の六割を占める農民の搾取によってのみ達成できる。

ここに連が「新興ブルジョア」と呼んでいるのが、台湾民衆党のことを指しているのは明らかである。連は続けて以下のように述べる。「ブルジョア学者で、東大教授たる矢内原忠雄が、この中産階級を指して、台湾「民族運動の中堅を形成する勢力である」と規定したのは、この変質した根本的差異を見逃したのではなく、より注意深く帝国主義に奉仕するがため」である。

連が批判した矢内原忠雄の著作『帝国主義下の台湾』は、一九二八年に『国家学会雑誌』『経済学論集』に連載された後、二九年に公刊された。そこで矢内原は連を名指しで批判している。「文化協会は久しく唯一にして且つ全本島人的なる民族運動団体であった。然るにマルクス主義的傾向を有する二十名許りの台湾無産青年会が大正十五年暮に成立し、その一派は連温卿氏指導の下に文化協会に潜入し陰謀的行動を以て文化協会幹部の地位を乗つ取り、（中略）文化協会の組織及方向を無産階級運動に転回した」（『矢内原忠雄全集』第二巻、三八〇頁）。矢内原は文化協会や農民組合の左旋回は台湾社会の実情から生じたものではなく、「外来思想の影響による観念的産物」とみていた。つまり台湾（あるいは一般に植民地）では、「階級運動は必然に民族運動性を帯ぶべき社会的理由」があるという（同上三八三頁）。

地主や新興ブルジョアが、一方では農民・労働者と対立しつつ、他方では総督府と日本資本家らの圧迫を受けているという認識は、連と矢内原に共通しているとみてよい。連が階級対立を主と考えたのに対して、矢内原は「中産階級が中心となりて有産無産両者を結合せる全民運動が政治的自由の為めの闘争を指導し、之を獲得するに従ひ台湾社会は漸く正規の近代的社会とな〔る〕」と見通したのである（同上三八六頁）。両者の対立を単純化すれば、ブルジョア革命の意味をもつ民族独立運動を優先するか、それとも階級闘争によって社会主義革命を実現し、民族独立をも一気に実現するかという構想の違いといえる。なお連らによる文協乗っ取りを「陰謀的行動」とする矢内原の見解については、総督府が文協の内部対立を煽る工作をしていた事実を無視している点で、やや問題がある（陳翠蓮『百年追求』一四三頁以下）。

4 日中戦争をめぐって——巴金

日中衝突と山川

日米戦争への危機感は、一九二〇年代初頭から論壇では広く意識されていた。石橋湛山「大日本主義の幻想」（一九二一年）はその典型である。五・四運動以後の中国における抗日意識の高まりと、満蒙利権に基づく日本の対中国政策はますますその危機を深めていく。ベルサイユ講和から五年しか経っていない一九二四（大正一三）年、山川は中国での日米（英）の利権争いが、世界戦争の発火点になる可能性をひしひしと感じていた（「平和の努力と戦争の努力」⑥三三九頁〜）。五・三〇事件（上海で起こった反帝国主義のゼネスト）を背景に執筆されたと推測される「シナの労働者は何のために闘っているか」は、帝国主義のもとでは植民地反対のブルジョアジーの運動は中産階級を巻きこみ、プロレタリアの闘争にまで発展せざるをえないと説く。だから「シナの労働階級とその前衛隊とは、国民党のうちで中産階級的要素と完全に協同戦線を張っている」（⑥一七八頁）。つまり中国の民衆運動には、国際資本との対抗を目指すブルジョアジーの要求と、帝国主義からの解放運動の二重性があると考えたのである（「シナ問題の国際的役割」「英国の帝国主義とシナの国民運動」「シナ問題の展開」など、⑦三三六頁〜、⑦三七四頁〜）。

こうした認識から山川は、日本の対中国政策が列強（とくに米英）と衝突する危険性に注意を喚起し、とくに田中義一内閣による武力干渉や好戦的な新聞論調が、日米戦争ひいては世界戦争を惹起する可能性があると警告する（「シナ問題の陥穽」⑦三六九頁〜）。そして蒋介石による反共クーデター（一九二七年四月）が起こると、列強の中国干渉が中国の国民運動の分化を促し、さらにそれが全世界的な資本主義内部の分化に繋がると予測する（「シナ問題の再批評」⑦三七七頁〜）。また山東出兵と張作霖爆殺事件（山川は事件の内実を知っていたと推測される）に対しては、「シナの国民的統一」は進路を妨げることはできても、止めることはできないと断言する（「田中外交の特質」⑨二一二頁〜）。

一九三六年一二月、西安事件（張学良らが内戦反対・一致抗日を要求して蒋介石を監禁）が起こったとき、いち早く「張学良クーデターの意義」を書いて、抗日意識の高まりによって日本の危機が深まると指摘したのは尾崎秀実《おざきほつみ》（一九〇一〜四四）だった。山川も事件の第一報から「二四時間にもならぬ」時点で「打倒蒋介石のクーデター」を書き、中国の政権にとって「抗日」が「絶対必要な条件」になっていると指摘する。そして事件はけっして日本の立場を有利にするものではなく、「日満支の経済ブロックなどという思想」は「何処かへ吹き飛んだ」と評した（⑭二四頁）。そして一九三八年一月号の『自由』に掲載された「不急・不要言」では、蒋介石は「長期抵抗の方へ駆り立て」られており、中国が第二次世界大戦の「発火点」になるとの先見が「現実味」を帯びてきたと述べた（⑭二六四頁）。

しかし前月に労農派の学者・知識人が治安維持法違反で一斉に逮捕される事件（当局は「人民戦線事件」と命名）があり、この論文が出たころ山川はすでに獄中にあった。日中戦争勃発を機に、批判的言論の完全制圧を意図したものである。だからこの論文を最後に第二次世界大戦終結まで、山川は完全に口を封じられ、一編の文章も発表できないことになる。

通州事件

一九三七（昭和一二）年七月の盧溝橋《ろこうきょう》事件直後に、北京近郊の通州《つうしゅう》で日本人虐殺事件が発生した。まずこの事件について述べよう。通州は北京から一五キロほど東にある町で、当時は冀東《きとう》防共自治政府の所在地だった（現在は北京市通州区。北京市中心部から地下鉄八通線が通っている）。「冀」は河北省の別名で、「冀東」は河北省（北京の周囲）の東部地域のことである。日本軍は、一九三五年頃から、華北地域を中華民国政府から切り離して日本の影響下に置く政策をとっていた。冀東防共自治政府はその具体的な表れで、いわば日本の傀儡《かいらい》政権である。一九三七年七月七日、盧溝橋で日中両軍が武力衝突すると、この地域にも軍事的緊張が生じた。冀東防共自治政府には、義和団事件の結果として締結された北京議定書（一九〇一年）を根拠に日本の支那駐屯軍の一部が駐屯していたが、治安の主力は中国兵からなる保安隊だった。自治政府のトップは親日派と目された殷汝耕《いんじょこう》で、保安隊もその支配下にあったが、この保安隊が七月二九日に反乱を起こし、多数の日本人居留民を虐殺したのが通州事件である。反乱の直接原因は、前日、日本軍の飛行機が誤って保安隊に爆弾を落としたことだと言われる（秦郁彦『日中戦争史』二二一頁参照）。盧溝橋事件を契機に、中国の官民のなかに鬱勃《うつぼつ》として広まった抗日意識が暴発したのだ。

日本人虐殺の報道は七月三一日から日本の新聞紙上に現れ、八月三日には杉山元陸相が貴族院本会議で事件について報告した。同時に行われた陸軍省の説明は以下のように述べている。「（前略）敵はわが居留民に対し言語に絶する暴虐なる行動を敢てし、その大部分を城内外に拉致し虐殺し、その残忍な行為はまことに耳目を蔽はしめるものがあつた（後略）」（『大阪毎日新聞』八月四日付）。事件の犠牲者は二百数十名におよび、新聞各紙は号外を出して事件を報道した。そこには「凄惨を極む虐殺の跡」（『東京朝日新聞』八月四日付）、「放火、掠奪、鬼畜の支那兵」（『大阪毎日新聞』八月四日付）などの見出しが躍っている。

「支那軍の鬼畜性」

こうした社会的雰囲気のなかで書かれたのが山川の「支那軍の鬼畜性」で、『改造』九月号に発表された。全文五〇〇字余の小文で、前半では事件の残虐さを「鬼畜性」と表現して、それが国民政府の抗日教育の結果だという報道を紹介し、後半で以下のように述べる。

「文化人を一皮剝けば鬼畜が出る。文化人は文化した鬼畜にすぎない。支那の抗日読本にも、日本人の鼻に針金を通せと書いてあるわけではない。しかし人間の一皮下にかくれている鬼畜を排外主義と国民感情で煽動すると、鼻の孔に針金を通させることになる。（原文改行）通州事件の残虐性と鬼畜性に戦慄する人々には《ママ》、むやみに国民感情を排外主義の方向に煽動し刺戟することの危険の前に戦慄せざるを得ないだろう。支那国民政府のそういう危険な政策が、通州事件の直接の原因であり、同時に北支事変の究極の原因だと認められているのだから」(⑭二四一頁)。

山川はここで日本の新聞報道とその背後にある日本政府の説明を、徹底して自分の議論の盾に取っている。国民政府の抗日政策を批判し是正を求めたのは日本政府であり、日本人の虐殺という「鬼畜に等しい」行為は、国民政府の排外主義的で煽動的な抗日政策の結果だと、新聞などが非難していた。たとえば通州事件直前の第七一特別議会で、近衛文麿《このえふみまろ》首相は「支那政府ならびに国民の自省自律」を求めていたし、広田弘毅《ひろたこうき》外相は「近来殊に抗日精神の昂揚甚だし〔い〕」中国の現状を批判して「日満支三国の融和提携」によって東亜が安定するとした。また香月清司《かつききよし》支那駐屯軍司令官は八月一日のラジオ放送で、増長した中国軍の「天人倶に許さざる没義道の行為」を批判して「明朗北支の建設」を誓った。

挙国一致の言論機関

国民政府の煽動的な抗日政策に対する批判は、立場を変えれば、政府の主導する「挙国一致」を、煽情的な報道で後押ししている日本の言論機関への批判となる。「支那軍の鬼畜性」発表と同月に出された『文藝春秋』九月号に、山川は「特別議会は何を与えたか」を発表している。近衛文麿内閣の下で実現した「挙国一致」「国論統一」を「ハイル・ヒトラー」を合唱するナチズムと同轍だと批判したものである。山川はここで「新聞がいまや遺憾なく挙国一致の体制を整えたことは、人々の見るとおりであるが、言論機関としての任務の方は、果して尽し終られて遺憾がないだろうか」(⑭二三五頁)と遠慮がちに反問し、報道機関の現状を「強い言葉の競り売り」によって政府に追随していると批判した。

「支那軍の鬼畜性」の発表の翌一〇月、山川は『文藝春秋』のために「着弾圏外」という論説を執筆したが、原稿は掲載されないままボツになった。山川はここで国民の生活や国論が「一色に塗りつぶされている」と指摘する。「新聞をひろげてみると、そこには武威赫々たる皇軍進出の戦報と、武勇談と、かいがいしい国民銃後の活動、献金美談のほかには、殆んどなんにもない」(⑭二四二頁)。ラジオ放送も芸術もキリスト教会も、すべてが「戦争目的のために動員」されており、「人間の頭脳をも、ただ一色に塗りつぶして統制」されて、全社会が「戦時色」になっているという。さらに山川は、中国との戦争は抗日的な政権を打倒するための自衛の戦争だという日本の主張は、ドイツとイタリア以外、世界ではまったく承認されていないこと、それは軍や報道機関が主張するような「嘘つき支那」の「宣伝上手」によるものではないと示唆する。そして「日の丸の旗を振って日本軍を歓迎する支那人」(⑭二四九頁)という自分に都合のいい側面(「明朗北支」)だけでなく、銃をとって祖国に殉じた上海の女子学生がいた(「陰惨な支那」)ことにも目を向け、独善的な態度を改めるべきだと主張するのである。

以上のように、同時期の山川の論説を参照しながら「支那軍の鬼畜性」を丁寧に読めば、彼の意図がどこにあったかは疑問の余地がない。彼の批判は通州事件の「鬼畜性」ではなく、日本軍と報道機関の排外主義的な煽動に向けられており、それがいずれ日本人の「鬼畜性」をも呼び起こす危険性があることを指摘したものである。深読みすれば、それは数カ月後の南京事件を予示したものになっている。

しかしこうした理解をするには、日本国内にいて言論の制約を体感し、山川の常套の表現テクニックを知悉している必要がある。山川の真意は「むやみに国民感情を排外主義の方向に煽動し刺戟することの危険の前に戦慄せざるを得ないだろう」という一文に込められているが、この部分を重視しないで全体を読み飛ばせば、事件の「鬼畜性」を強調し、中国人を非難したものと解釈される可能性があった。戦時色に染められた当時の日本という特殊な言論空間の外側にいる読者が、山川の文章をごく素直に読んだら、「鬼畜性」という批判に強く印象づけられたとしても無理はない。

巴金「山川均先生に」

山川はかつて『文明人の野蛮性』（ハワアド・ムウア著、山川均訳補、三徳社、一九二一年）という翻訳書を出している。文明人の外皮を取り除けば、野蛮時代の本性が現存することを説いたもので、単に稿料稼ぎの仕事だったであろうが、「支那軍の鬼畜性」を書いたとき、この本を想起していただろう。山川にとって、それはたんなる「生物学的知識」で、偏見や差別の表現ではなかった。戦後の文章「飢える知識人」でも同じ表現を使って、人間の野蛮性を誘引する政策をとった当局者を批判している（⑭二七四頁）。しかし日本という特殊な言語空間の外にいる読者がそれをどう受け取るかについて、山川は無警戒でありすぎた。『家』『寒夜』などの小説で知られる中国の作家・巴金《ばきん》の「山川均先生に」（給山川均先生）はその典型的な例である。

巴金の文章が最初に載ったのは上海で発行されていた雑誌『烽火』第四号で、表紙に九月二六日刊と印字されている。この雑誌は編集人・茅盾、発行人・巴金なので、巴金は山川の論説を読んで間もない九月一九日に反論を執筆して、自分の雑誌に発表したのだろう。ただし第四号に掲載されているのは全体の三分の二ほどで、残りはおそらく次号に掲載された（未見）。さらに同じ文章は全文がすぐに別の雑誌『国聞週報』第一四巻第四〇号に転載されている（一〇月一八日刊）。

戦前の日本では、巴金の山川批判が知られることはなかったと思われる。戦後は、雑誌『中国』（一九六七年一二月号、特集・日本の社会主義者と中国）が、『巴金選集』（一九五一年）収録の「山川均先生に」を板倉照平の翻訳で採録して話題になった（その当時の反応の一端については、高橋正雄《たかはしまさお》『わたしの造反』四五頁以下を参照。なお雑誌『中国』に採録された巴金の文章には、前記の元の雑誌論文にはない記述が一部含まれている。また山川と巴金の文章は、その後、張競・村田雄二郎編『侮中と抗日』に採録された）。

巴金の主張は明快である。「科学的社会主義者」であるはずの山川は、日本の新聞記者以上の激しい言葉で中国人を「鬼畜」と非難した。しかし通州の保安隊の行為は、二年にわたる「皇軍」と日本の官民の支配の屈辱に耐えかね、「悲憤の炎」を燃え上がらせたものである。抑圧された民衆が征服者に反抗するとき、少数の無辜《むこ》の者が巻き添えになるのは避けがたい。ましてそこで犠牲になった人々は従来からそこで権柄をふるい、おまけに「その大半はヘロインを売りモルヒネを注射し特殊工作をしていた人たち」だった。巴金は山川に向かって以下のように言う。「あなたは社会主義者でありながら、貴国の新聞記者の尻馬に乗って、「悪罵と欺瞞と中傷の言葉をもって、人々の偏狭な愛国心に訴えているのです」。あなたは、自分から進んで貴国の軍閥のわなに落ちてしまったのです」。

日中戦争拡大のなかで　盧溝橋事件の後、戦争不拡大の動きがなかったわけではないが、軍部（とくに陸軍）の強硬派がこうした動きをことごとくつぶしてしまった。また近衛文麿首相もそれを抑止する力はなく、既成事実を容認して事態を悪化させることになった。国民党は江西省廬山《ろざん》で会議を招集し、七月一七日に蔣介石が有名な「最後の関頭」演説を行った。「われわれは、弱国である以上、もし最後の関頭に直面すれば、国家の生存をはかるため全民族の生命を賭するだけのことである。そのときには、もはやわれわれは中途で妥協することは許されない。中途での妥協の条件としては、全面的投降・全面的滅亡の条件しかないからである」と、徹底抗戦を国民に訴えたものだった（松本重治『上海時代』（下）一六八頁以下参照）。これは蔣介石一人の決意だったのではない。国民の間の抗日意識の高まりが蔣介石をしてこうした発言をさせたのだった。

華北での日中の衝突は、八月一三日についに上海での両軍の全面戦争に拡大した。巴金がこの文章を書いたとき、上海はすでに日中両軍の激しい戦闘の渦中にあった。巴金は冒頭でその様子を以下のように描出している。「夜は静まりかえり、すべてのものが暗闇のなかに落ち込んでしまったかのようだ。重砲の音がだしぬけに殷々と響き始めたかと思うと、その後すぐ、ひとしきり機関銃の発射音がした。私の部屋もかすかに振動している」。こうした状況を背景に、巴金は日本軍が上海周辺で行った空爆で多数の難民が殺害された事実に言及し、通州の残虐性は日本軍による「冷静な謀殺」に比べれば「十分の一」にも及ばないという。そして最後に、「真実のニュースや正確な報道とはいっさい無関係な」日本の新聞の態度を以下のように要約している。「自己の民族の偉大さをひけらかし、他の民族の欠点をあばき立て、捏造した事実と煽動的な言辞を用いて、民族間の悪感情を挑発して、（中略）侵略戦争を鼓舞する。およそこれが貴国の新聞の唯一の任務であるようだ」。

不幸な誤解

すでに述べたように、山川の「支那軍の鬼畜性」の真意は、まさに巴金が言及した日本の新聞の独善的で煽動的な報道姿勢を批判し、「文化」を誇る日本人のなかに潜在する「鬼畜性」をえぐり出すことだった。つまり両者の意図はほとんど一致していた。しかし山川は日本の新聞報道を盾に中国軍の野蛮さ・残酷さを批判し、同じ行為が中国の報道では賞賛されていると指摘する。そしてこの両者の対照を通じて、日本軍の独善性と潜在的な「鬼畜性」を透視する形をとっている。山川の文章には多重の偽装が施されており、注意深い読者でなければ、その意図が読み取れない構造になっていた。日本軍の砲撃下にあった上海で、多数の中国人死傷者のことを見聞していた巴金が、山川の真意を読み取れなかったのは無理もないだろう。

他方、山川の方は追い詰められていた。いわゆる労農派の機関誌『労農』は一九三二年五月号を最後に廃刊となり、代わりに『前進』が発刊されたが、発禁が重なって、翌三三年七月号が終刊となった。以後、山川は『改造』『中央公論』『文藝春秋』など多様な商業メディアに評論を発表しているが、他方では執筆以外の手段での生計を模索するようになる。一九三二年初めにはイタチの飼育を始めたが、これは失敗に終わったらしい。三四年には本屋か薬屋の開業を真剣に検討していたが、結局、鶉《うずら》の飼育を始めた。いわば後退戦のなかで、商業誌での政治評論で限定的な闘いを繰り広げていたのである。巴金の議論は中国のメディアで大手を振って発表でき、読者の喝采を浴びるものだったが、山川は慎重な物言いでしか真意を表現できなかった。両者は不幸な出会いをしたと言える。相互に対立する熱狂的なナショナリズムを背景にした二つの言論空間では、いつの時代にも起こりうることである。

巴金の前半生

巴金（本名・李堯棠、一九〇四～二〇〇五）は四川省成都で生まれた（李存光『巴金伝』、同『巴金評伝』など参照）。生家の李家は代々官吏を務める名門で、四代の親族が同居する「四世同堂」を理想とする祖父のもとで、三代の大家族約五〇人が、約五〇人の奴僕とともに広大な屋敷に同居していたという。巴金はこの大家族の本家の三男だった。巴金の初期の小説『家』はその生家をモデルにして、封建的で時代遅れな「家」の欺瞞と非人間性を激しく告発したものである。小説の終末で祖父が死去し、その祖父に象徴される大家族がいずれ崩壊していくことが示唆され、巴金自身を体現する主人公の高覚慧は「家」に反逆して上海に旅立っていく。覚慧の行動のバネになるのは、『新青年』など五四運動期の新思想の媒体となった雑誌であることからもわかるように、巴金は五四運動後の新世代を象徴する典型的知識人の一人である。小説の高覚慧と同様に、巴金は一九二三年四月に次兄とともに上海に出て中学に入学したが、一二月によりレヴェルが高い南京の東南大学付属中学校に転学した。そしてそこを二五年に卒業した後、北京大学に入学しようとしたが、健康上の問題があって果たせず、一九二七年初めにフランスに留学する。

フランス留学の理由は分明ではないが、この時期の中国の社会運動の一つとして、留法勤工倹学運動というものがあった（何長工『フランス勤工倹学の回想』など参照）。フランス（法国）に留学して労働しながら倹約して学ぶという運動で、多くの中国人青年が渡仏した。当初、この運動の中心だったのは李石曾《りせきそ》（一八八一〜一九七三）や呉稚暉《ごちき》（一八六五〜一九五三）などのアナキストだったが、渡仏した青年たちによって中国共産党フランス支部が結成され、周恩来や鄧小平などの共産主義者が輩出した。巴金は成都にいた少年時代からクロポトキンに傾倒していたとされ、中学卒業後にはアナキズムに関する文章も書いている。巴金というペンネームも、自殺したフランス時代の友人・巴恩波とクロポトキン（克魯泡特金）にちなんだものとされているので、フランス留学もこの運動の影響と想像してよいだろう。

巴金の訪日

巴金は一九二九年にフランスから帰国し、作家としての活動を始めた。前述の『家』はこの時期に書かれたものである。一九三四年一一月、巴金は日本にやって来た（李存光『巴金評伝』七〇頁以下参照）。満州事変後のことで、日中関係がますます険しくなっていた時期である。訪日の目的ははっきりしないが、送別会には魯迅《ろじん》も出席していたという。巴金はまず友人から紹介された横浜の武田武雄という人物の家に下宿した。武田は東京外国語学校支那語部貿易科の出身で、巴金の来日当時は横浜高等商業学校（現横浜国立大学の前身の一つ）の教師だった。日蓮宗の熱心な信徒だったらしく、毎朝、読経と木魚の音が聞こえた。無神論者の巴金はそれをひどく嫌い、翌年三月に東京の中華基督教青年会の宿舎に引っ越した。

横浜での単調な生活とは異なり、東京ではさまざまな人と交わったらしいが、四月になって忘れられない事件が起こった。満州国皇帝・溥儀《ふぎ》の来日を翌日に控えた四月五日の深夜、熟睡していた巴金の部屋に五人の私服刑事が踏み込んで家宅捜索をした。そして何も特別なものがなかったにもかかわらず、巴金は神田区警察署に拘引され、三畳の部屋に七人が詰め込まれ、足を伸ばすことすらできない状態で一夜を過ごして、翌日午後四時にやっと釈放されたという。「山川均先生に」には、以下の一節がある。「二年前、わたしの友人が貴国の牛込警察署で、貴国の当局の措置が文明人らしくない行為だと訴えたところ、貴国の「刑事」の殴打を受けた」。拘引された警察署の名前は異なるが、おそらく巴金自身の体験が反映していると見てよいだろう。こうした不愉快な事件によって、巴金は弱小国家の悲哀を痛感するとともに、中国人としての自覚を強めたという。結局、巴金は滞在わずか一〇カ月ほどで、八月に帰国した。

横浜滞在中の巴金（後列左）（1935年1月）
（李存光『巴金評伝』より）

巴金「日本の友人に」

前述のように、盧溝橋事件の二カ月ほど後に巴金が書いた「山川均先生に」は、戦後の日本で取り上げられたことがある。しかし「山川均先生に」のすぐ後に執筆された「日本の友人に」（給日本友人）はあまり知られていない。

この小文は現在『巴金文集』（第一〇巻）に採録されているが、わたしが実物で確認した初出誌は、「山川均先生に」と同じく『烽火』である（一九三七年第一〇期）。前半のみで、後半はおそらく次号に掲載されたのだろう。前半は「一九三七年一〇月二八日」、後半は「一一月一五日」の日付が付されている。「山川均先生に」と同様に、日本軍の攻撃下にある上海で執筆されたもので、日本の友人「武田君」に宛てた形になっている。言うまでもなく「武田君」とは巴金が横浜で下宿した武田武雄だろう。巴金は武田に敬意を持っていたとは言えないが、それでも滞日中に彼が最も親しくした日本人は武田だったのだろう。この文は、武田に代表される日本の知識人に対して、日本軍の中国侵略の実情を伝え、真実を見るように訴えたものである。内容をごく簡単に紹介しよう。

「早朝ベッドで目覚めると、すぐに爆弾がさく裂する音が聞こえた。あなたたちの空軍兵士が防御能力のない難民と無防備の都市を爆撃しているのだ。かれらはどんな気違いじみた力を駆使してこんなことをするのだろう。平和な人民を屠殺する権力を、誰がかれらに与えたのだろう。全世界の良心が一致してこんな罪悪を非難しているにもかかわらず、あなたたちはそれを支持している。あなたたちはこの罪悪を増幅させている」。巴金は日本人には「分に安んじ己を守る」という欠点があるという。そのために統治者が国民の名において行う非行に目をつぶり、簡単にペテンにかけられてしまう。統治者を崇拝し、上司を信じ、教師のいうことを絶対の真理とし、新聞を生活の指針とする。その結果、頭のなかは誤った観念と虚偽の情報で満たされ、世の中を知らないので、完全に操り人形になってしまって、甘んじて野心家に利用されるがままである。

ここで巴金は、一九三五年正月の武田家でのエピソードを例に挙げている。武者小路実篤《むしゃのこうじさねあつ》に傾倒していた中国人が日本軍の満州侵略を批判しているのを読んで、武田が来客とともども憤慨していたというのだ。その中国人は、中国の友人を自称していた武者小路が、人類の繁栄に危害を与える野蛮勢力を非難すると期待していた。しかし武者小路は考えを変えて「山川均や林房雄の後に続いて軍閥や政客の提灯もちになってしまった。武者小路氏すらこんなひどい状態に変わってしまったのだから、自由主義者の室伏高信が軍閥の爪牙となって、「早く中国に戦勝しなければ駄目だ」と高唱するのは何の不思議もない」。要するに日本の知識人は、新聞報道を盲信し、軍閥に盲従して、自らの理性で物事を判断しようとしない。だから「あなた方が知っているのは、ただ貴国の「皇軍」があの廃墟で世界に向かって軍事的勝利を誇っていることだけです」。この文章の末尾で、巴金は助けや同情を求めているのではないと断わって、以下のように述べる。「わたしが要求しているのは、あなたとあなたの同胞たちが反省して、人類の繁栄を破壊しているあの暴力を、われわれと共同で壊滅させることに努めるようになることです」。

厳しい批判であるが、巴金が日本軍の爆撃のなかでこれを書いたことを思えば、むしろ抑制された筆致というべきかもしれない。想定された読者は中国の知識人だから、いたずらに敵意を燃やしてナショナリズムを刺激するより、日本社会の現状を批判することで日本の良識に訴えるという形をとったともいえる。山川は軍部の提灯もちとして第一に槍玉に挙げられているが、これは中国の社会主義に対する彼の影響の大きさの反映でもあるだろう。

一九三七（昭和一二）年一二月の『朝日新聞』を繰っていくと、日本軍が南京（中華民国の首都）を陥落させたとして、連日写真入りで「皇軍」の活躍ぶりを伝える報道が続く。そして二二日に唐突に「山川、猪俣、大森、加藤ら左翼四百名を大検挙」という見出しの号外が入るが、その後の続報はまったくない。まるで何事もなかったかのように、紙面は中国での戦闘勝利や現地住民と日本兵との交歓の様子で満たされている。翌月になっても報道ぶりは変わらないが、一月三〇日に「人民戦線の残党へ近く再検挙の嵐」と小さく予告が出て、二月二日付で「人民戦線派に第二次鉄槌」として労農派大学教授などの逮捕を伝えることになる。これが日本無産党や日本労働組合全国評議会など左派系組織を狙い撃ちした、いわゆる人民戦線事件である。中国での侵略戦争が本格化したことを背景に、戦争反対の雑音を絶滅して城内平和を確保する露骨な予防措置だった。山川らの逮捕は、実際は一二月一五日で、日本軍の南京占領の二日後だった。

こうして「支那軍の鬼畜性」の約三カ月後に山川は逮捕され、一九四五（昭和二〇）年八月まで完全に執筆の自由を失う。山川は特異な社会状況に置かれ、自分の言論が海の向こうでどのように理解されるかまでは考慮できなかった。巴金は不幸な形で山川の文章に出会ったと言える。しかしその誤解は、単純に過去の物語とは言えない。山川が軍部のお先棒を担いだというのは事実誤認だが、巴金の誤解は現代にまで尾をひいている。「第二次大戦前の山川均を論ず」という論文を書いた現代中国の研究者は、「日本帝国主義の中国侵略戦争に直面して、かれ（山川）は「無産階級と日本軍部が結合した社会革命論」を提起した」と書く始末である（鄒鈞「論第二次世界大戦前的山川均」）。山川の『自

（一）　昭和十二年十二月廿二日　東京朝日新聞　（水曜日）

東京朝日新聞　號外

【本紙不再錄】

山川、猪俣、大森、加藤ら左翼四百名を大檢擧

日本無産と全評の兩團體結社禁止

内務省警保局は去る十五日午前六時を期して警視廳を始め全國十八府縣警察部を動員し、日本無産黨、日本勞働組合全國評議會及び勞農派の幹部約四百名を一齊に檢擧した、當局では日本無産黨幹部等が同黨結成以來世界赤化の總本山コミンテルンの擬裝戰術指令に基いて合法團體の假面を被り巧妙なる共產主義運動をなしつゝあることを察知し極力內偵中のところ最近に至り共產主義を奉ずる勞農派の指導原理に基いて國體變革の畫策の下に暗躍をつゞけつゝあるとの確證を掴むに至り玆に司法當局と愼重協議の結果、現下の時局に鑑み愈々同黨一派に大鐵槌を下すに至つたが、同時に日本無産黨並に日本勞働組合全國評議會に對しては治安警察法第八條第二項により安寧秩序を紊すものとして廿二日結社禁止を命じた、我國における左翼陣營はこゝに根こそぎに摘發され思想界にも大きな衝動を與へたが今後當局の動向は頗る注目されてゐる、なほ今回の事件は十五日大檢擧と同時に新聞記事の掲載を禁止したが二十二日午前十一時を期して解禁された

勞農派も根こそぎ

鈴木(茂)、向坂、荒畑ら主なる被檢擧者

警視廳（一〇九名）

山川均（六〇）著述業
猪俣津南雄（四九）著述業
大森義太郎（四〇）著述業
向坂逸郎（四一）著述業
岡田宗司（三六）著述業
黑田壽男（三九）弁護士
伊藤好道（三七）
稻村順三（三八）
大西十寸男（四一）著述業
岡崎次郎（三四）
加藤勘十（四六）著述業
鈴木茂三郎（四五）著述業
荒畑勝三（五二）著述業
高津正道（四五）著述業
中西伊之助（五一）著述業
橋浦時雄（四七）著述業
山花秀雄（三四）
北田一郎（四一）無職
中島喜三郎（四六）
三輪盛吉（四七）
安平鹿一（三六）
佐々木蕃三（三一）
牧野松太郎（四一）
島上善五郎（三五）
橋本富喜良（三七）
清水花次郎（三八）
水見政保（三五）
三浦信義（三九）
菅原正松（三六）
佐藤參治（三九）
土屋銀次郎（四九）
草野友四郎（四一）
新島仙次（三六）
中西貞吉（三九）
田中貞吉（四一）
山ノ内房吉（四〇）
高野實（三七）無職
飯崎子之松（二四）
柳本美雄（二六）
橋本定次郎（四六）
關家博（四九）
平野武雄（三〇）

大阪府（二二名）

鍋島景毅（三七）

京都府（一一名）

仲橋喜三郎（三八）
大西文雄（三三）
南善藏（四二）

神奈川縣（一九名）

島袋正順（三八）

兵庫縣（一二名）

木村錠吉（六八）
青柿善一郎（五一）
桑田喜三郎（四七）
藤田章次（三八）
森口新一（三七）

愛知縣（一一名）

赤松勇（二八）無職
近藤信一（三一）
大島勝太郎（三三）無職

大森義太郎　向坂逸郎　黑田壽男　加藤勘十　鈴木茂三郎　荒畑勝三　高津正道　中西伊之助
山川均　猪俣津南雄

【裏面につゞく】

人民戦線事件を報じる『朝日新聞』（1937年12月22日号外）

伝』の記述を誤解した結果だが、こうした単純ミスが起こるのは、巴金の山川批判が作り出した先入観に引っ張られて、論証より先に結論があるためである。現在の日中関係では、いつでもこうした単純な誤解が生じうることを、われわれは心しなければならない。

終章　社会主義の実現を模索して

1　社会主義への道

山川は、息子の振作の懇望によって、菊栄とともに一九四五（昭和二〇）年三月末に疎開した（川口武彦「敗戦の年の「疎開」」⑰月報）。まず倉敷の姉・浦の家に居候し、その後、五月末に広島県芦品《あしな》郡（現府中市）高木という住所に転居している。倉敷はなぜか最初から一時滞在のつもりだったようだ。義兄の源十郎はすでに一九三五（昭和一〇）年に死去していた。転居先は、母親・尚の生家（笠岡の生長家）の長女の嫁ぎ先で、尚は生前から時々ここに立ち寄っていた。六月二七日付書簡には、次のように書いている。「畑はなかなか無い、やっとのことで往復一時間ばかりのところにほんの少し借りられたが、秋までには何とかしてもう少し借り自給体制をと、へたいと思うている」（⑭四五五頁）。山川はこのとき満六四歳を超えていたが、農作業は彼の趣味以上のものだった。藤沢から鍬《くわ》まで持参していたらしいので、自給じたいは苦痛ではなかったかもしれない。

山川が疎開先を引き払って東京に向かったのは九月一四日だった。疎開先には広島市から原爆被災者が運び込まれていて、苦しむさまを間近に見たという（石河康国『マルクスを日本で育てた人』（二）九六頁）。「来る列車も来る列車も復員兵士と兵隊さんのお土産荷物で超満員」という状態で、一六日にやっと藤沢の自宅に辿り着いた（⑭四五六頁）。その様子を、後年、次のように描写している。「私は山陽線の福山からリュックサックを背負うて上り列車に乗った。沿線のめぼしい町という町は見るかげもない廃墟と化し、世界審判の日の「このところに一つの石も石の上にくずされずにしては残らじ」という文句を思い浮かばせた。一日じゅう焼け跡の赤ちゃけた色ばかり見つめていた私は夕方に京都について、これは活きた町だと思った。夕立のあとで何もかも洗いきよめられていた」（「京の想い出」⑯三四二頁）。

民主人民戦線

山川の戦後の第一声は「民主人民戦線」の提唱だった（呼称は「人民戦線」、「民主戦線」など一定していない）。戦争を阻止する有効な活動ができないまま、一九三七（昭和一二）年に人民戦線事件で逮捕された苦い経験への反省によるものである。『自伝』によれば、一九四五年一二月に「民主戦線のために」を雑誌『改造』のために執筆したが、これは刊行が遅れて二月号に出た。そこでこの論文とは別に、四六年一月九日に人民戦線結成を提唱したという（四五〇頁。提唱の日付は一〇日あるいは一五日ともいわれる）。

戦中の政権は倒壊し、日本政府は占領軍の厳重な統制下に置かれた。新しい事態に対応できない東久邇稔彦《ひがしくになるひこ》内閣はすぐ退陣したが、幣原喜重郎《しではらきじゅうろう》内閣も軍部の圧力が後退したとはいえ、旧体制の復活という印象はぬぐえない。「旧支配階級から剝奪された政権」の受け皿がないため「宙ぶらり」のままである（「民主戦線のために」⑭三〇七頁）。民主化を推進する政党・労働組合・農民団体・文化団体・言論機関・個人の連繫を促進してこの「政治的空隙」を埋めなければ、政権は「旧支配階級の残存勢力」に委ねられたままになり、民主化は「与えられた」ものに終わる。「日本はただ連合国の手によって民主主義の衣装をきせられ、民主主義の口紅をつけられた人形となり終るだろう。そして日本は永久に植民地的な地位から立ち上がることができない」（「民主人民連盟創立大会への挨拶」⑮一六～一七頁）。これが山川の危機感だった。

　占領軍による民主化には限界があり、いずれ反動勢力が頭をもたげてくるという見通しだったのだろう。山川はこの運動が「階級イデオロギー」を排した「国民的運動」であることを強調している（「民主人民連盟一般運動方針」⑮一一頁）。しかし超階級的であることは、「民主主義を要求するすべての」団体や個人（「人民の戦線」⑭三二三頁）が担い手ということになり、目標とされる「民主主義」も優先順位が不明で、内容が空虚になってしまった。「予想以上の反響があって大きな運動になった」（『自伝』四五〇頁）と、山川は述懐しているが、それは統一戦線の内容があまりに無限定で幅広主義だったからだろう。旧体制で抑圧されていた人だけでなく、「戦前や戦時中の前歴でスネに傷もつ人、ここでバスにとび乗ろう」（『自伝』四五二頁）という魂胆の人たちが参入しようとしたのも当然だった。山川は、ポツダム宣言の要求する民主化を、勝者への「屈服」ではなく、「新日本建設のための国民運動」にし、その限界を超えようとした（⑮一一～一二頁）。意図は理解できるが、具体的な目標が明示されなかった以上、運動としては表層の現象にとどまるしかなかった。

民主人民連盟は一九四七年五月に解散したが、戦前の山川の宿論だった単一無産政党は日本社会党として実現していた。連盟の解散は、四月の総選挙で社会党が第一党になり、社会党と民主・国民協同両党との片山哲連立内閣が成立した直後のことである。解散の声明で山川は、連盟を構成した団体・個人が社会党に合流して、社会党の内外で影響力を拡大強化するよう訴えている。旧労農派は結党時から社会党に参加していたが、山川らが社会党の左派的性格を強め、社会党を核とする社会主義政権を目指す方針を明確にするのはこの時期以後のことである。

ゼネスト批判

ＧＨＱによる民主化で、一九四六（昭和二一）年から労働組合が叢生した。その現象を象徴するのが共産党系の産別会議（全日本産業別労働組合会議）で、一九四六年秋から翌年にかけて攻勢をかけ、ゼネストを呼びかけた。山川はこの問題を繰り返し取り上げ、ストライキが労働者の生活に関わる問題ではなく、内閣打倒の政治闘争として展開されていると指摘する。そして産別会議の方針は大衆に政治ストに対する反感を呼び起こす「未熟な左翼戦術」で、その結果は組合の分裂をもたらすだけだと批判する（「ゼネストの戦術的批判」）。政治的ゼネストは「実力革命的な政治行動」で、結果は政権の奪取か、さもなければ「完全な惨敗」になる（「ゼネストをめぐる諸問題」⑮六三頁）。生産力が低下し窮乏状態にある状況下では、大衆は生産を停止する闘争方針を支持せず、ゼネストの威嚇は組合運動の周囲に「反対輿論の障壁」を築く結果に終わる（⑮六四頁）。社会不安による政治的危機は、現状では保守勢力を結集させるだけだというのである。

こうした批判は、当時の（あるいは現在も）左翼には容易に同意できないものだったであろう。しかし山川は、日本における資本主義から社会主義への移行は平和的手段によるべきだと信じていた。この時点では歴史上唯一成功した社会主義革命だったロシア革命を、山川は特殊な条件による特殊な革命と考えていた。ロシア革命は、職業革命家からなる前衛党・暴力革命・プロレタリア独裁を三位一体としているが、日本における社会主義政権の樹立は、民主的な手続きによって行われ、民主的方法で維持されねばならないと、山川は考えた。

カウツキーに「近い」

平和的手段による革命の後に、階級支配がなくなると考えたわけではない。社会主義革命はブルジョアジーからプロレタリアへの権力の移行のことなので、そこではプロレタリアによる階級支配が存在する。社会主義政党が選挙に勝利して権力を握った後も、それに反対する階級は厳存する。だから反対階級を無力化し、資本主義の経済構造を社会主義に転換して、それを恒久化しなければならない。つまりプロレタリアによる階級支配あるいは階級独裁は続くが、それはレーニンが主張したような「非常時的な政治形態」ではなく、「プロレタリアが支配する状態」のことである（「平和革命と階級独裁」⑯一九五頁、一九九頁）。一般にプロレタリア独裁とはブルジョアジーの権利を制限あるいは剝奪して、プロレタリアが独裁的権力を行使することである。しかし山川はこうした考えを拒否して、すべての人が平等な権利をもつ民主的な制度のもとで、ブルジョア階級の意志や利害に反して、プロレタリアの意志が貫徹する状態と理解するのである。

以上のようなプロレタリア独裁の解釈を、山川はいみじくも「カウツキーの解釈に近い」と説明している（⑯一九六頁）。わたしは本書第五章で、山川の論文「カウツキーの労農政治反対論」を分析し、カウツキーのロシア革命批判の書『プロレタリアートの独裁』を紹介しておいた。そこでカウツキーは、マルクスのいう「プロレタリア独裁」は「政府の形態」ではなく「支配の状態」だと述べて、ロシア革命のプロレタリア独裁を批判していた。山川は「カウツキーの労農政治反対論」を書いた一九二一年の時点で、レーニン『プロレタリア革命と背教者カウツキー』に基づいてカウツキーを批判した。しかし一九四八年の山川は、カウツキーに「近い」どころか、カウツキーと同じ立場でロシア革命型のプロレタリア独裁を批判している。

同じ議論は向坂逸郎《さきさかいつろう》・高橋正雄との一九四八年の鼎談『日本の革命を語る』にも出てくる。階級支配の「状態一般」と「或る特殊な政治や政府の型」との区別を力説し、後者の典型であるロシア革命の場合はプロレタリア独裁の「一つの型にすぎない」と強調した（二二八頁以下）。そしてこうした解釈は「カウツキーの解釈とかなり近い」と認めたうえで、「カウツキーの欠点」はロシア型を除外したことにあると述べる。後述のように、山川はロシア革命を社会主義革命とは認めがたい、少なくとも彼自身の革命理念とはかけ離れたものだと批判しているから、ロシア革命の例はプロ独の「一つの型」と認めたとしても容認できないと考えたのである。結局、じつに四半世紀にわたる思索を経て、山川は日本における社会主義の実現をカウツキーの線で考えるに至った。なんと長く粘り強い道のりだろう。

なお付言すると、山川・向坂・高橋の鼎談には、向坂と高橋の理論的対立を山川が調停する意図があったという。後の高橋の著書『わたしの造反』『八方破れ・私の社会主義』には向坂への感情的反発が表出しているが、そのことを考慮しても、山川と向坂の間に理論的な距離があったという点では、わたしは高橋の指摘が事実に近いと思う（石河康国『労農派マルクス主義』『マルクスを日本で育てた人』『向坂逸郎評伝』の三部作は、山川を向坂に近づけて解釈していると思う）。

中間段階の政府

それにしても社会主義政党が選挙で勝利すれば、ほんとうに社会主義を実現できるのだろうか。一回の選挙で勝って社会主義への足がかりを得ても、次の選挙で負ければ、元の木阿弥になってしまう。いったい山川は、平和的な方法による社会主義への移行をどのように構想していたのだろう。保守党との連立で片山社会党内閣ができたとき、山川は片山内閣がどの程度固有の政策を実現できるかは連立相手との力関係で決まるとし、無原則な妥協より連立離脱を選ぶときが来ると考えた。そして民主党首班の芦田均内閣に社会党が残留したとき、右派を排して社会主義政党としての性格を確立する必要があると説き、社会党には社会主義革命へのプログラムがないと批判した。

しかし実のところ、山川自身にもこの時期まで革命へのプログラムといえる構想はなかった。それが徐々に明らかにされるのは一九四九（昭和二四）年以後のことである。まず彼は英国労働党の例を挙げて、社会主義的な政策の積み重ねだけでは社会主義（すなわちプロレタリアへの権力の移動）は実現できないと述べる。しかし暴力的な権力奪取でない以上、本格的な権力移動までには過渡的期間が必要になる。山川はそれを「中間段階的な政府」と呼ぶ。選挙で勝利を得た社会主義政党は即座に社会主義的政策を実行するのではなく、自覚を支持した多様な大衆（労働者以外のさまざまな階層の人々）の生活に密着した政策（社会保障の拡充、最低賃金制などの福祉政策）を実行して、支持を拡大しなければならない。中間段階の政府は「一回とか二回」とは限らない。むしろ「一回また一回と、それによって国民大衆との結びつきが拡大強化され、それがやがて社会主義政権の確立される磁石となる」という（「左社・新綱領の問題点」⑱二三二頁）。

この際に重要なことは、中間段階の政府が実施する政策が、それを積み重ねるだけでは社会主義への転換にならないことである。中間段階の政府が行うのは「資本主義の改善または修正」によって、社会主義への大衆の信頼を拡大することである（⑱二三一頁）。この政府が行う「小出し」の政策は「社会主義実現の材料となるレンガ」を作ることだが、たんにレンガを積み重ねても建物はできない（⑱二四九頁）。したがって中間段階の政府は、いわば最後の跳躍をするための助走のようなものである。助走なしに跳躍はできないと、山川は考えた。では大衆の支持を固めて、本格的な社会主義政権ができた段階での政治体制はどんな状態なのだろう。この点について山川は何も明言していないが、おそらく彼は社会主義政党の一党優位制、あるいは社会主義政党間の政権交代による二党制を想定していただろう。いずれにせよ、ブルジョア階級の利害を代弁する政党は存在するが、半永久的に政権に関与できない状態である。

選挙を通じて社会主義を実現するという山川の構想は、以上のようなものだった。

産業化による社会の変化

中間段階の政府という着想は、選挙による社会主義実現が修正主義（西欧型社会民主主義）の陥穽に陥らないように配慮したものであるが、それにもかかわらずこの構想にはやはり大きな難点がある。社会主義政党が選挙で勝利し中間段階の政府を作るには、近代的な産業労働者以外の広い社会層からも支持を得なければならない。逆から言えば、社会主義政党は農民・自営商工業者・中間層からも支持を獲得できる政策をもち、マルクス主義的左翼とは一線を画する党員も内に抱えている必要がある。山川の言葉を使えば、「中小の企業者や、わけても典型的な小生産者である農民は（中略）資本主義のねづよい地盤である」（「社会主義政党はどうあるべきか」⑯二四三頁）。しかし彼らの支持を獲得できるような中道左派的な社会主義政党では、中間段階の政府の政策は実行できても、その後の本格的な社会主義化は実行できない。先の比喩を使えば、助走はできても跳躍はできない。

戦前に彼が共同戦線党を提起したとき、農民の大半は小作農で無産政党に糾合することが可能だった。しかし農地解放によって、彼らはまもなく保守の強固な地盤になっていく。山川は言う。「資本主義社会における階級の闘争は、ただ一本の戦線に単純化されているものではない。けれどもそれにもかかわらず、資本主義社会を特徴づけている主たる階級は、ブルジョアジーとプロレタリアート」である（「階級闘争の追放」⑯三九九～四〇〇頁）。しかしこうした認識は、現実からますます乖離しつつあった。国政調査に基づく産業別就業人口比をみると、第一次・第二次・第三次産業の人口比は、一九五〇年（48・5／21・8／29・6）、一九六〇年（32・7／29・1／38・2）、一九六五年（24・7／31・

5/43・7）である。改めて言うまでもないが、農林漁業者は激減し、第三次産業従事者が激増するが、産業労働者は微増でいずれ減少に転ずることになる。山川が前記のように書いた一九四〇年代末には、まだこうした傾向を読みとるのは困難だった。しかし農村の変貌だけを取り上げても、もはや「労働階級の階級的見地のみが国民の最大多数を代表する」（⑯二四四頁）とは言い難いだろう。資本主義が進展すれば中間層が没落し、社会はブルジョアとプロレタリアに二分される。これはマルクス主義の根本命題だが、この見地に立つ限り、前記の難問は解けないのではないだろうか。

2　講和条約をめぐって

山川に代表される社会党左派は、一九五〇年代に勢力を拡大した。しかしそれは平和革命論や社会主義の理念が支持されたためではない。戦後の保守と革新の対立軸は講和条約をめぐる対立のなかで形成され、左派は内部対立をはらみながらも全面講和・中立・非武装論の立場をとって「革新ナショナリズム」（坂本義和）の波に乗った。憲法の平和主義は全面講和・非武装・中立論によって具体的な内容が与えられ、平和的な方法による社会主義の実現という理念と結合して、社会党左派に一定の大衆性を付与したのである。

戦術としての全面講和論

全面講和か単独講和かの問題は、政治的プラグマティズムに深く関わっている。原理のレヴェルで言えば、全面講和が望ましいことは議論の余地がない。しかしもし部分講和の選択肢を完全に排除し、全面講和に固執すれば、占領状態が半永久的に続く可能性もあった。山川均が「万やむをえざれば」部分講和もありうると述べたのは、全面講和を望まない国が講和を引きのばすこともありうると考えたからである。占領状態が長く続けば、国民の間にナショナリズムが嵩じ、それはいずれ反動勢力の利用するところとなることは必至だと、彼は説いている。むろん山川は吉田茂内閣の「お妾根性」の単独講和論には反対なので、それに対抗する「政策的な意味で、少くとも現在は全面講和一本やりで進むべきだという議論なら、それには十分意味がある」という考えだった（「講和・中立・再武装」⑰一九〜二〇頁）。

この議論に明らかなように、全面講和論は、当初、望ましくない形の講和を牽制する戦術という側面があった。この山川のプラグマティックな姿勢は、その後の中立・非武装論でも一貫している。その骨格となる議論は『世界』に掲載された後、岩波新書『日本の再軍備』（一九五二年一一月）として刊行された。そこで山川は、ダレスの「真空」論を批判して、非武装状態によって生じるかもしれない共産勢力の侵入という危険性と、再武装によって生じる対外的・国内的危険性を、「冷静に比較判断」すべきだと論じる（⑰二六二頁）。ソ連共産主義の世界革命構想が侵略的性格を持っていることを、山川は否定しない。しかしボルシェヴィズムが輸出されるのは、「真空」の国ではなく、むしろ国内対立で火薬が詰まっている所だという。山川によれば、中国が共産化したのは、そこが「真空」だったからではない。民主主義国が、共産勢力の侵入を防ぐために「歴史の車輪を逆さまにまわす」ような反動的勢力を援助し、肩入れした結果だった（⑰二六九頁）。つまり共産勢力の侵略を口実にした再武装によって、日本では国内反動勢力が再び息を吹き返す危険が大きいと主張するのである。

当然のことながら、これはいかなる状態になっても、軍隊はもつべきではないという絶対的非武装論ではない。「げんざいの段階とげんざいの情勢」では、軍隊をもつことの危険性が、もたない危険性より大きいと判断したのである（⑰三八四頁）。「福本イズムとの闘い」（第六章）でも述べたように、山川はどんな状況でも無条件に正しい政策などありえないと考える。つまり政治の世界では万能薬は存在せず、つねに一定の条件を前提にした相対的にベターな政策を採用するしかないと考えるのである。

以上のような判断に立って、山川は非武装中立論を展開する。それは具体的には、国連が日本を非武装地域とし、侵略に対しては国連による集団的安全保障を約束するよう要求することである。ここでも彼は「中立」という言葉に安易に寄りかかることを厳しく戒める。「われわれは、中立という言葉に心酔したり、幻覚を描くことなしに、世界平和の維持という見地から、冷静に評価しなければならぬ」（⑰三七二頁）。ここで彼は、特定の国を敵国としたり、あるいは特定の国を敵国とするような結び付きを第三国と持つことは、中立政策に反すると説いている。

山川の議論には、「少くとも政治的判断の世界においては、高度のプラグマティストでありたい」と語った丸山眞男の有名なセリフを想起させる。山川は社会主義国を平和勢力とするような流出論的思考をはっきり否定し、中立や非武装を絶対視することを拒否した。そして可能な選択肢のなかで、日本と世界の平和にとって得策となる手段を「冷静に」考量しようとした。たとえそれが理想主義的な表現をとっているとしても、彼は「現実」との緊張を意識し、そのような表現方法に努めている。有名な平和問題談話会の声明「三たび平和について」に関して、坂本義和は「内政についての「現実主義」的状況判断が、国際政治についての「理想主義」的発言の形で表現」されたものと評している（坂本義和『新版核時代の国際政治』一一七頁）。山川の講和・非武装に関する議論にも、そうした配慮が強く反映していた。

ソ連社会主義を否認

イデオロギーのメガネを外して、現実をできるだけありのままに見ようとする山川の姿勢は、彼のソ連観にも表出している。すでに述べたように、山川はソ連が侵略主義的であることを否定せず、「今日のソ連共産主義の世界革命の構想が侵略主義的性質をもつことは争うことができない」（「三、四の論点」⑰一三九頁）と明言した。山川はソ連の現実に深く失望していた。「あのような状態をもたらすために一生を棒に振って運動したのではなかった」（橋浦時雄宛書簡⑰四三九頁）、「ロシアの現状は、私が生涯の一切のものを賭けて追い求めた社会主義社会とは、ある点では似ても似つかないほど大きな隔たりのあるものである」（「チトーに聞く」⑱一四五頁）。

一九五〇年頃、山川はソ連の状態を社会主義ではなく「国家資本主義」と呼んでいた（⑰一一八頁、⑰一二一頁）。この呼称は荒畑寒村らと歩調を合わせたものだったが、向坂逸郎などが反対して労農派内部に混乱をまねいたので、誤解を生むとして撤回しているが、ソ連の現実は「社会主義とはかなり隔たって」おり、「歪められいびつになった社会主義」という評価は変わらなかった（「歴史のうねり」⑱三二五頁、「ソ連共産党第二〇回大会から五カ月」⑲一一五頁）。外交政策についても容赦せず、「ソ連の外交ほどソロバンずくの勘定高い外交はない。ソロバンに合うとなればどんなあつかましいことでもエゲツないことでも平気でやる代り、損のゆくようなことは決してやらない」と指弾した（「世界戦争になるか?」⑰二三二頁）。

米ソの冷戦で、ソ連を「平和勢力」とする共産党などの主張にも激しく反発し、「平和勢力論」は「擬装したソ連一辺倒主義」だと批判した（⑱二一八頁）。ソ連を平和勢力と考えるのは、米ソ対立を資本主義と社会主義の対立というメガネでながめ、社会主義に加担する態度である。山川は彼らが米ソ対立の「強権の組織としての国家と国家との対立」という側面を見落としていると指摘する（「日本労働階級と中立堅持の立場」⑱二一七頁）。米ソは合わせ鏡にすぎず、ソ連＝平和勢力という見方は、ソ連の侵略を阻止して平和を維持すると主張する米国の冷戦観をひっくり返したものにすぎないと、山川は考えていた。

3 日本型社会民主主義のゆくえ

向坂逸郎のソ連観と中立論

社会主義協会が発足したのは一九五一（昭和二六）年五月だった。前年に、非武装論を契機にして左派の機関誌『前進』が分裂したので、山川を中心にした左派が再結集した。協会の代表は山川と大内兵衛《おおうちひょうえ》、他に有力メンバーとして向坂逸郎、高橋正雄などがいた。山川死去後、山川に代わったのは向坂だった。向坂はおそらく山川が個人的に最も信頼した門下生でありかつ同志で、山川の側では見解の違いを目立たないようにしたいという気持ちがあった。しかしそれでも向坂と山川の主張には、微妙だが見誤ることができない差があった（向坂門下と言ってよい石河康国は両者の対立を小さくみる傾向があるが、それでもさまざまな対立があったことを認めている。『向坂逸郎評伝』（上）三八一頁以下、（下）一一七頁など）。

まず何より根本的に違ったのは、社会主義ソ連の評価である。前述のように、戦後の山川は、ソ連に対して、終始、非常に厳しい評価を崩さなかった。向坂は違った。社会主義は原理的に侵略的ではないし、たとえスターリンが自らの議論に反して侵略する意図をもったとしても、その国力から不可能だと述べる（向坂逸郎「社会主義と侵略」）。しかし荒畑寒村が激しく論難したように、戦中戦後の「ソ連の膨脹政策」はあまりにも明白だった（「山川・向坂両君の誨えを請う」荒畑④三五七頁以下）。

ソ連観の差異は、当然、中立論にも反映する。前述のように、山川にとって、中立論は米ソ対立という「特殊な国際関係」に対応するものだった。米ソ対立はソ連の世界革命戦略とアメリカ帝国主義との対立が生み出したもので、米ソ双方に責任がある。したがってソ連が「平和愛好勢力」だという「平和勢力論」を、山川は断固として退け、米ソいずれにも与しない中立を唱えた。

これに対して、向坂は山川の主張をはっきり否定する。向坂によれば、米ソの対立は社会主義世界体制と帝国主義諸国の対立であり、日本が社会主義になれば社会主義陣営に属するのは「当然」である。中立政策とは、アメリカ帝国主義の社会主義包囲網の一角をくずす反米闘争であり、ソ連が「平和共存」を説いている以上、中立政策によるアメリカの後退は世界平和への前進を意味するという。

これは、事実上、山川が否定した平和勢力論にほかならない。結局、向坂が説く「積極中立」とは親ソ政策であり、「社会主義国と同じように社会主義体制に所属せよ、というスローガンでたたかうとすれば、意識のおくれた労働者、小市民、農民を広汎に動員することはできない」という戦術的配慮から、「中立」という言葉が使われているにすぎない（向坂逸郎「積極中立とは何か」）。

プロレタリア独裁をめぐる山川と向坂

移行期の政権をめぐる山川の「中間段階の政府」については前述したが、この点でも向坂とは意見が分かれていた。「平和革命」と「プロ独」をめぐって、戦後すぐに両者の間で私的な論争があったことは、向坂自身が告白しているところである（向坂逸郎「ブルジョア国家権力の平和的移行の問題」）。向坂によれば、特定の歴史的発展段階に相応した階級闘争があり（つまり階級闘争による資本主義から社会主義への移行の必然性があるということ）、無階級社会への過渡期にプロレタリア独裁が必要だということを「正しく把握することが、マルクス主義の要件」である。山川と向坂の議論の中心は、国家権力の平和的移行という考え方が、この「マルクス主義の要件」と合致するか否かという問題だった。向坂は自分の考えを「歴史的法則について」（『世界文化』一九四六年九月）として発表し、山川もこれに賛成した。向坂は言う。「山川均は、階級および階級闘争とプロレタリア独裁について、その形態はちがって実現されることを考えたことは、当然ありうるが、階級闘争そのものを、独裁そのものを、否定したことはない」。そうだろうか。

前節で紹介した山川の移行期政府論は、『社会主義への道』（一九五五年刊）で展開されている。この本は一九六三年に労働大学新書として再刊され、長く読まれた。向坂はこの新版に序文を書いている。そうした事情を考慮すると、向坂の表現はいかにも老獪である。山川が階級闘争やプロ独を「否定したことはない」のは事実である。しかし同じく「プロ独」という語を使っても、向坂と山川では、語の内容がまったく異なる。山川の認めたプロ独は、プロレタリアが多数を占めることによって、その意志が政治的に貫徹している状態のことで、他の階級の権利を剝奪して、法的・政治的に権力を独占することではない。カウツキーの用語で言えば、山川は「支配の状態」としてのプロ独は認めたが、「政府の形態」としてのプロ独は否認した。つまり山川はカウツキーに依拠して、向坂のいう意味でのプロ独を否定したのである。

向坂逸郎「歴史の法則性」

山川と比較すると、向坂の強調点がまったく別の所に置かれているのがよくわかる。その膨大な著作で、向坂が倦まずに説いた点は二つあった。一つは歴史の必然的な法則性である。山川との私的論争の後で、彼が発表した論文が「歴史的法則について」だったことは象徴的である。福本イズムや共産党に対する批判も、「左翼小児病」（すなわち客観的法則性を無視した主観主義）という点に向けられる。構造改革論が改良主義であると同時に「極左日和見主義の危険」があると非難されるのも、同じ論拠に基づく。要するに恐慌や「窮乏化」は歴史の「客観的法則」で、人はそれらを作り出すことはできない。自然法則を利用して飛行機を飛ばすように、その「客観的法則」を利用して革命を起こすというのである。

この点で、向坂と高沢寅男《たかざわとらお》との対談「マルクス主義と理論闘争」は興味深い。この対談の内容自体は取り立てて言うほどのことはないが、対談という形態のために、向坂の思考の特徴が滑稽なまでに誇張されて映し出されているからである。向坂はここで、まるで呪文のように歴史の「法則性」という言葉を繰り返している。この文章の末尾のみを引いてみよう。「（前略）それはいつまでも資本主義の法則のもたらすままになっているということで、資本主義の中でぬくぬくと生活できる側の人には一番楽しいでしょうからね。社会主義を忘れています。資本主義は、必ず労働者を圧迫してくるという法則をもっています。だから、労働者が抵抗するということも法則です。この法則を見ないと社会主義を実現するということになりません」。

こうした歴史への寄りかかりは、二つの結果を生む。一つは、現実に対する驚くべき鈍感さと、「待機主義」と形容するしかないオプティミズムである。「人間は一切を歴史にまかせておけば安心だと思います。（中略）社会主義者は、自分の運命を歴史にまかせて、右顧左眄しないことですね。何かいわれてすぐ動ようする必要もない。正しい道をあるこうという努力をしていれば、あとはまあ、歴史にまかせるほかないな」（同上）。ここではマルクス主義は進化論と紙一重である。黙っていても未来は約束されているというわけだ。しかし向坂は弁証法を無視しているわけではないから、歴史における「実践」が必然的に問題となる。そして「実践」は歴史の「法則性」に相即していなければならないから、「正しい」実践と「誤った」実践の弁別が不可欠になる。こうした思考は、究極的に「正しい」マルクス主義と「誤った」マルクス主義という神義論に行きつき、正誤を決定するのはマルクス・エンゲルス・レーニン・スターリンの原典だということになる。そして原典解釈の正統性は、結局、ソ連共産党に付与されるから、ソ連＝「正しい」国家ということになり、現実判断において、おそろしくナイーブな誤りを犯すことになるのである。前述のように、山川が体制イデオロギーと権力としての国家意志を峻別していたのとは、まったく異質な思考がここに出現する。

向坂の第二の強調点は「平和的」革命の性格をめぐるものである。平和革命も革命である以上、力の行使であると、彼は強調する。それは武装蜂起や内乱によるのではないが、「組織力」という「暴力（ゲバルト）」の行使である（「ブルジョア国家権力の平和的移行の問題」）。ブルジョア民主主義の発達によって、合法的にこうした「組織力」を行使する可能性が生まれたとき、平和革命の「歴史的条件」ができた。つまり革命の方式は選択の問題ではなく、それ自身が歴史の「法則性」によって規定される。したがって平和革命と暴力革命の差異は、本質的なものではない。当然のことながら、ブルジョア独裁に対置されるプロレタリア独裁も不可避である。

山川が歩んだ道とそのゆくえ

山川によれば、社会主義の建設は「資本主義の遺産」を継承するもので、アメリカ資本主義の下での「社会保障の制度」や「生活水準の高い労働者階級」も、「社会主義体制の材料」となりうる（「統一社会主義政党のために」⑱二四八頁）。「中間段階」の政府による資本主義の枠内での「小出し」の改革も社会主義実現の材料となる「レンガ」を造っているのである。むろんレンガの累積だけでは建物は造れないというのが山川の強調点だが、それでもこれは後年の構造改革論に通じる議論といえるだろう。「アメリカの生活水準」を肯定的に述べた江田ビジョンは向坂ら左派の袋叩きにあったが、山川と江田ビジョンの発想にさほど大きな距離はない。

要するに、山川の構想では、移行期の政府が相当な期間にわたって続くと想定されており、その段階で改良主義の政策を積み重ねて社会主義樹立の基礎固めをすると考えられていた。他方、向坂逸郎は共産党綱領の民族民主統一戦線政府を批判して、次のように述べている。「国会に多数をしめていながら、なぜのんべんだらりとつぎの段階を待っているのか、私にはわからない。国会で多数をしめているということは、われわれがその場で社会主義政権の樹立が可能であるという条件のもとでなければできない」（「「社会主義協会テーゼ」学習のために」での向坂の発言、『社会主義協会テーゼ』二〇〇頁）。違いは明らかだろう。向坂は、国会で一度多数を握れば、即座に社会主義のための憲法改正などに着手すると考えている。ここには山川の「中間段階の政府」という発想はない。向坂の構想による「平和的」革命は限りなく暴力革命に近い。

六〇年代初めに焦点となった構造改革論は、明らかに山川の「中間段階的な政府」論と接続されるものだった。その当時構造改革派だった成田知巳《なりたともみ》は、長洲一二《ながすかずじ》・清水慎三《しみずしんぞう》との対談で次のように語っている。「社会党を中心とする「護憲・民主・中立」の過渡的政権、これが構造改革の政策を実施し、院外の組織された労働階級を中心にした力を背景にこの政策をどんどん進め、いわゆる部分的な改良を積み上げていけば、資本主義の生産関係は切りくずされていくわけです」（「日本の構造改革」『世界』一九六一年三月号）。

前述したように、山川は「中間段階の政府」の改良主義は、社会主義への移行の基礎作業にすぎないと考えていた。「部分的な改良」の「積み上げ」によって、養分を奪われた植物のように、ブルジヨアジーの権力は「枯れていく」という成田の主張を、山川は「革命なき社会主義」はありえないと否定しただろう。しかし彼は就業人口の過半が第一次産業に従事し、しかもその多数が小作農という農業社会に生きていた。産業化が進行すれば「労働階級の階級的見地のみが国民の最大多数を代表する」(⑯二四四頁)と考えたのはやむをえない。だが山川の最晩年には「戦後は終わった」と言われ、高度経済成長が急速に進行した。彼の死後、日本の経済構造は劇的に変化し、勤労者の圧倒的多数がホワイトカラーになり、農村でも小作農は姿を消した。そうした変化をふまえた構造改革論を、山川は向坂と同じように否定し去っただろうか。

「構造改革論とはマルクスの名においてマルクス主義から離脱する過程」だったと言われる(安東仁兵衛『戦後左翼の四十年』五〇頁)。マルクス主義をめぐる山川の長い道のりは、マルクスから学び、その理念の実現に賭けた歩みだったが、それは最後にはマルクス主義の根本命題を否定する所に行き着いたのではないだろうか。

晩年

山川はじつに多病だった。五回目の入獄だった人民戦線事件でも、逮捕されてまもない一九三八(昭和一三)年一月に肺炎で入院した。回復後再び獄に戻されたが、翌三九年五月に保釈されて自宅に戻っている。戦後も人民戦線結成で活動を始めた矢先の四六年四月に、胃の激痛で癌と診断された。しかし癌というのはどうやら誤診だったらしく、四八年頃からは健康をとり戻した。

五〇年代初めは講和問題で盛んに発言し、五二年にそれをまとめて『日本の再軍備』(岩波新書)を刊行したことは前述した。また五〇年から連載が始まった「ある凡人の記録」が翌五一年に朝日新聞社から刊行された。赤旗事件後の千葉監獄からの出獄の場面で終わっており、山川はその後を執筆することに執念を持っていたが、未完に終わった（後に未定稿などを増補して『山川均自伝』として岩波書店から刊行）。また五三年には左派社会党の綱領作成に協力したという。一九五五年五月二五日から二六日にかけて、少年時代を送った同志社を再訪し、三つの講演を行っている。初日はアセンブリー・アワーでの「同志社の思い出」、その日の夜は教職員向けの「私の歩んできた道」、翌日は学生向けに「日本の独立と自由」というものだった。山川家にその音声テープが残されていたとのことで、わたしは石河康国氏のご好意でそれを聴くことができた。足が悪いので座ってやりますと最初に断っているが、音声はじつに若々しく、晩年の写真や病弱という先入観を裏切るほど溌溂としている。満七五歳になろうとしているのに、二日間で三つの講演をこなすのは相当な体力である。

一九五五年、講和問題を契機に分裂していた左右両派が合同して、統一社会党ができた（一〇月）。その時に発表された「統一社会党のために」では、統一社会党のさしあたっての任務は「中間段階的な政府」を作ることだと規定している。前述のように、山川は本格的な社会主義政権を樹立する前に「なんどか過渡的な短期の社会党内閣」を作ることになると考えていた（⑱三六六頁）。左右両派からなる統一社会党は、せいぜいこの過渡的な政権を構成できるにすぎない。本格的な社会主義政権樹立のためには、左派の組織が「一〇倍も一〇〇倍も」量的に大きくなる必要があるという（⑱三七〇頁）。つまり党内での右派との競争だけでなく、党外の多くの大衆を獲得する必要がある。だがここで山川が強調するのは、それだけではない。左右両派が党内で多数派を争う場合に「民主的方法」が順守されねばならない。具体的には、多数派による「数の暴力」や政治家にありがちな「陰謀や取引」ではなく、「あくまで説得による」のでなければならず、また「説得の自由と機会」が少数派にも「均等に」保障されるべきだと強調している（⑱三六八頁）。徹底した党内民主主義の実践が社会党（左派）の発展に不可欠だというのである。

スターリン批判

一九五〇年代後半は内外とも多事だった。一九五六（昭和三一）年二月、ソ連共産党の第二〇回大会で、フルシチョフ第一書記がスターリン時代の悪弊について秘密報告を行った。いわゆるスターリン批判である。さらに同年一〇月にはハンガリーの非スターリン化の反政府運動に、ソ連軍が介入する事件が起こった。この二つの事件はソ連と社会主義に対する決定的なダメージを与え、全世界の社会主義者に再考を迫ることになった。しかし山川は従来からソ連社会主義に批判的な見方をしており、またロシア革命はロシア独特の革命方式で、日本の参考にはならないと考えていた。だからフルシチョフ報告の報道を受けて、彼は日記に「この報道のかぎりでは我々が主張しつづけていたところに近づいたというだけで、理論的には当然のことばかりだ」と書く（⑲三九一頁）。山川にとって、事件は従来の主張の正しさを確認する結果になったのだが、それはソ連や社会主義世界の未来に対する甘い観測に繋がったようだ。たとえばフルシチョフ報告が個人独裁を批判して集団指導体制に移ったことについて、「さらに基礎を拡大する方向、すなわち民主化の方向に発展すると見るのが常識」と述べている（「ソ連はどう変わったか」⑲二一頁）。また山川は、ソ連の衛星国に対する政策が「根本的に改められ」て、自主性を重視するようになると期待したが、それはハンガリー事件の発生によって根本的に裏切られる。

ハンガリー事件に対する山川の認識は以下のようなものだった。⑴ハンガリー動乱は非スターリン化を要求する運動だった。⑵その運動は必然的に反ソ・反共運動に転化した。⑶ハンガリー共産党は、人民の意志ではなくソ連共産党の意志を代行する機関だった。つまりハンガリーには人民民主主義による社会主義の建設は存在しなかった。こうした判断から、彼は次のような結論を下す。ソ連の軍事介入は、社会主義国家というより「力の対立の世界における軍事的国家としての判断」だった（「ハンガリーの動乱をめぐって」⑲一七六頁）。したがって共産圏は社会主義世界ではなく、「強大国ソ連という重石によってのみ保たれていた結合」にすぎなかった（⑲一七八頁）。

これは戦後の社会主義世界を全否定するに近い見解である。むろん山川はソ連に社会主義が実在することと自体は否定していない。しかし彼は、非スターリン化はもっと根底から進行するべきだと考えている。つまり山川の認識では、非スターリン化とその後の余波は共産圏の矛盾が発展した結果であり、「ロシア革命によって開かれた国際社会主義運動史の一つの時期」が終りつつあることを意味する（⑲一七九頁）。だから非スターリン化がさらに進行し、矛盾が拡大することは、西欧圏にとっては「ソ連帝国」の崩壊だが、「国際社会主義の立場」からは社会主義世界の「一歩前進」を意味するという（⑲一七八頁）。

社会主義者は、現状の社会主義世界に批判は持っていても、根底ではそれを肯定し支持するものだと想像するだろう。しかし山川は、ソ連を中心とした社会主義世界が根底から再編成されることを期待している。これはあまりに楽天的な観測ではないだろうか。山川は社会主義の歴史的必然性を信じていた。しかしもしそれをカッコに入れれば、ソ連と東欧の社会主義体制の根本的再編成は、やはり社会主義体制自体の崩壊を意味するのではないか。山川の思考の延長線上に、わたしはマルクス主義的社会主義の否定と西欧型社会民主主義を予測せざるをえない。

臨　終

一九五七（昭和三二）年四月、山川は体調の異常を感じるようになった。四月二九日に諏訪に行き、そこで講演をした後、メーデーの前夜祭に参加した。そして五月一日には東京に戻って神宮外苑のメーデーに参加している。その日の日記には「久しぶりに三田医院で診察を受ける。血圧最高百二十、最低二十―零、とくに最近一ヶ月ばかり胃の具合が悪い、血圧の低すぎることもその影響ではないかとのこと」とある（⑲三九六頁）。その後、腹部の痛みはずっと続き、一〇月には時に耐えがたいほどになったらしい。一〇月一日には「下腹部の左の部分に、なんだか小さなくりくりしたものが手に触れる」と書き、五日には「下腹部のグリグリが一ヶ月前にくらべて著しく手に触れるようになったのに気づく」ようになった（⑲三九九頁）。

長男の振作が別の医者に診てもらうように勧めても、「病気のことは孝門さん〔担当医の奥山孝門〕に無条件に任しておいて、のん気にしているのが私の分相応」だとし、「病気のことで迷ったり動揺したり思いわずらうのはいやだ」と書いている（⑲四〇二頁）。満七七歳の誕生日を目前に控えた日の記述である。

病床の山川は庭の植物、とくに手塩にかけて育てていた一〇種以上のバラの状態を非常に気にかけ、開花の様子を丹念に記録している。うずらの飼育を廃業した後の藤沢の家には広大な庭があり、その中央がバラ園だった（山川菊栄記念会・労働者運動資料室編『イヌとからすとうずらとペンと』三二一頁参照）。同志社に入学する前の山川の夢は理学博士になることだった。うずら園を営業していたときは、個々のうずらの産卵率を丹念に記録している。また人民戦線事件で獄中にあったときは、育種学、遺伝学などに関する本の読書に余念がなかった。いかにも理系的な感性の持ち主で、彼の社会主義論にもその合理的な思考が顕著だった。

七七歳の誕生日直後の一二月二四日、東京病院での受診で、癌で「かなり腹水がたまっている末期症状」と診断された（山川振作「臨終記」、以下同様）。翌一九五八（昭和三三）年一月七日、長年の主治医だった奥山伸医師の診察を受けた。奥山医師は振作に、「人間は一度はこういうことにならなくてはすまないのだから困ります」と告げた。

父の臨終の様子を記した山川振作の文章の引用によって、本書の叙述を終えよう。「私は子供たちと「おじいちゃん」と呼んだが、後で気がつくと、途中から十何年ぶりかで「お父さん」と呼んでいたようだ。呼吸も脈拍も小さくなり、フッと消えた。三月二十三日午前六時七分だった」。

主要参考文献（本文で言及した文献のみ。複数の章で引用した場合は、初出の章を参照）

一　山川均の著作はとくに断らない限り『山川均全集』からの引用とし、巻とページを「①二五頁」のように記す。ただし自伝のみ山川菊栄・向坂逸郎編『山川均自伝――ある凡人の記録』（岩波書店、一九六一年）により、『自伝』と略してページ数を記す（文脈から『自伝』であることが明らかな場合はページ数のみ）。

二　その他の全集・著作集の場合は、原則として、姓の後に巻とページ数を記す。ただし『山川菊栄集』の場合は「菊栄」とする。

全　般

『山川均全集』勁草書房、一九六六～二〇〇三年

『林源十郎日記』同志社大学人文科学研究所所蔵

＊林源十郎は山川均の姉・浦の夫で、山川のよき理解者だった。とくに一九〇〇年の不敬事件から一九一五年頃までの記述は、山川の動向を側面から伝える貴重な資料である。『林源十郎関係資料』として、書簡などとともに同志社大学人文科学研究所に所蔵されている。

『山川均手記』大原社会問題研究所所蔵

＊一九三七年に人民戦線事件で逮捕された際、東調布警察署で執筆され特高第一課に提出された手記。大原社会問題研究所に所蔵されているコピーはごく一部が欠けているが、全約七八〇枚。『自伝』などにはない率

直な所感が書かれている。

『新修倉敷市史』倉敷市、一九九四～二〇〇五年

石河康国『労農派マルクス主義　理論・ひと・歴史』（上）（下）、社会評論社、二〇〇八年

石河康国『マルクスを日本で育てた人　評伝・山川均』（一）（二）、社会評論社、二〇一四～一五年

石河康国『向坂逸郎評伝　一八九七～一九五〇』（上）（下）、社会評論社、二〇一八年

＊山川均とその周辺の人々の思想や人間関係を分析した三部作。山川家に残されている種々の資料を駆使したもので、山川と労農派の論客に関する貴重な仕事である。

『幸徳秋水全集』明治文献、一九六八～七三年

『荒畑寒村著作集』平凡社、一九七六～七七年

『吉野作造選集』岩波書店、一九九五～九七年

『大山郁夫著作集』岩波書店、一九八七～八八年

『山川菊栄集』岩波書店、一九八一～八二年

『堺利彦全集』法律文化社、一九七〇～七一年

第一章　同志社時代

「精思男子高等小学校学校沿革誌」『新修倉敷市史』第一一巻

田崎健作「林源十郎氏おいたちの記」、林彪太郎「父の思出」、ともに田崎健作編集・発行『林翁之片影』非売品、一九三七年

林源十郎「おぼえがき」上田昌三郎編集・発行『備中倉敷林家　孚一と源十郎の肖像』上巻、私家版、二〇〇五年

高戸猷『倉敷基督教会略史』倉敷基督教会、一九三五年
竹中正夫『倉敷の文化とキリスト教』日本基督教団出版局、一九七九年
林源十郎「石井十次君の追憶」石井記念協会『石井十次伝』大空社、一九八七年
花立三郎・杉井六郎・和田守編『同志社大江義塾　徳富蘇峰資料集』三一書房、一九七八年
小崎弘道編著『日本組合基督教会史（未定稿）』日本組合基督教会本部、一九二四年
「同志社明治廿八年度報告」『同志社年度報告』（明治二十四年〜明治四十四年）同志社大学図書館蔵
『同志社五十年史』カニヤ書店、一九三〇年
『同志社百年史』通史編一、学校法人同志社、一九七九年
『同志社百年史』資料編一、学校法人同志社、一九七九年
『同志社百年史』資料編二、学校法人同志社、一九七九年
青山霞村『同志社五十年裏面史』からすき社、一九三一年
『同志社ローイング一〇〇年』同志社艇友会・同志社ローイング一〇〇年記念事業実行委員会、一九九一年
ポール・グリーシー「同志社の土着化」北垣宗治訳、『同志社談叢』第二一〜三一号、二〇〇一〜一一年
『同志社年表（未定稿）』編集発行・同志社社史史料編集所、一九七九年
土肥昭夫『天皇とキリスト――近現代天皇制とキリスト教の教会史的考察』新教出版社、二〇一二年
片野真佐子『孤憤のひと　柏木義円』新教出版社、一九九三年
坂井誠「柏木義円と同志社問題――連袂辞任と綱領削除問題を中心に」『新島研究』第一〇〇号、二〇〇九年
片野真佐子編『柏木義円書簡集』行路社、二〇一一年
柏木義円「辞職の理由」『校友会報』第二号、一八九七年一〇月

第二章　不敬事件

川嵜兼孝ほか『鹿児島近代社会運動史』南方新社、二〇〇五年
『大原孫三郎伝』中央公論事業出版、一九八三年
米原謙『国体論はなぜ生まれたか――明治国家の知の地形図』ミネルヴァ書房、二〇一三年
田中真人「山川均らの『青年之福音』事件とキリスト教会」『キリスト教社会問題研究』第四三号、一九九四年
『資料日本社会運動思想史』第二巻、青木書店、一九七一年
アルフレット・マーシャル『経済原理』井上辰九郎訳、東京専門学校出版部、一八九六年
太田雅夫「社会民主党の誕生」『社会主義の誕生――社会民主党の百年』論創社、二〇〇一年
大田英昭『日本社会民主主義の形成――片山潜とその時代』日本評論社、二〇一三年
『明治社会主義資料叢書』第一巻、新泉社、一九七三年
片山潜「我社会主義」『資料日本社会運動思想史』第五巻、青木書店、一九七一年
山川振作「山川均と『資本論』」『唯物史観』第六号、一九六八年
『岡山県労働運動史資料』上巻、岡山県中央労働学校、一九五一年
『明治社会主義運動』〈岡山県社会運動史2〉水野秋執筆、労働教育センター、一九七七年

第三章　社会主義者としての出発と挫折

牧瀬菊枝『九津見房子の暦――明治社会主義からゾルゲ事件へ』思想の科学社、一九七五年
山路愛山「現時の社会問題及び社会主義者」『資料日本社会運動思想史』第二巻（前出）
吉川守圀「荊逆星霜史」『資料日本社会運動思想史』第六巻、青木書店、一九七一年
『社会主義沿革1』〈続・現代史資料1〉みすず書房、一九八四年

吉岡金市『森近運平――大逆事件の最もいたましい犠牲者の思想と行動』日本文教出版、一九六一年
西川光次郎『心懐語』警醒社書店、一九一〇年
田中英夫『ある離脱――明治社会主義者西川光二郎』風媒社、一九八〇年
守田有秋『木の葉のさゝやき』日吉堂、一九一五年
守田有秋『自然と人』博盛堂、一九一〇年
荒畑寒村『逃避者』東雲堂書店、一九一六年
堀切利高「守田有秋のこと」『初期社会主義研究』第八号
米原謙「石川三四郎の亡命を助けたベルギー外交官」(上)(下)、『書斎の窓』第四六二～四六三号、一九九七年三～四月
守田有秋『燃ゆる伯林』平凡社、一九三〇年
守田有秋『破滅から新生へ』小西書店、一九二四年
守田有秋『瑞西より』日吉堂本店、一九一八年

第四章　若き理論家の誕生

渡辺春男『片山潜と共に』和光社、一九五五年
田中真人『高畠素之――日本の国家社会主義』現代評論社、一九七八年
黒岩比佐子『パンとペン――社会主義者・堺利彦と「売文社」の闘い』講談社、二〇一〇年
荒畑寒村『日本社会主義運動史』毎日新聞社、一九四八年
武田清子『戦後デモクラシーの源流』岩波書店、一九九五年
『徳富蘇峰集』〈明治文学全集34〉筑摩書房、一九七四年

『徳富蘇峰集』〈近代日本思想大系8〉筑摩書房、一九七八年

第五章　日本型社会民主主義への道

『近藤栄蔵自伝』同志社大学人文科学研究所編、ひえい書房、一九七〇年
山内昭人『初期コミンテルンと在外日本人社会主義者』ミネルヴァ書房、二〇〇九年
近藤栄蔵『コムミンテルンの密使』文化評論社、一九四九年
岩村登志夫『コミンテルンと日本共産党の成立』三一書房、一九七七年
山内昭人『リュトヘルスとインタナショナル史研究』ミネルヴァ書房、一九九六年
ゲアリ・P・スティーンソン『カール・カウツキー――古典時代のマルクス主義』時永淑・河野裕康訳、法政大学出版局、一九九〇年
『レーニン三巻選集』ソ連邦マルクス＝レーニン主義研究所編・レーニン全集刊行委員会訳、大月書店、一九六二～六五年
山川均『レーニンとトロツキー』改造社、一九二一年
犬丸義一『第一次共産党史の研究』青木書店、一九九三年
松尾尊兊「創立期日本共産党史のための覚書」『大正デモクラシー期の政治と社会』みすず書房、二〇一四年
黒川伊織『帝国に抗する社会運動――第一次共産党の思想と運動』有志舎、二〇一四年
『社会主義沿革2』〈続現代史資料2〉みすず書房、一九八六年
高瀬清『日本共産党創立史話』青木書店、一九七八年
『コミンテルン資料集』第一巻、村田陽一編訳、大月書店、一九七八年
『コミンテルン資料集』第二巻、村田陽一編訳、大月書店、一九七九年

市川正一『日本共産党闘争小史』新版、暁明社、一九四九年
山川振作「臨終記」『世界』一九五八年六月号、一九五八年
松尾尊兊『大正デモクラシー』岩波書店、一九七四年
『資料集コミンテルンと日本共産党』和田春樹、G・M・アジベーコフ監修、岩波書店、二〇一四年

第六章　福本イズムとの闘い

絲屋寿雄『日本社会主義運動思想史』2、法政大学出版局、一九八〇年
林房雄「狂信の時代」『文学的回想』新潮社、一九五五年
米原謙『近代日本のアイデンティティと政治』ミネルヴァ書房、二〇〇二年
『福本和夫初期著作集』第三巻、こぶし書房、一九七二年
ジェルジ・ルカーチ『歴史と階級意識』〈ルカーチ著作集第九巻〉城塚登・古田光訳、白水社、一九六八年
『資料集初期日本共産党とコミンテルン』村田陽一編訳、大月書店、一九九三年
『丸山眞男集』第八巻、岩波書店、一九九六年
米原謙「丸山眞男と社会主義――いくつかの断面」『思想』九八八号、二〇〇六年
高畠通敏「解説」『山川均集』〈近代日本思想大系19〉筑摩書房、一九七六年

第七章　東アジアの「山川主義」

『民族と国家』〈新編原典中国近代思想史〉第三巻、岩波書店、二〇一〇年
永井算巳「社会主義講習会と政聞社」『東洋学報』第五一巻第三号、一九六八年
冨田昇「社会主義講習会と亜洲和親会」『集刊東洋学』第六四号、一九九〇年

石川禎浩「マルクス主義の伝播と中国共産党の結成」狭間直樹編『中国国民革命の研究』京都大学人文科学研究所、一九九二年
石川禎浩「若き日の施存統——中国共産党創立期の「日本小組」を論じて建党問題におよぶ」『東洋史研究』第五三巻第二号、一九九四年
石川禎浩「施存統と中国共産党」『東方学報』第六八冊、一九九六年
石川禎浩『中国共産党成立史』岩波書店、二〇〇一年
三田剛史『蘇る河上肇——近代中国の知の源泉』藤原書店、二〇〇三年
平野正『中国革命と中間路線問題』研文出版、二〇〇〇年
平野正『政論家施復亮の半生』汲古書院、二〇一〇年
水羽信男「施復亮の「中間派」論とその批判をめぐって」今永清二編『アジアの地域と社会』勁草書房、一九九四年
水羽信男「施復亮——抗日戦争勝利後の都市中間層と政治文化」曽田三郎編『中国近代化過程の指導者たち』東方書店、一九九七年
水羽信男「ある中国共産党員と大正期の東京——施存統における日本留学の思想的意味」曽田三郎編『近代中国と日本——提携と敵対の半世紀』御茶の水書房、二〇〇一年
水羽信男『中国近代のリベラリズム』東方書店、二〇〇七年
宋亜文『施復亮政治思想研究　一九一九—一九四九』人民出版社、二〇〇六年
何民勝『施復亮全伝』江蘇人民出版社、二〇一八年
施存統『目前中国革命問題』復旦書店、一九二八年
連温卿『台湾政治運動史』張炎憲・翁佳音編校、稲郷出版社、一九八八年

陳翠蓮『百年追求——台湾民主運動的故事』（巻一）衛城出版、二〇一三年
黄頌顕『台湾文化協会的思想與運動』海峡学術出版社、二〇〇八年
林国章『民族主義與台湾抗日運動』海峡学術出版社、二〇〇四年
台湾総督府警務局編『台湾社会運動史』龍渓書舎、一九三九年
戴国煇「台湾抗日左派指導者連温卿とその稿本」『史苑』第三五巻第二号、一九七五年
彰生「日据時期台湾的社会民主主義者——連温卿」『夏潮論壇』第一巻第三期、一九八三年
松田はるひ「緑の陰で——植民地台湾エスペラント運動史」（一）～（四）、『LA Revuo Orienta』日本エスペラント学会、一九七七年六～九月
連温卿「台湾エスペラント運動の回顧」『LA Revuo Orienta』日本エスペラント学会、一九三六年六月
盧修一『日拠時代台湾共産党史』前衛出版社、二〇〇六年
『台湾1』〈現代史資料21〉みすず書房、一九七一年
山口小静述『匃牙利の労農革命』水曜会出版部、一九二三年
山川菊栄『おんな二代の記』平凡社版、一九七二年
戴国煇「連温卿日記——一九三〇年の三三日間」『史苑』第三九巻第一号、一九七八年
比嘉春潮『沖縄の歳月』中公新書、一九六九年
『矢内原忠雄全集』第二巻、岩波書店、一九六三年
秦郁彦『日中戦争史』復刻新版、河出書房新社、二〇一一年
松本重治『上海時代』（下）中公文庫、一九八九年
高橋正雄『わたしの造反』読売新聞社、一九七〇年
張競・村田雄二郎編『侮中と抗日　一九三七～一九四四』〈日中の一二〇年文芸・評論作品選3〉岩波書店、二〇一六年

李存光『巴金伝』北京十月文芸出版社、一九九四年
李存光『巴金評伝』中国社会出版社、二〇〇六年
何長工『フランス勤工倹学の回想——中国共産党の一源流』河田悌一・森時彦訳、岩波新書、一九七六年
『巴金文集』第一〇巻、人民文学出版社、一九六一年
鄒鈞「論第二次世界大戦前的山川均」『社会科学論綫』一九八〇年第三期

終章　社会主義の実現を模索して

坂本義和『新版核時代の国際政治』岩波書店、一九八二年
山川均・向坂逸郎・高橋正雄『日本の革命を語る』板垣書店、一九四八年
高橋正雄『八方破れ・私の社会主義』TBSブリタニカ、一九八〇年
向坂逸郎「社会主義と侵略」『社会主義』第二号、一九五一年七月
向坂逸郎「積極中立とは何か」『社会主義』第一三五号、一九六三年一二月
向坂逸郎「ブルジョア国家権力の平和的移行の問題」『大系国家独占資本主義』第八巻、一九七一年
向坂逸郎・高沢寅男「マルクス主義と理論闘争」『社会主義』第一四四～一四五号、一九六三年一〇～一一月
『社会主義協会テーゼ』社会主義協会出版局、一九七一年
成田知巳・長洲一二・清水慎三「日本の構造改革」『世界』一九六一年三月号
安東仁兵衛『戦後左翼の四十年』現代の理論社、一九八七年
山川菊栄記念会・労働者運動資料室編『イヌとからすとうずらとペンと——山川菊栄・山川均写真集』同時代社、二〇一六年

あとがき

わたしが山川均の著作を初めて読んだのは、一九九〇年代の初めである。大阪大学教養部に転任して間もない頃で、友人たちと一般教養の政治学の教科書を作ることになり、わたしは戦後日本の政治思想について一年ほど集中して勉強した。そうした読書の一環で、平和論や社会主義についての山川の著述を読み、さらに戦前の民本主義批判や福本和夫との論争にも触れる機会があった。マルクス主義の原典や関連文献は、学部時代にかなり読んでいたが、日本のマルクス主義者で記憶に残ったのは梅本克己だけだったと思う。そうした目でみたとき、山川の思考には並のマルクス主義者にはない柔軟さがあると感じた。

その本は『日本の政治を考える』（法律文化社、一九九二年）として刊行されたが、教科書の域を超えて一般書店でずいぶん売れたという。わたしにとってはまったく例外的なことだが、おそらくその本を読んだ雑誌『世界』の編集者から執筆依頼があり、「政治において理想主義とは何か――日本社会党のために」（『世界』一九九四年七月号）を書いた。社会党は西欧型社会民主主義に路線転換すべきだと示唆したものだった。路線転換を模索していた社会党関係者の関心を惹いたのか、いくつかの労働組合から講演依頼もあった。実情を知らない机上の空論と受け止められたことだろう。まったく汗顔ものだったが、その後も『世界』誌上での社会党に関する座談会に出席したりした。そして座談会で知り合いになった新川敏光氏に誘われて、科研の共同研究「戦後日本における社会党および社会民主主義の展開と衰滅」（研究代表者・山口二郎北海道大学教授〔当時〕、一九九九～二〇〇一年）に参加させていただいた。現代政治学や政治史の研究者との会話は、わたしには新しい体験で目を開かれることが多かった。共同研究の成果は、山口二郎・石川真澄編著『日本社会党――戦後革新の思想と行動』（日本経済評論社、二〇〇三年）として刊行され、わたしはそこに「日本型社会民主主義の思想――左派理論の形成と展開」を発表した。本書のモチーフはすでにこの論文に出ている。

「ミネルヴァ日本評伝選」に何か書きませんかと誘われたのは二〇〇二年頃だった。わたしはその前に河上肇と福本和夫の論争を取り上げたことがあった（拙著『近代日本のアイデンティティと政治』第五章）。まるで最初から、マルクス主義を終着駅にしたかのような河上肇のジグザグの思想遍歴は感動的だが、福本に批判されて弁証法的唯物論の本格的な理解に到達した直後、彼はコミンテルンの福本・山川批判に同調して、完全に通俗的なマルクス主義者になり果てた。マルクス主義者としては、山川の方がはるかに立派だと感じた。

山川にもジグザグの試行錯誤があり、コミンテルンの影響を強く受けていた時期もある。レーニンの説に沿って、最初はカウツキーを批判していたが、最後はカウツキーとほぼ同じ地点に立つことになった。しかしこうした変化は、河上のように鋭角的に起こったのではない。周囲の状況を見つめなおし、考えては再考しなおし、まさに「ズルズルベッタリ」に主張を変えていった。華々しさはなく、信者はおらず、孤立することも恐れなかった（いわゆる労農派はゆるやかな思想集団で、山川は見解の相違から一時『労農』同人を離れたことがある）。その結果、社会党左派につらなる人以外に山川に関心をもつ人はまれで、一九二〇年代初頭からの半世紀余りにわたる日本マルクス主義史において、山川はマイナーな存在として扱われ、政治思想研究者が正面から取り上げることはほとんどなかった（高畠通敏だけが例外）。しかし山川が辿った長い思索の道は、一つのイズムを信じ、それについて考え続けることがどんなことかを教えている。社会主義の時代が終わった今こそ、省みるべきだと思う。

評伝の執筆は、当初から定年退職後の楽しみに取っておこうと考え、在職中はもっぱら資料収集を心がけた。しかしその間、日本の政党政治は混迷をきわめ、社会主義や社会民主主義政党への関心も霧消してしまった。周囲を見回しても、マルクス主義や社会主義に関心を寄せる人は皆無に思えた。しかし他方で、反時代的にもみえるが、『山川均全集』（全二〇巻）がじつに四〇年近い歳月をかけて完結し、『マルクスを日本で育てた人』（一、二）（社会評論社、二〇一四〜一五年）をはじめとする石河康国氏の一連の意欲的な評伝も発表された。さらに黒川伊織氏の『帝国に抗する社会運動――第一次共産党の思想と運動』の第一次日本共産党研究や、石川禎浩氏による一連の施復亮研究（『中国共産党成立史』など）によって、新たな境地が切り開かれていることを知った。

執筆に従事していた期間、わたしは年に三カ月ずつ中国人民大学に滞在して、日本思想史などの授業を担当してきた。一年目は和辻哲郎、二年目は丸山眞男、三年目は明治維新をテーマにし、関連文献を精読して、自問自答する時間をもつことができた。外側から日本の社会と歴史について再考する契機にもなった。滞在中、多くの中国人研究者から示されたご好意は忘れることができないが、ここでは銭昕怡さんと李建華さんのお名前だけを挙げて、謝意を表明するにとどめたい。

山川均をはじめ労農派の人々について詳細な評伝を発表されている石河康国氏には、本書の最終的な詰めをしている段階でお会いすることができ、手記「仰臥」と同志社大学での山川の講演の録音CDを貸与していただいた。また〈丸山眞男を読む会〉の人たちから多くのことを教わったが、とくに同志社大学関係者から資料のありかを示唆され、偶然、『林源十郎日記』の所蔵を知った。この日記に触れることがなかったら、本書の内容はよほど違ったものになっただろう。たんなる事実関係だけでなく、源十郎を通して山川をみる目がわたしのなかに生まれた。ただし日記の解読は困難を極めた。大事なことが書かれてあるのに、一部分がどうしても読みこなせないとき、妻の考えをたたいてみたら、意外な方向から光明が見えてきたことが何度かあった。何にでも関心をもつ妻に感謝しなければならない。

編集部の田引勝二氏に、今度もまたお世話になった。改めてお礼申し上げる。

二〇一九年二月

枚方市の寓居にて　米原　謙

山川均年譜

（作成に際し、『山川均自伝』、『山川均全集』、『山川菊栄集』、石河康国『マルクスを日本で育てた人』（一）（二）の年譜を参照した。なお一次資料から年月日が誤っていると判断した場合は訂正している）

和暦	西暦	齢	関係事項	一般事項
明治一三	一八八〇	0	12・20岡山県窪屋郡倉敷村（現倉敷市）に父・清平、母・尚の長男として生まれる。上に長姉・浦（一八七二年三月生）と次姉・次（一八七五年四月生）がいた（正確には姉は三人いたが、一番上の姉・貞は均が生まれる以前に死去）。倉敷は江戸幕府直轄領で、山川家は代々、代官所に来る役人などが宿泊する郷宿（ごうやど）を営む裕福な家系だったが、維新後徐々に没落した。一八七三年、父は屋敷の表通りに面する家屋を貸し、払い下げを受けた陣屋跡の土地で農業を始めたが失敗に終わった。	
一五	一八八二	2	父・清平が郷宿を営んできた屋敷などを売却し、4月16日に本町の借家に、6月5日に中町八〇一番地	

			の借家に転居。	
二〇	一八八七	7	2月本町の商店街に転居し、父が山川糸店を開業した。居宅兼店舗は、長姉・浦が嫁ぐことになる林源十郎商店の真向かいだった。4月尋常倉敷小学校に入学。	
二一	一八八八	8	1・8林源十郎が受洗する。3・3姉の浦が林源十郎と結婚する。	
二四	一八九一	11	3月尋常倉敷小学校を卒業し、翌月精思高等小学校に入学。	
二七	一八九四	14		8月清国に宣戦布告。
二八	一八九五	15	3月精思高等小学校を卒業し、4月に同志社英学校補充科に入学、9月に同予備学校に進学した。	4月日清講和条約調印。
二九	一八九六	16	4月同志社の学制改正により尋常中学校三年に編入される。	
三〇	一八九七	17	5月初旬同級生の山本兵一、浜田仁左衛門とともに学校当局を批判して同志社を退学。山本とともに短期間、柏木義円の自宅に寄宿した後、倉敷に帰る。8・28上京して秋山定輔宅に寄宿し、守田文治（有秋）と親しく交わる。明治義会中学四年に編入。12月秋山家を去り、湯島天神下に下宿。	

三一	一八九八	18	**4月以降**明治義会を欠席。東京政治学校を聴講。	**10月**安部磯雄・片山潜・幸徳秋水らが社会主義研究会を結成。
三三	一九〇〇	20	**3月**守田らとともに月刊小雑誌『青年之福音』を発行。**5月**同誌第三号所載の守田執筆「人生の大惨劇」のため不敬罪で告発され、12日に拘引される。**5・26**初審判決で、守田とともに重禁錮三年六カ月罰金一二〇円、監視一年の宣告を受け、控訴する。**9・15頃**腸チフスのため保釈され療養する。	
三四	一九〇一	21	**7・5**控訴審判決で一審と同じ判決が下り、14日に服罪する。**9月**父・清平が謹慎のため山川糸店を廃業する。	**5・18**社会民主党結成、二日後に禁止。
三五	一九〇二	22	服役中。**12月〜**林源十郎らが、東京から著名人を呼んで「倉敷日曜講演」を始める。	
三六	一九〇三	23	服役中。	**11月**幸徳秋水・堺利彦らが平民社を結成し、週刊『平民新聞』を発行。
三七	一九〇四	24	**4月**守田有秋が満期出獄し、24日に倉敷の山川宅を訪ねる。**6・4**仮出獄し、その日のうちに友人に連れられて平民社を訪ねて、幸徳秋水と短時間話をする。**6・9**夕刻、倉敷に帰省。大原孫三郎から借り	**2月**ロシアに宣戦布告。

			た『エンサイクロペディア・ブリタニカ』などを読みふける。8・1～林源十郎商店の店員に英語を教え、10月に林源十郎商店岡山支店で主任として働くようになる。	
三八	一九〇五	25	引きつづき林源十郎商店岡山支店で働く。	10月平民社が内部対立で解散。
三九	一九〇六	26	2月日本社会党が結党され、夏頃浜田仁左衛門とともに入党する。『光』（九月一五日号）に日本社会党員として山川の名が登載され、10月から「岡山いろは倶楽部」の活動に参加する。12・15日刊『平民新聞』創刊に参加するため倉敷を発ち、岡山と大阪に一泊して上京の途につき、神田錦町の万国楼に下宿する。	
四〇	一九〇七	27	1月15日発刊の日刊『平民新聞』に従事したが、4月14日に廃刊となる。その後『大阪平民新聞』に協力する。	4月足尾銅山で暴動。4・17日本社会党第二回大会で議会政策派と直接行動派が対立。6月片山潜らが週刊『社会新聞』を発行。9月幸徳秋水らが社会主義金曜講演会を始める。
四一	一九〇八	28	1・17金曜講演会の「屋上演説事件」で治安警察法違反により検挙される。2・10軽禁錮一カ月半に処	

			されて服役し、3月26日に出獄。5・20頃一時倉敷に帰省し、26日に上京の途につき、同月末に大須賀里子と結婚。6・22赤旗事件が起こり、8月29日に重禁錮二年・罰金二〇円の判決が出された。いったん控訴したが、9月25日に控訴を取り下げて服罪する。妻の大須賀里子も重禁錮一年・罰金一〇円だったが、控訴審で執行猶予になった。	
四二	一九〇九	29	服役中。	
四三	一九一〇	30	8・29千葉監獄から出獄し、出迎えた大須賀里子から妊娠の事実を告白されたが許す決意をし、翌日、東京を発って里子を郷里まで送り、9月1日に倉敷に帰着。9・19両親とともに宇野に発ち、薬店を開業。12・25宇野で里子との結婚式を挙行。	5・25大逆事件の逮捕が始まる。 8・22韓国併合の日韓条約調印。
四四	一九一一	31	あい変らず宇野で薬店を営む。	1・18大逆事件の判決が下り、24〜25日に死刑執行。
四五 大正元	一九一二	32	11・11妻・里子が急病で岡山の病院に入院する。	10月大杉栄ら『近代思想』を創刊。
二	一九一三	33	5・27妻・里子が死去し、29日に葬儀を挙行する。	7月大杉栄らサンジカリズム研究会結成。
三	一九一四	34	1・12桜島大噴火があり、同月14日宇野を発って鹿	4月堺利彦が『へちまの花』創

			児島の浜田仁左衛門を見舞う。	刊。**7月**第一次世界大戦が勃発。**9月**片山潜が渡米。
四	一九一五	35	**2・8**浜田仁左衛門の妻・かつ子が倉敷を訪れ、ヤギ飼育を業とする提案をする。義兄・源十郎が同意したので、**2・23**宇野の薬店を閉店して27日に福岡に向かう。**3月**上京して守田有秋宅に寄留し、堺利彦・大杉栄などに面会し、3月25日に東京を発って福岡に帰る。警察の介入で福岡での寄宿先が見つからなかったので、4月5日に鹿児島に居を移し、まもなくヤギ牧場を始めた。**4月**次姉の次が死去する。**9月**堺利彦主宰の『へちまの花』が『新社会』と改題されて発刊すると、本格的な論文を発表し始める。**10月**には鹿児島での生活を切りあげて上京するつもりだったが、ヤギの処分が進まないまま年末に至る。**12・30**長崎でヨーロッパに行く守田有秋を見送った後、翌31日に倉敷に帰省。	**10月**大杉栄・荒畑寒村らが第二次『近代思想』創刊。
五	一九一六	36	**1月**上京して堺利彦の売文社に入り『新社会』の発行に従事。**2・10**大杉栄主宰の研究会で青山菊栄と初めて会い、11月3日に結婚して麹町区三番町七一に住む。**12月**菊栄が肺結核と判明し鎌倉稲村ヶ崎に	**1月**吉野作造「憲政の本義を説いて其有終の美を済すの途を論ず」(『中央公論』)発表。**11月**大杉栄が伊藤野枝との三角関係

			転地したので、山川は大森新井宿一三一六番地の本田フヂ宅に間借りする。	で神近市子に刺される。
六	一九一七	37	7月倉敷に帰省し、売文社の所用で福岡に行き、14日倉敷を出発して大森に帰る。9・7長男・振作が誕生。11・7東京府荏原郡入新井町新井宿六八二番地（大森の春日神社の裏側）の借家に転居。	3月ロシアで二月革命、その後一〇月革命で社会主義政権が誕生。
七	一九一八	38	4月「無名氏」という署名で「吉野博士及北教授の民主主義を難ず」を『新日本』に発表し、以後、民本主義批判の一連の論文で論壇に登場する。荒畑寒村と労働組合研究会をつくり『青服』を発行したが、四号で廃刊。同誌記事のため禁錮四カ月に処され、10月4日に下獄。	8月富山県で米騒動が起こり、その後全国に波及。9月原敬内閣が成立。
八	一九一九	39	2月出獄。4月山崎今朝弥・堺利彦と雑誌『社会主義研究』を創刊。5・18一家三人（手伝いの女性同伴）で倉敷に帰省。6・3倉敷を出発し、琵琶湖畔の三日月楼に宿泊して帰宅。12・20母の病気のため一家で倉敷に帰省。	1月パリ講和会議が始まる。3月コミンテルン創立大会。
九	一九二〇	40	1・4～宇野越袖ヶ浦の林源十郎別宅に行く。4・19母・尚が死去、翌日葬儀。6・9倉敷を発ち、大阪で講演をして大森に帰宅。9月茅ヶ崎に転地。雑	6月施復亮が日本に留学。8月陳独秀らが上海で共産党細胞を組織。12・9大杉栄・堺利彦ら

			誌『社会主義研究』が山川の個人経営となる。	が日本社会主義同盟創立（翌二一年5月28日解散命令）。
一〇	一九二一	41	『社会主義研究』三月号に「カウツキーの労農政治反対論」を掲載。**5月**大森新井宿七〇三番地に自宅を建てて転居。**6・18**倉敷に帰省し、7月2日に帰宅。**9月頃**施復亮が山川宅を訪れる。	**3月**ロシア共産党第一〇回大会で新経済政策（ネップ）を決定。**4月**中国共産党が上海で第一回全国大会開催。**4・24**堺真柄・伊藤野枝ら赤瀾会を結成（翌二二年3月8日、八日会と改称）。**12・20**施復亮が逮捕され、その後国外追放となる。
一一	一九二二	42	**1月**倉敷に帰省し、2月1日に大森に帰宅。同月『前衛』を創刊し、7・8月合併号に「無産階級運動の方向転換」を発表する。**4月～**鎌倉極楽寺砂子坂に借家して、夫婦交替で転地療養。**9月末**大阪の総連合大会を傍聴して検束される。**10・1**倉敷に帰省し、同月18日帰宅。	**1月**モスクワで極東諸民族大会を開催。**7月**第一次日本共産党結党。**7・16**中共二全大会で国共合作を決議。**12・30**ソヴィエト社会主義共和国連邦が成立。
一二	一九二三	43	**5・25**一家で倉敷に帰省し、6月7日に倉敷を出発して帰宅。**9・1**関東大震災で自宅が倒壊し、麹町の菊栄の実家に寄寓した後、11月16日に倉敷に帰省。**12・10**兵庫県明石郡垂水村の借家に移り、さらに西	**6・5**第一次日本共産党の検挙。

一三	一九二四	44	垂水海岸二〇二二番地に転居。1月西垂水で第一次共産党事件の予審臨床尋問を受け、2月16日に治安維持法違反で起訴される。4月下旬倉敷に帰省。5・15台湾の連温卿が山川家を訪れる。10月中旬倉敷に帰省。12月垂水村高丸の借家に転居。	1月中国で第一次国共合作成立。1・21レーニンが死去。3月第一次日本共産党が解党を決議。5月『マルクス主義』創刊。
一四	一九二五	45	2・13～27第一次共産党事件公判のために上京。3月倉敷に帰省。4月公判のために上京。5月兵庫県武庫郡御影町岸本の借家に転居。6・30～7月公判のために上京。8・20第一次共産党事件の判決（山川は無罪、堺利彦ら一〇人に禁錮一〇カ月）。11月倉敷に帰省。	1月佐野学らが上海で一月テーゼ作成（共産党再組織を決定）。3・19治安維持法成立。3・29普通選挙法成立。5・24総同盟が第一次分裂（左派が日本労働組合評議会を結成）。上海で労働者などのデモで流血事件（五・三〇事件）。10月『マルクス主義』誌上で福本和夫の山川批判が始まる。
一五 昭和元	一九二六	46	1月神奈川県鎌倉町材木座二五七番地の借家に転居。11月鎌倉稲村ヶ崎海岸の借家に転居。	3・5労働農民党結成。12・4山形県五色温泉で共産党第三回大会（党再建）。
二	一九二七	47	1月倉敷に帰省。5月鎌倉町極楽寺（稲村ヶ崎）五	4・12上海で蒋介石による反共

			一五番地に自宅を建てて転居。7月振作を連れて倉敷に帰省。12月創刊された『労農』に「政治的統一戦線へ！」を発表。	クーデタ。7・15コミンテルン日本問題特別委員会が福本和夫と山川均をともに批判（いわゆる「二七年テーゼ」を決定）。
三	一九二八	48	3月下旬父・清平の米寿祝いのために一家で倉敷に帰省。	3・15共産党に対する全国的な弾圧（三・一五事件）。12・20日本大衆党結成。
四	一九二九	49	1・7倉敷に帰省、11日に父・清平が死去。7月「労農同人を辞するの声明書」を発表。8月振作とともに倉敷に帰省。	4・16共産党員の全国的な検挙（四・一六事件）。
五	一九三〇	50	2・22台湾の連温卿が山川家を訪問。『労農』一二月号に同人名義で執筆再開。	
六	一九三一	51	5月療養のため芝区芝公園二一号（金地院裏）の借家に住む。	9・18関東軍参謀らが満鉄線路を爆破（満州事変）。
七	一九三二	52	1月鎌倉の自宅に戻る。著述のかたわら、イタチの飼育に取りかかる。6月『労農』を廃刊し、『前進』を創刊。	1・28日本海軍が上海で中国軍と交戦（第一次上海事変）。3・1満州国建国宣言。5・20『日本資本主義発達史講座』刊行開始。
八	一九三三	53		3・27日本が国際連盟脱退を通

九	一九三四	54	4月自宅裏に鶉飼育場を建築する。10月末～11月初東北の冷害地帯を取材旅行し、「東北飢餓農村を見る」を『改造』一二月号に発表。	告。
一〇	一九三五	55	3・29林源十郎が死去し、帰省する。	
一一	一九三六	56	5月鎌倉郡村岡村小塚飛地（弥勒寺）六〇四番地に借地、住宅と養鶉場を建てて移転し、「湘南うずら園」を経営。	2・26皇道派将校の反乱（二・二六事件）。12・12張学良らが蔣介石を拉致し、抗日を要求（西安事件）。
一二	一九三七	57	9月『改造』九月号に「支那軍の鬼畜性」を発表。12・15第一次人民戦線事件で検挙され、鎌倉署から東京・久松署に移される。	7・7盧溝橋で日中両軍が衝突。8・13上海で日中両軍が衝突。9・23第二次国共合作が成立。12・13日本軍が激戦を経て南京を占領。
一三	一九三八	58	1月肺炎で高熱のため久松署から三田・松山病院に移され、奥山伸医師の治療を受けたのち、大森区調布大塚町の東調布署に移される。獄中で「山川均手記」を執筆。約一年後に起訴され、巣鴨拘置所に移される。	1・16近衛内閣が「国民政府を対手とせず」の声明発表。
一四	一九三九	59	5月巣鴨拘置所を保釈出所し、藤沢の自宅に戻る。	9月ドイツ軍がポーランド侵入

一五	一九四〇	60		（第二次世界大戦勃発）。9・27日独伊三国同盟調印。
一六	一九四一	61	12月長男・振作が東京大学を卒業し、翌年1月厚生省厚生科学研究所に就職。	4・13日ソ中立条約調印。12・8日本軍がハワイ真珠湾を空襲。
一七	一九四二	62	9月人民戦線事件の一審判決で懲役七年に処され控訴。	
一九	一九四四	64	4月長男・振作が慈恵医科大予科に転職。9月人民戦線事件第二審判決で懲役五年に処され上告。	
二〇	一九四五	65	3月倉敷の姉の家に疎開。5月広島県芦品郡国府村高木に転居。9・14疎開地を発ち、16日に藤沢に帰宅。	7・26ポツダム宣言発表。8・8ソ連が対日宣戦布告。8・14ポツダム宣言受諾を連合国に申し入れ。
二一	一九四六	66	1・10『民衆新聞』に民主人民戦線の結成を提唱。麻布霞町の新歴史協会に寄寓。3・26野坂参三の帰国歓迎国民大会で挨拶する。4月胃に激痛がおこり癌と診断される。5月神奈川県下曽我に仮寓し、奥山伸医師の治療を受ける。7・21民主人民連盟が創立され、欠席のまま委員長となる。11・8人民戦線事件で大審院が原判決を破棄、免訴となる。	3・9社会党が山川主唱の民主人民戦線に不参加を決定。4・3民主人民連盟結成準備大会を開催。
二二	一九四七	67	7月雑誌『前進』を創刊、向坂逸郎とともに編集委	5・24片山哲内閣が成立。

			員代表となる。9月菊栄が労働省婦人少年局長に就任。	
二三	一九四八	68	3月病状が改善し、藤沢の自宅に戻る。5・12倉敷に帰郷して座談会などに出席し、30日に藤沢に帰宅。	
二四	一九四九	69		11・1米国務省が対日講和条約検討中と発表。12・4社会党が全面講和・中立堅持・軍事基地反対の平和三原則を決定。
二五	一九五〇	70	5月姉・浦が死去。	6・25朝鮮戦争が勃発。
二六	一九五一	71	4月長男・振作が東京大学に転職。5月社会主義協会を結成、大内兵衛とともに代表となる。11月菊栄がヨーロッパ各国の視察に出発（翌年7月13日帰国）。	1・19社会党が平和三原則と再軍備反対の平和四原則を決定。10・24社会党臨時大会で平和条約・日米安保条約承認をめぐって左右に分裂。
二七	一九五二	72	11月『日本の再軍備』を刊行。	
三〇	一九五五	75	5・25五八年ぶりに母校・同志社大学を訪問し、「日本の平和と独立の問題」などの講演。	
三一	一九五六	76	菊栄とともに11月10日発で京都に行き、紅葉見物などして31日に帰宅。	2月ソ連共産党第二〇回大会でフルシチョフが秘密報告（スターリン批判）。10・24ハンガリ

				ーにソ連軍が出動（ハンガリー事件）。10・19国交回復に関する日ソ共同宣言。
三二	一九五七	77	**4月頃**～胃の痛みを感じるようになる。**4・29**新宿発で諏訪市に行き、同地のメーデー前夜の文化祭で講演し、5月1日に東京に帰着。**9月頃**～下腹部に痛みを感じ、しこりがあるので腫瘍だろうと考える。**10・14**東京・雪ヶ谷の振作宅で療養し、週末に藤沢に帰宅する生活を始める。**12・30**藤沢に帰宅し、最後の正月を送る。	
三三	一九五八	78	**1・7**奥山伸医師の診察を受ける。奥山は振作に「人間は一度はこういうことにならなくてはすまないのだから困ります」と告げる。**3・23**午前六時七分永眠。解剖の結果、主として膵臓癌と診断された。**4・2**青山斎場で日本社会党葬。**8月**倉敷市・長連寺の山川家墓地に埋葬される。	

大川周明　山内昌之
西田直二郎　林　淳
*折口信夫　斎藤英喜
シュタイン　瀧井一博
*西　周　清水多吉
*福澤諭吉　平山　洋
成島柳北　山田俊治
福地桜痴　山田俊治
*村山龍平　早房長治
島田三郎　武藤秀太郎
田口卯吉　鈴木栄樹
*陸　羯南　松田宏一郎
黒岩涙香　奥　武則
長谷川如是閑　織田健志
*吉野作造　田澤晴子
*山川　均　米原　謙
*岩波茂雄　十重田裕一
*北　一輝　岡本幸治
*穂積重遠　大村敦志
中野正剛　吉田則昭
*満川亀太郎　福家崇洋
*エドモンド・モレル　林田治男
*北里柴三郎　福田眞人
高峰譲吉　木村昌人
田辺朔郎　秋元せき
*南方熊楠　飯倉照平
石原　純　金子　務
*辰野金吾　河上眞理・清水重敦
*七代目小川治兵衛　尼崎博正

本多静六　岡本貴久子
ブルーノ・タウト　北村昌史

現代

昭和天皇　御厨　貴
高松宮宣仁親王　後藤致人
*李方子　小田部雄次
吉田　茂　中西　寛
マッカーサー　柴山　太
鳩山一郎　楠　綾子
*石橋湛山　増田　弘
重光　葵　武田知己
市川房枝　村井良太
*池田勇人　藤井信幸
高野　実　篠田　徹
和田博雄　庄司俊作
朴正熙　木村　幹
*田中角栄　新川敏光
宮沢喜一　村上友章
竹下　登　真渕　勝
*松永安左エ門　橘川武郎
鮎川義介　井口治夫
*出光佐三　橘川武郎
*松下幸之助　米倉誠一郎
渋沢敬三　井上　潤
*本田宗一郎　伊丹敬之
*井深　大　武田　徹
*佐治敬三　小玉　武

幸田家の人々　金井景子
*正宗白鳥　大嶋　仁
*大佛次郎　福島行一
*川端康成　大久保喬樹
*薩摩治郎八　小林　茂
坂口安吾　千葉一幹
太宰　治　安藤　宏
松本清張　杉原志啓
安部公房　鳥羽耕史
*三島由紀夫　島内景二
井上ひさし　成田龍一
R・H・ブライス　菅原克也
柳　宗悦　熊倉功夫
バーナード・リーチ　鈴木禎宏
熊谷守一　古川秀昭
川端龍子　岡部昌幸
藤田嗣治　林　洋子
*井上有一　海上雅臣
*手塚治虫　竹内オサム
古賀政男　藍川由美
*吉田　正　金子　勇
武満　徹　船山　隆
*八代目坂東三津五郎　田口章子
*力道山　岡村正史
*西田天香　宮田昌明
安倍能成　中根隆行
サンソム夫妻　平川祐弘・牧野陽子
*天野貞祐　貝塚茂樹

和辻哲郎　小坂国継
矢代幸雄　稲賀繁美
石田幹之助　岡本さえ
*平泉　澄　若井敏明
*早川孝太郎　須藤　功
安岡正篤　片山杜秀
青山二郎　田野　勲
島田謹二　小林信行
田中美知太郎　川久保剛
前嶋信次　杉田英明
*唐木順三　澤村修治
亀井勝一郎　山本直人
知里真志保　モコットゥナシ
*保田與重郎　谷崎昭男
石母田正　磯前順一
*福田恆存　川久保剛
井筒俊彦　安藤礼二
佐々木惣一　伊藤孝夫
小泉信三　都倉武之
*瀧川幸辰　伊藤孝夫
式場隆三郎　服部　正
大宅壮一　有馬　学
清水幾太郎　庄司武史
*フランク・ロイド・ライト　大久保美春
*中谷宇吉郎　杉山滋郎
今西錦司　山極寿一

*は既刊
二〇一九年七月現在

＊西郷隆盛　家近良樹
＊由利公正　角鹿尚計
＊塚本明毅　塚本学
＊月性　海原徹
＊吉田松陰　海原徹
＊高杉晋作　海原徹
＊久坂玄瑞　一坂太郎
ペリー　遠藤泰生
ハリス　福岡万里子
オールコック　佐野真由子
アーネスト・サトウ　奈良岡聰智

近代

＊明治天皇　伊藤之雄
＊大正天皇　F・R・ディキンソン
＊昭憲皇太后・貞明皇后　小田部雄次
大久保利通　三谷太一郎
山県有朋　鳥海靖
木戸孝允　落合弘樹
井上馨　伊藤之雄
＊松方正義　室山義正
北垣国道　小林丈広
板垣退助　小川原正道
長与専斎　笠原英彦
大隈重信　五百旗頭薫
伊藤博文　坂本一登
井上毅　大石眞
＊井上勝　老川慶喜

＊桂太郎　小林道彦
＊渡邉洪基　瀧井一博
＊乃木希典　佐々木英昭
星亨　小林道彦
林董　奈良岡聰智
＊児玉源太郎　小林道彦
＊高宗・閔妃　木村幹
山本権兵衛　室山義正
＊金子堅太郎　松村正義
高橋是清　鈴木俊夫
小村寿太郎　簑原俊洋
＊犬養毅　小林惟司
原敬　季武嘉也
＊加藤高明　櫻井良樹
牧野伸顕　小宮一夫
田中義一　黒沢文貴
内田康哉　高橋勝浩
平沼騏一郎　堀田慎一郎
＊鈴木貫太郎　小堀桂一郎
宇垣一成　北岡伸一
＊宮崎滔天　榎本泰子
＊浜口雄幸　川田稔
幣原喜重郎　西田敏宏
関一　玉井金五
水野広徳　片山慶隆
広田弘毅　井上寿一
安重根　上垣外憲一
＊グルー　廣部泉
＊永田鉄山　森靖夫
東條英機　牛村圭
今村均　前田雅之

蔣介石　劉岸偉
石原莞爾　山室信一
近衛文麿　庄司潤一郎
＊岩崎弥太郎　武田晴人
伊藤忠兵衛　末永國紀
＊五代友厚　田付茉莉子
大倉喜八郎　村上勝彦
＊安田善次郎　由井常彦
渋沢栄一　武田晴人
中野武営　佐賀香織
益田孝　鈴木邦夫
山辺丈夫　宮本又郎
武藤山治　阿部武司・桑原哲也
池田成彬　松浦正孝
西原亀三　森川正則
小林一三　橋爪紳也
大倉恒吉　石川健次郎
大原孫三郎　猪木武徳
＊河竹黙阿弥　今尾哲也
イザベラ・バード　加納孝代
＊林忠正　木々康子
＊森鷗外　小堀桂一郎
＊二葉亭四迷　ヨコタ村上孝之
＊夏目漱石　佐々木英昭
徳冨蘆花　半藤英明
巌谷小波　千葉信胤
樋口一葉　佐伯順子
＊島崎藤村　十川信介
泉鏡花　東郷克美
上田敏　小林茂

＊有島武郎　亀井俊介
北原白秋　平石典子
菊池寛　山本芳明
芥川龍之介　髙橋龍夫
＊宮沢賢治　千葉一幹
高浜虚子　坪内稔典
与謝野晶子　佐伯順子
＊種田山頭火　村上護
＊斎藤茂吉　品田悦一
＊高村光太郎　湯原かの子
石川啄木　先崎彰容
萩原朔太郎　エリス俊子・栗原飛宇馬
＊原阿佐緒　秋山佐和子
＊狩野芳崖・高橋由一　古田亮
川村清雄　落合則子
＊小堀鞆音　小堀桂一郎
竹内栖鳳　北澤憲昭
黒田清輝　高階秀爾
中村不折　石川九楊
横山大観　高階秀爾
＊橋本関雪　西原大輔
小出楢重　芳賀徹
土田麦僊　天野一夫
岸田劉生　北澤憲昭
濱田庄司　濱田琢司
＊山田耕筰　後藤暢子
松旭斎天勝　川添裕
中山みき　鎌田東二
佐田介石　谷川穣
＊ニコライ　中村健之介

＊出口なお・王仁三郎　川村邦光
＊新島襄　太田雄三
新島八重　佐伯順子
木下広次　冨岡勝
海老名弾正　西田毅
嘉納治五郎　クリストファー・スピルマン
柏木義円　片野真佐子
津田梅子　田中智子
＊澤柳政太郎　新田義之
河口慧海　高山龍三
山室軍平　室田保夫
大谷光瑞　白須淨眞
＊久米邦武　髙田誠二
フェノロサ　伊藤豊
井上哲次郎　井ノ口哲也
三宅雪嶺　長妻三佐雄
＊岡倉天心　木下長宏
志賀重昂　中野目徹
徳富蘇峰　杉原志啓
＊竹越与三郎　西田毅
内藤湖南・桑原隲蔵　礪波護
＊廣池千九郎　橋本富太郎
岩村透　今橋映子
＊西田幾多郎　大橋良介
＊金沢庄三郎　石川遼子
柳田国男　鶴見太郎
厨川白村　張競
＊村岡典嗣　水野雄司

*護良親王　新井孝重
懐良親王　森　茂暁
*赤松氏五代　渡邊大門
*北畠親房　岡野友彦
楠正成　兵藤裕己
楠木正行・正儀　生駒孝臣
*新田義貞　山本隆志
*光厳天皇　深津睦夫
足利尊氏　市沢　哲
*足利直義　亀田俊和
佐々木道誉　下坂　守
細川頼之　亀田俊和
円観・文観　田中貴子
足利義詮　早島大祐
足利義満　川嶋將生
*足利義持　吉田賢司
足利義政　木下昌規
*大内義弘　平瀬直樹
伏見宮貞成親王　松薗　斉
*山名宗全　山本隆志
細川勝元・政元　古野　貢
畠山義就　呉座勇一
足利成氏　阿部能久
世阿弥　西野春雄
雪舟等楊　河合正朝
宗祇　鶴崎裕雄
*満済　森　茂暁
一休宗純　原田正俊
蓮如　岡村喜史

戦国・織豊

北条早雲　家永遵嗣
*北条氏政　黒田基樹
大内義隆　藤井　崇
斎藤氏三代　木下　聡
*毛利元就　岸田裕之
*毛利輝元　光成準治
*小早川隆景・秀秋　光成準治
*六角定頼　村井祐樹
*今川義元　小和田哲男
*武田信玄　笹本正治
*武田勝頼　笹本正治
*真田氏三代　笹本正治
*三好長慶　天野忠幸
松永久秀　天野忠幸
*宇喜多直家・秀家　渡邊大門
*上杉謙信　矢田俊文
大友宗麟　鹿毛敏夫
島津義久・義弘　福島金治
*長宗我部元親・盛親　平井上総
浅井長政　長谷川裕子
吉田兼倶　西山　克
山科言継　松薗　斉
*雪村周継　赤澤英二
正親町天皇・後陽成天皇　神田裕理
足利義輝・義昭　山田康弘

織田信長　三鬼清一郎
織田長益　八尾嘉男
*明智光秀・秀満　小和田哲男
豊臣秀吉　藤井譲治
豊臣秀次　矢部健太郎
*北政所おね　田端泰子
*淀殿　福田千鶴
蜂須賀正勝・家政　三宅正浩
前田利家　東四柳史明
山内一豊・忠義　長屋隆幸
*黒田如水　小和田哲男
*蒲生氏郷　藤田達生
石田三成　堀越祐一
*細川ガラシャ　田端泰子
*支倉常長　田中英道
千利休　熊倉功夫
*長谷川等伯　宮島新一
顕如　神田千里
教如　安藤　弥

江戸

*徳川家康　笠谷和比古
本多忠勝　柴　裕之
*徳川家光　野村　玄
徳川吉宗　横田冬彦
*後水尾天皇　久保貴子
後桜町天皇　所　京子
*光格天皇　藤田　覚

*春日局　福田千鶴
*宮本武蔵　渡邊大門
*池田光政　倉地克直
保科正之　八木清治
シャクシャイン　岩崎奈緒子
*田沼意次　藤田　覚
細川重賢　安高啓明
*二宮尊徳　小林惟司
末次平蔵　岡　美穂子
*高田屋嘉兵衛　生田美智子
*林羅山　鈴木健一
吉野太夫　渡辺憲司
熊沢蕃山　川口　浩
*山崎闇斎　澤井啓一
山鹿素行　前田　勉
*北村季吟　島内景二
伊藤仁斎　澤井啓一
貝原益軒　辻本雅史
*ケンペル　B・M・ボダルト＝ベイリー
新井白石　大川　真
荻生徂徠　柴田　純
*雨森芳洲　上田正昭
石田梅岩　高野秀晴
白隠慧鶴　芳澤勝弘
前野良沢　松田　清
平賀源内　石上　敏
本居宣長　田尻祐一郎
杉田玄白　吉田　忠
木村蒹葭堂　有坂道子
*大田南畝　沓掛良彦

菅江真澄　赤坂憲雄
*鶴屋南北　諏訪春雄
良寛　阿部龍一
*山東京伝　佐藤至子
*滝沢馬琴　高田　衛
平田篤胤　山下久夫
国友一貫斎　太田浩司
シーボルト　宮坂正英
本阿弥光悦　岡　佳子
小堀遠州　中村利則
狩野探幽・山雪　山下善也
尾形光琳・乾山　河野元昭
*二代目市川團十郎　田口章子
伊藤若冲　狩野博幸
浦上玉堂　高橋博巳
*佐竹曙山　成瀬不二雄
葛飾北斎　岸　文和
酒井抱一　玉蟲敏子
孝明天皇　青山忠正
*和宮　辻ミチ子
徳川慶喜　大庭邦彦
島津斉彬　原口　泉
横井小楠　沖田行司
*古賀謹一郎　小野寺龍太
*永井尚志　高村直助
*岩瀬忠震　小野寺龍太
*栗本鋤雲　小野寺龍太
大村益次郎　竹本知行
河井継之助　小川和也

ミネルヴァ日本評伝選

企画推薦
梅原　猛
ドナルド・キーン
佐伯彰一
角田文衞

監修委員
上横手雅敬
芳賀　徹

編集委員
石川九楊
伊藤之雄
猪木武徳
今谷　明
今橋映子
熊倉功夫
佐伯順子
坂本多加雄
武田佐知子
竹西寛子
西口順子
兵藤裕己
御厨　貴

上代

*俾弥呼　古田武彦
*日本武尊　西宮秀紀
*仁徳天皇　若井敏明
雄略天皇　吉村武彦
継体天皇　若井敏明
*蘇我氏四代　遠山美都男
推古天皇　義江明子
聖徳太子　仁藤敦史
斉明天皇　武田佐知子
*小野妹子・毛人・毛野　大橋信弥
*額田王　梶川信行
弘文天皇　遠山美都男
天武天皇　新川登亀男
持統天皇　丸山裕美子
阿倍比羅夫　熊田亮介
*藤原四子　木本好信
*柿本人麿　古橋信孝
*元明天皇・元正天皇　渡部育子
聖武天皇　本郷真紹
光明皇后　寺崎保広
*孝謙・称徳天皇　勝浦令子
藤原不比等　荒木敏夫
橘諸兄・奈良麻呂　遠山美都男
吉備真備　今津勝紀
*藤原仲麻呂　木本好信
道鏡　吉川真司
*藤原種継　木本好信
*行基　吉田靖雄

平安

*桓武天皇　井上満郎
嵯峨天皇　西別府元日
宇多天皇　古藤真平
醍醐天皇　石上英一
村上天皇　京樂真帆子
花山天皇　上島　享
*三条天皇　倉本一宏
藤原薬子　中野渡俊治
*藤原良房・基経　瀧浪貞子
*紀貫之　神田龍身
源高明　所　功
*安倍晴明　斎藤英喜
*藤原道長　朧谷　寿
*藤原伊周・隆家　倉本一宏
藤原定子　山本淳子
*藤原彰子　朧谷　寿
清少納言　三田村雅子
和泉式部　ツベタナ・クリステワ
大江匡房　小峯和明
*阿弖流為　樋口知志
坂上田村麻呂　熊谷公男
*源満仲・頼光　元木泰雄
平将門　西山良平
藤原純友　寺内　浩
最澄　吉田一彦
円珍　岡野浩二
*空也　石井義長
奝然　上川通夫
*源信　小原　仁
慶滋保胤　吉原浩人
*後白河天皇　美川　圭
*式子内親王　奥野陽子
建礼門院　生形貴重
*藤原秀衡　入間田宣夫
平時子・時忠　元木泰雄
平維盛　根井　浄
守覚法親王　阿部泰郎
藤原隆信・信実　山本陽子

鎌倉

源頼朝　川合　康
*源義経　近藤好和
源実朝　神田龍身
*九条兼実　加納重文
九条道家　上横手雅敬
北条時政　野口　実
熊谷直実　佐伯真一
*北条政子　関　幸彦
*北条義時　岡田清一
曾我十郎・五郎　杉橋隆夫
北条時頼　山本隆志
北条時宗　近藤成一
平頼綱　細川重男
竹崎季長　堀本一繁
西行　光田和伸
鴨長明　浅見和彦
藤原定家　赤瀬信吾
*京極為兼　今谷　明
*兼好　島内裕子
重源　横内裕人
*運慶　根立研介
快慶　井上一稔
法然　今堀太逸
栄西　中尾良信
明恵　西山　厚
*親鸞　末木文美士
恵信尼・覚信尼　西口順子
覚如　今井雅晴
*道元　船岡　誠
叡尊　細川涼一
*忍性　松尾剛次
*日蓮　佐藤弘夫
一遍　蒲池勢至
夢窓疎石　原田正俊
*宗峰妙超　竹貫元勝

南北朝・室町

後醍醐天皇　上横手雅敬

刊行のことば

歴史を動かすものは人間であり、興趣に富んだ人間の動きを通じて、世の移り変わりを考えるのは、歴史に接する醍醐味である。

しかし過去の歴史学を顧みるとき、人間不在という批判さえ見られたように、歴史における人間のすがたが、必ずしも十分に描かれてきたとはいえない。二十一世紀を迎えた今、歴史の中の人物像を蘇生させようとの要請はいよいよ強く、またそのための条件もしだいに熟してきている。

この「ミネルヴァ日本評伝選」は、正確な史実に基づいて書かれるのはいうまでもないが、単に経歴の羅列にとどまらず、歴史を動かしてきたすぐれた個性をいきいきとよみがえらせたいと考える。そのためには、対象とした人物とじっくりと対話し、ときにはきびしく対決していくことも必要になるだろう。

今日の歴史学が直面している困難の一つに、研究の過度の細分化、瑣末化が挙げられる。それは緻密さを求めるが故に陥った弊害といえるが、その結果として、歴史の大きな見通しが失われ、歴史学を通しての社会への働きかけの途が閉ざされ、人々の歴史への関心を弱める危険性がある。今こそ歴史が何のためにあるのかという、基本的な課題に応える必要があろう。評伝という興味ある方法を通じて、解決の手がかりを見出せないだろうかというのも、この企画の一つのねらいである。

狭義の歴史学の研究者だけでなく、多くの分野ですぐれた業績をあげている著者たちを迎えて、従来見られなかった規模の大きな人物史の叢書として、「ミネルヴァ日本評伝選」の刊行を開始したい。

平成十五年（二〇〇三）九月

ミネルヴァ書房

《著者紹介》

米原　謙（よねはら・けん）

1948年　徳島市生まれ。

1980年　大阪大学大学院法学研究科博士課程単位取得退学。

下関市立大学経済学部講師，助教授，大阪大学教養部助教授，同大学大学院国際公共政策研究科教授などを歴任し，2013年定年退職。

パリ第四大学（フランス政府給費留学生），東京大学法学部（文部省内地研究員），パリ政治学院（客員研究員），北京外国語大学日本学研究中心（派遣教授），台湾成功大学（招聘教授），台湾政治大学（客座教授）などで教育・研究に従事。2016年から2019年まで中国人民大学講座教授。

著　書『日本近代思想と中江兆民』新評論，1986年。

『兆民とその時代』昭和堂，1989年。

『植木枝盛』中公新書，1992年。

『日本的「近代」への問い』新評論，1995年。

『政治と市民の現在』（土居充夫との共編著），法律文化社，1995年。

『近代日本のアイデンティティと政治』ミネルヴァ書房，2002年。

『徳富蘇峰』中公新書，2003年。

『日本政治思想』ミネルヴァ書房，2007年／増補版2017年。

『ナショナリズムの時代精神』（長妻三佐雄との共編著），萌書房，2009年。

『東アジアのナショナリズムと近代』（金鳳珍・區建英との共著），大阪大学出版会，2011年。

『国体論はなぜ生まれたか』ミネルヴァ書房，2015年，ほか。

ミネルヴァ日本評伝選
山《やま》川《かわ》均《ひとし》
——マルキシズム臭くないマルキストに——

2019年７月10日　初版第１刷発行　〈検印省略〉

定価はカバーに
表示しています

著　者　米　原　　謙
発行者　杉　田　啓　三
印刷者　江　戸　孝　典

発行所　株式会社　ミネルヴァ書房
607-8494　京都市山科区日ノ岡堤谷町１
電話代表（075）581-5191
振替口座 01020-0-8076

共同印刷工業・新生製本

ISBN978-4-623-08669-6
Printed in Japan

人名索引

※「山川均」は頻出するため省略した。

か　行

さ　行

た　行

な　行

は　行

ま　行

や　行

ら　行

わ　行

事項索引

※「社会主義」「マルクス主義」「ソ連」等は頻出するため省略した。

あ　行

か　行

さ 行

た　行

な　行

は　行

ま　行

や 行

ら 行

わ 行